Maurice M. Cotterell

Die ersten Götter

Kulturgründer
von jenseits des Himmels

Aus dem Englischen
übertragen
von Olaf Kraemer

WILHELM HEYNE VERLAG
MÜNCHEN

HEYNE SACHBUCH
19/652

Titel der Originalausgabe
THE SUPERGODS
They came on a mission to save mankind
erschienen bei Thorsons 1997

Umwelthinweis:
Dieses Buch wurde auf chlor- und säurefreiem Papier gedruckt.

http://www.heyne.de
Innenillustrationen: Peter Cox, Jennie Dooge, John Gilkes und
Maurice M. Cotterell
Printed in Germany 1999
Umschlagillustration: Gabriele Berndt/Agentur Holl
Umschlaggestaltung: Atelier Bachmann & Seidel, Reischach
Satz: Layer, Ostfildern
Druck und Bindung: Ebner, Ulm

ISBN 3-453-14782-0

INHALT

ANHANG

Vernunft war ihnen gegeben. Sie schauten, und sogleich sahen sie in die Ferne; sie erreichten, alles zu sehen, alles zu kennen, was es in der Welt gibt. Wenn sie schauten, sahen sie sogleich alles im Umkreis, und ringsherum sahen sie die Kuppel des Himmels und das Innere der Erde.

Alle fernverborgenen Dinge sahen sie, ohne sich zu bewegen. Sofort sahen sie die ganze Welt, und sie sahen diese von dort, wo sie standen.

Groß war ihre Weisheit. Ihr Auge reichte bis zu den Wäldern, den Felsen, den Lagunen, den Meeren, den Bergen und den Tälern. Wunderbare Menschen waren sie in Wahrheit.

Bald kannten sie alles. Und sie erforschten die vier Windrichtungen und die vier Himmelsrichtungen und das Antlitz der Erde.

Aus dem Popol Vuh, dem Buch des Rates

VORWORT

Dies ist eine wahre Geschichte, die 1960 auf einem Feld in Nordengland ihren Anfang nahm und fünfunddreißig Jahre später unter einer Pyramide im Dschungel von Mexiko ihr Ende fand.

Die Vögel tanzten in ihrem Korb und warteten auf ihre Freilassung. Danach stiegen sie zum Himmel auf, ihre Flügel schlagend wie zum Applaus, bevor sie unter einer Wolke zweimal kreisten und sich auf den Weg nach Hause machten.

Mein achtjähriges Herz klopfte aufgeregt, als ich sah, wie die Vögel im Zickzackflug aus meinem Blickfeld verschwanden und mich mit in den Nacken gelegtem Kopf allein im Feld zurückließen: Wie schafften sie es nur, nach Hause zu finden?

Niemand wußte, wie die Taube den Weg nach Hause fand. Niemand konnte sagen, auf welche Weise eine Spinne ihr Wissen um den Netzbau erworben hatte. Niemand wußte, weshalb Dinge auf den Boden fielen, wenn man sie losließ. Damals schien es mir, als würde man immer, wenn man nichts wußte, eine besondere Bezeichnung dafür erfinden, und alles war in Ordnung: »Weil es eine Brieftaube ist«, »Instinkt«, »Schwerkraft« ...

Je älter ich wurde, desto brennender wurden meine Fragen: Wer bin ich? Weshalb lebe ich? Warum werde ich sterben? Was bedeutet Leben?

Niemand hatte Antworten auf diese Fragen.

Zwölf Jahre später, an Bord eines Schiffes und im Grau eines abziehenden Sturmes, während ich zusah, wie die Steuervorrichtung dem Kompaß und das Schiff im Zickzack seinem vorgesehenen Kurs folgte, wußte ich, daß die Taube sich am magnetischen Feld der Erde orientierte. Ihr Zickzackflug diente zur Wahrnehmung magnetischer Abweichungen, während ihr scheinbar unregelmäßiger Kurs Schwankungen ausglich und auf diese Weise eine Richtungskontrolle gewährleistete.

Auf den langen Fahrten nach Westen und Osten hinkte der Biorhythmus der unruhigen Besatzung immer einen Tag hinterher, und ich fragte mich, ob in unserem Inneren wohl eine »biologische Uhr« vor sich hin ticken mochte. Segelten wir von Norden nach Süden, schien es der Besatzung besserzugehen, schien sie weniger Heimweh zu haben, und doch bestand der einzige Unterschied der beiden Routen in den unterschiedlich ausgerichteten magnetischen Feldern der Erde.

An einem kalten und gräßlichen Tag im Februar 1969 hatte ich zum ersten Mal meinen Dienst als Funkoffizier auf einem Schiff im Kanal von Manchester angetreten und war in den folgenden Wochen um das Kap nach China gefahren. Schon bald wurden meine Funksignale durch die Einwirkung der Sonnenstrahlung auf die obere Atmosphäre geschwächt – übrigens nicht gänzlich unerwartet, da ich bereits wußte, daß die Sonne innerhalb ihres elfeinhalbjährigen Zyklus gerade einen Höhepunkt erreicht hatte.

In China schrieb man das Jahr des Hahnes, und die alten Chinesen waren es, die diesen Sonnenzyklus zuerst entdeckt hatten, als sie vor über zweitausend Jahren damit begannen, die schwarzen Flecken auf der Sonnenoberfläche zu zählen. Das Jahr des Hahnes war eines von zwölf, die von den Chinesen zur Erstellung astrologischer Vorhersagen benutzt wurden, und so überraschte es mich nicht weiter, daß ich gerade zu jener Zeit damit begann, mir Gedanken darüber zu machen, wie der elfeinhalbjährige Sonnenzyklus mit dem zwölfjährigen Kalender in Verbindung stehen könnte.

Im Jahre 1957 hatte NASA-Ingenieur James van Allen die Existenz von Strahlungsgürteln entdeckt, die den gesamten Globus umspannen und in denen Sonnenpartikel gefangen und festgehalten werden.

1962 wurden durch das Raumschiff Mariner 2 Daten zur Erde übertragen, die bewiesen, daß die Sonne eine beträchtliche Menge von Partikeln abgibt, deren Gesamtheit man als »Solarwind« bezeichnet.

Im Jahre 1969 stellte der britische Astrologe Jeff Mayo, ein Mitarbeiter von Professor Hans Eysenk am London Institute of Psychiatry, anhand eines Fragebogens psychologische Persönlichkeitsprofile zusammen, die die astrologischen Charakterisierungen der Sonnenzeichen bestätigten.

1979 entdeckte Professor Iain Nicolson, daß sich das magnetische Feld der Erde verändert, wenn Solarpartikel in den Van-Allen-Gürteln eingefangen werden.

1984 experimentierte Professor A. Lieboff an der Universität von Oakland in Kalifornien mit Retortenbabys und entdeckte dabei, daß die magnetischen Felder der Laborlampen die Zellentwicklung der Föten beeinflußten.

Meine Rolle in diesem Zusammenhang wurde mir 1986 klar, als ich die oben erwähnten Fäden und Hinweise zum ersten Mal zusammenzog und nachwies, daß sich das magnetische Feld der Erde verändert, wenn Strahlung die Sonne verläßt und in den Van-Allen-Gürteln gespeichert wird. Mein Beitrag zu dieser Debatte zeigte, daß die Sonne im Laufe eines Jahres zwölf verschiedene Arten von Strahlung abgibt, die zwölf verschiedene Magnetfelder auf der Erde bewirken. Diese zwölf unterschiedlichen Strahlungstypen erzeugen zwölf verschiedene Formen genetischer Mutation am frisch befruchteten Ei und resultieren in der Ausbildung zwölf verschiedener Persönlichkeitstypen. Die seit den zwanziger Jahren an Zwillingen betriebene Persönlichkeitsforschung hatte bereits bewiesen, daß Persönlichkeitsmerkmale genetischen Ursprungs sind. Das war es, was ich gesucht hatte: die wissenschaftliche Grundlage der Astrologie.

Meine Ansicht erwies sich als nicht sonderlich populär, und die Astrologen wollten nichts davon hören – schließlich sind sie der festen Überzeugung, daß der Augenblick der Geburt und nicht der der Zeugung der entscheidende Moment innerhalb des astrologischen Systems ist – und so verwarfen sie meine Theorie. Die Biologen wollten ebenfalls nichts davon hören und ignorierten sie, ebenso wie die Astronomen.

Ungefähr um diese Zeit, im Jahr 1987, entdeckte Dr. Ross Aidey, der medizinische Berater des Weißen Hauses unter Ronald Reagan, daß das Biorhythmus-Hormon Melatonin stark von magnetischen Feldern beeinflußt wird. Der biorhythmische Zyklus war zuvor bereits von anderen Forschern auf 28 Tage festgelegt worden – ein Zeitraum, der exakt mit der Dauer der Sonnenrotation übereinstimmt. Es war ein einfacher Schritt, die beiden Rhythmen miteinander in Verbindung zu bringen. Schwieriger war es, die Wirkung der Sonne auf die Erzeugung von Melatonin und den menschlichen Biorhythmus zu messen, weil sich menschliches Verhalten schlecht messen läßt. Viel einfacher ist es, den weiblichen Menstruationszyklus zu messen, der gleichfalls hormongesteuert und besser erforscht ist.

Meine Forschungen richteten sich also auf die Wirkung der Sonne auf den weiblichen Menstruationszyklus, und innerhalb kurzer Zeit bestätigte sich, daß die Sonne ungefähr alle 28 Tage für Veränderungen bei den weiblichen Fruchtbarkeitshormonen sorgt. Um die Ergebnisse meiner Forschung weiter zu untermauern, beschloß ich, eine Langzeitstudie über die Fruchtbarkeitszyklen auf der Erde zu erstellen. Wenn die Strahlung der Sonne anstieg und absank, dann sollten die Bevölkerungskurven diesen Bewegungen folgen.

Das erste Problem bestand darin, die genaue Länge eines Sonnenzyklus zu bestimmen. Nach einigen Forschungen stellte sich heraus, daß die Sonne einem langfristigen Zyklus von 1366040 Tagen (3740 Jahren) folgt und daß die Fruchtbarkeitszyklen auf der Erde während dieses Zeitraums schwanken.

Bemerkenswerterweise erfuhr ich durch einen glücklichen Zufall, daß die Maya, die vor über tausend Jahren die Pyramiden in Mexiko gebaut hatten, eine Zahl als »die Geburt der Venus« anbeteten, die nicht weit von dieser entfernt war, nämlich 1366560. Die Maya glaubten, daß ihre Welt bereits zu vier verschiedenen Gelegenheiten zerstört worden war und daß wir uns nun im fünften Zeitalter der Sonne befinden. Sie beteten die Sonne als Gottheit der Fruchtbarkeit an und benannten ihre Kinder nach einem 260tägigen astrologischen Kalender.

In meinem letzten Buch, *Die Prophezeiungen der Maya*, zeigte ich, daß das rotierende Magnetfeld der Sonne regelmäßig innerhalb von 18139 Jahren fünfmal Zerstörung über die Erde bringt; außerdem wies ich nach, auf welche Weise die Sonne die menschliche Fruchtbarkeit beeinflußt und damit den Aufstieg und Untergang von Zivilisationen verursacht, und wie sie für unterschiedliche Ausprägungen der menschlichen Persönlichkeit verantwortlich ist. Zum ersten Mal gelang es mir so, die Astrologie mit der Wissenschaft zu versöhnen.

In dem vorliegenden Buch werde ich auf die Ursachen für das inkonstante Magnetfeld der Sonne eingehen. Eine dieser Veränderungen bewirkte im Jahr 3113 v. Chr., daß sich der Planet Venus buchstäblich auf den Kopf stellte. Das klare und hell scheinende Licht dieses Planeten wurde von den Maya ehrfürchtig beobachtet und als die »Geburt der Venus« bezeichnet. Mit diesem Ereignis begann ihr Kalender. Obwohl die Kraft dieser magnetischen Drehung nicht ausreichte, um die weit entfernte Erde zu beeinflussen, beweisen die gefrorenen Mammuts in den Weiten Alaskas, fossile Palmen bei Spitzbergen und arktische Kohlevorkommen eindeutig, daß die Erde in der Vergangenheit ein ähnliches Schicksal wie die Venus erlitten haben muß.

Wie war es den Maya in den Urwäldern von Mittelamerika bereits vor mehr als tausend Jahren möglich, diese Dinge zu wissen? Woher konnten sie wissen, daß ein Sonnenzyklus über fünf Zeitalter verfügt, daß die Sonne die Fruchtbarkeit auf der Erde beeinflußt und daß es sich bei der Astrologie um eine Wissenschaft handelt?

Um dies herauszufinden, habe ich mich auf eine Reise

in den Dschungel Mittelamerikas begeben, zu der heiligen Heimstatt der mächtigen Maya, der Ruinenstadt Palenque. Dort erforschte ich den Tempel des Priesterkönigs Pacal in der Pyramide der Inschriften und begutachtete die Fundstücke vom 15. Juni 1952, dem Tag, an dem die Grabstätte dieses hochverehrten Priesterkönigs zum ersten Mal nach 1250 Jahren wieder ans Licht des Tages getreten war.

Ich untersuchte das Jademosaik der Maske, die das zerfallende Gesicht des Mannes in der Gruft bedeckte, und entschlüsselte dort atemberaubende, seit mehr als tausend Jahren verborgen gebliebene Ausschnitte aus einer Geschichte, die zum ersten Mal beweisen, daß der Mann unter der Maske anders gewesen war als alle anderen Menschen.

Allmählich wird jetzt klar, daß der Mann unter der Pyramide in der Lage gewesen sein muß, übermenschliche Taten zu vollbringen. Er verschlüsselte die Mysterien seines Lebens in der Architektur, dem Schmuck, den Schnitzereien und den Gemälden der Maya. Er stellte den Maya ein Pantheon von Göttern vor, damit jene, den Schauspielern in einem Theaterstück vergleichbar, dazu benutzt werden konnten, sein Geheimwissen der Menschheit zu offenbaren, wenn die Zeit gekommen und der Code entschlüsselt sein würde. Nun ist die Zeit gekommen. Mit Hilfe der technischen Errungenschaften des 20. Jahrhunderts ist es uns gelungen, die Verschlüsselung zu knacken und die für unser Jahrhundert bestimmten Botschaften zu entziffern.

Wir werden sehen, daß Pacal, der Mann in der Gruft, bemerkenswerte Ähnlichkeiten mit anderen Wesen hat, die über die Jahrhunderte das gleiche Wissen zu den Menschen brachten. Diese mit übernatürlichen Kräften ausgestatteten Wundertäter waren die ersten Götter.

TEIL I

KAPITEL 1

Gefrorene Tropen und kochende Meere

Der Tanana River fließt durch das Yukonbecken in Alaska. Als man im Jahre 1940 daranging, sein Bett auszuheben und den goldhaltigen Schlick zu durchsieben, mischten sich laute Überraschungsschreie in den Lärm der Abbaumaschinen. Die Arbeiten wurden unterbrochen. Inmitten der feuchten Stille tauchte ein Meer von Knochen aus dem Flußbett auf. Zunächst Hunderte, doch bald Tausende von Knochen von ausgestorbenen Mammuts, Urelefanten, Pferden und Büffeln.
Damit begannen die Fragen:

Warum waren diese Tiere, die zur letzten Eiszeit vor mehr als 10000 Jahren gelebt hatten, so plötzlich eines gewaltsamen Todes gestorben?

Weshalb hielten sich so viele dieser Tiere zur gleichen Zeit an einer Stelle auf?

Wie konnten diese Herdentiere, die von Gras lebten, in der gefrorenen Einöde ohne Nahrung überleben?

Welche Kraft zerfetzte ihre Körper und vermengte die Körperteile mit den Wurzeln ausgerissener Bäume?

Es verwundert kaum, daß derartige Rätsel ein gefundenes Fressen für die lebhafte Imagination einer ganzen Schule von »Katastrophisten« lieferten, die sich eifrig daranmachten, das Unerklärliche zu erklären. Einer der bekanntesten unter ihnen war der Autor, Historiker, Arzt und Wissenschaftler Immanuel Velikovsky.

Velikovsky wurde in Rußland geboren und promovierte im Alter von sechsundzwanzig Jahren an der Universität von Moskau. 1923 machte er in Israel seine erste Praxis auf und wurde dort zu einem Anhänger von Sigmund Freud, dem Psychoanalytiker, der sich der Tiefenerforschung der menschlichen Psyche verpflichtet hatte und damit zusehends bekannter wurde. Freuds Theorien interessierten Velikovsky vor allem im Hinblick auf seine eigene Arbeit über »kollektive Amnesie«, ein Begriff, den er selbst geprägt hatte, um den mysteriösen Verlust historischer Fakten im Gedächtnis ganzer Rassen im Lauf der Jahrhunderte zu erklären. 1939 gelangte er zu dem Schluß, daß viele der Geschichten aus alter Zeit möglicherweise auf Tatsachen beruhen, obwohl sie vielleicht durchaus auch allegorisch gemeint sind. So war er zum Beispiel der Ansicht, daß während des Exodus des israelischen Volkes aus Ägypten der Berg Sinai ausbrach, was mit den Berichten von den großen Plagen zusammenhängt, die das Land zu dieser Zeit heimgesucht haben sollen. Weitere Forschungen stützten seine Theorie, und er stieß auf uralte Dokumente, die die tatsächlichen Vorkommnisse der biblischen Ereignisse nicht nur bestätigten, sondern auch die sie begleitenden Katastrophen, deren Übereinstimmungen mit den Schilderungen in der Bibel selbst die Wissenschaft nicht so einfach vom Tisch wischen konnte.

Nach *Worlds in Collision* (1950) und *Ages in Chaos* (1952) veröffentlichte er 1955 *Earth in Upheaval* (*Erde im*

Die riesige Kontinentalmasse namens Pangaea

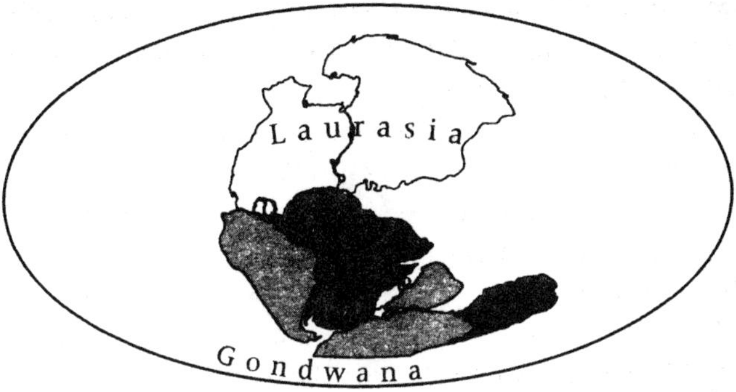

Abb. 1a Der Meteorologe Alfred Wegener wurde 1915 verlacht, als er die These aufstellte, daß die Landmassen der Erde einmal miteinander verbunden gewesen waren, und diesen Urkontinent Pangaea nannte. Wegener stützte sich dabei auf eine Hypothese von Antonio Snider, dem Begründer der Kontinentalverschiebungstheorie. Wegener veröffentlichte geologisches, klimatologisches und biologisches Beweismaterial, das Sniders Hypothese stützte.
Zeitgenössische Forscher konnten Wegeners Theorie bestätigen, als sie Tausende von Kilometern voneinander entfernt gefundene Felsproben auf magnetische Ströme untersuchten. Es stellte sich heraus, daß diese identisch waren und die entsprechenden Felsen tatsächlich einmal zusammengehört hatten. Vor 180 Millionen Jahren war die große Landmasse in zwei Teile gebrochen, Laurasia im Norden und Gondwana im Süden. Beide Kontinente zerfielen anschließend noch weiter.

Abb. 1b Vor ungefähr 65 Millionen Jahren hatte sich Südamerika von Afrika getrennt und begonnen, nach Nordwesten abzudriften. Madagaskar hatte sich ebenfalls von Afrika getrennt. Das Mittelmeer bildete sich, während die Antarktis und Australien noch miteinander verbunden waren.

Aufruhr). Jeder dieser Titel hat die Welt der Wissenschaft in Unruhe versetzt und heftige Kontroversen ausgelöst. Bis zu dieser Zeit hatten die Geologen angenommen, daß die Evolution sich schrittweise vollzogen hat. In ihrem Modell war kein Platz für Katastrophen. Der in unserer Umwelt sichtbare geologische Status quo ließ sich nach Ansicht der Geologen ausreichend durch das Wirken der Naturkräfte erklären: Erosion und Sedimentation über unendlich lange Zeitspannen.

Doch die Dinge waren bereits dabei, sich zu verändern. Zu Beginn der sechziger Jahre verbreiteten sich immer stärker die Ideen des Forschers und Meteorologen Alfred Wegener, der die Ansicht vertrat, daß alle Kontinente der Erde zu einem bestimmten Zeitpunkt miteinander in Verbindung

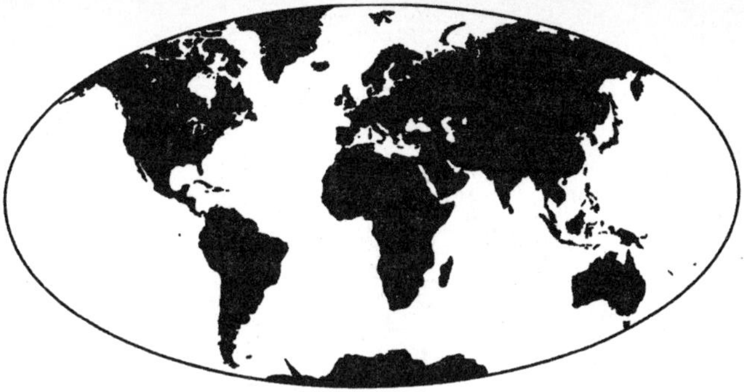

Abb. 1c Die Welt heute mit ihren fünf Kontinenten: Amerika, Afrika, Asien, Australien, Europa. Der arktische Pol besteht aus gefrorenem Wasser, und die Antarktis bildet einen Subkontinent.

gestanden hatten. Seine radikalen, unorthodoxen und bestenfalls »originellen« Ideen waren bereits seit einem halben Jahrhundert von den Geologen ignoriert worden, die Wegener für einen Verrückten hielten. Für Wegener jedoch bot diese Theorie die einzig plausible Erklärung für verschiedene Tatsachen: daß alle Kontinente ihrem Umriß nach zueinander passen wie die Teile eines großen Puzzles, daß Berge meist in Ketten auftreten und nicht als isolierte Erhebungen in der Landschaft, daß versteinerte Seetiere auf Berggipfeln zu finden sind, daß der winzige Lemurenaffe in weit voneinander entfernten Gegenden anzutreffen ist (auf Madagaskar, an der Ostküste Afrikas und in Südostasien), daß versteinerte Palmen in Spitzbergen zu finden sind und daß es in der Antarktis Kohlevorkommen gibt.

In den sechziger und siebziger Jahren waren es jedoch gerade die Geologen, die durch ihre Forschungen auf dem Gebiet des Paläomagnetismus nachwiesen, daß Wegener recht hatte. Steinproben mit identischen magnetischen Strukturen wurden auf beiden Seiten der großen Ozeane gefunden. Das deutete darauf hin, daß die Kontinente in ferner Vergangenheit tatsächlich miteinander verbunden gewesen waren.

Velikovsky stellte die Frage, auf welche Weise die Kontinente in einem so vergleichsweise kurzen Zeitraum so weit auseinanderdriften konnten. War es möglich, daß massive Einwirkungen von außen den Vorgang beschleunigt hatten, und wenn ja, welcher Natur waren diese externen Kräfte? Bei seinem Versuch, das Phänomen vom Tanana River zu erklären, zitiert er F. C. Hibben von der University of Mexico:

> Obwohl die ursprüngliche Formation der Ablagerungen nicht eindeutig ist, gibt es hinreichend Beweise, daß zumindest Teile des Materials unter den Bedingungen einer Katastrophe abgelagert wurden. Die Überreste der Säugetiere zeugen zum großen Teil davon, daß die Tiere bei lebendigem Leib auseinandergerissen wurden, wobei sich einzelne Muskelbänder, Haut- und Haarreste sowie Fleischstücke immer noch in gefrorenem Zustand befinden. Völlig zerstörte und zersplitterte Bäume sind regellos übereinander gehäuft ... und es lassen sich mindestens vier signifikante Schichten von Vulkanasche in den Ablagerungen finden, wobei diese extrem verzerrt und gewellt sind.

Damit begannen Velikovskys kontroverse und einzigartige Entdeckungsreise und seine Untersuchungen auf dem Gebiet der Katastrophenforschung, nach deren Abschluß er zu dem Schluß gelangte, daß nur ein Blinder die Hinweise auf periodisch auftretende kataklysmische Zerstörungen übersehen könne. In bezug auf die verheerenden Ereignisse vom Tanana River stellte er die Frage: »Könnte es sein, daß ein Vulkanausbruch die Tierpopulation von Alaska dezimierte und daß die Flüsse die toten Tiere in die Täler transportiert haben?« Er stellt jedoch auch fest, daß ein Vulkanausbruch die Bäume verkohlt, nicht aber entwurzelt und zersplittert hätte. Die Tiere wären durch einen Vulkanausbruch zwar getötet, nicht aber zerstückelt worden. Es ist klar, daß die Bäume nur von einem Wirbelsturm, einer Flut oder aber beidem zusammen hatten entwurzelt werden können. Die Tiere können nur durch eine gigantische Welle getötet worden sein, welche Millionen von Lebewesen mit sich trug, zermalmte und begrub. Für diese These spricht auch die Tatsache, daß das fragliche Gebiet weitaus größer ist als der Einzugsbereich selbst des größten Vulkans und daß derartige Ablagerungen auf der gesamten arktischen Halbinsel existieren.

Auf der anderen Seite der Erdkugel liegt Sibirien, eine riesige gefrorene Wüste, in der selbst die anspruchslosesten Bäume nicht gedeihen. 1799 fand der Elfenbeinhändler Boltunov hier unter dem Eis an der Mündung der Lena ein konserviertes Mammut. An sich stellte dieser Fund keine Überraschung dar, da man bereits davon ausgegangen war, daß das Mammut gemeinsam mit Nashörnern, Elchen, Hirschen, Moschusochsen und Säbelzahntigern während wärmerer Perioden die fragliche Region bewohnt hatte. Doch im Jahre 1900 wurde bei Berezovka, tief im arktischen Per-

Abb. 2 Ein sechs Monate altes Mammutkalb wird bei Ausgrabungsarbeiten im Dauerfrostboden bei Jakutsk in der ehemaligen UdSSR ans Tageslicht befördert. Sommer 1977.

mafrost, ein weitaus merkwürdigerer Fund gemacht. Das Mammut dort befand sich in aufrechter Position und hatte Butterblumen zwischen den Zähnen. Der Mageninhalt war unverdaut. Das Fleisch des Tieres war nach Angaben von Augenzeugen frisch genug, um damit die anwesenden Schlittenhunde zu füttern.

Die wollhaarigen, elefantenähnlichen Mammuts werden in Sibirien mit großer Regelmäßigkeit entdeckt. Bisher sind 50 perfekt erhaltene Funde dokumentiert, zusammen mit Tausenden von Knochen und Stoßzähnen, die den Westen in den vergangenen hundert Jahren mit Elfenbein versorgten.

Die Schulwissenschaft nimmt an, daß diese Teile Sibiriens aus bisher unerfindlichen Gründen von der letzten Eiszeit, die von ungefähr 100 000 bis 10 000 v. Chr. dauerte, verschont blieben, und daß dort ein wärmeres Klima herrschte, das einer Mammutpopulation von über 50 000 Tieren sowie zahllosen anderen Steppenbewohnern ein Leben zwischen Gräsern und Butterblumen ermöglichte. Wollen wir dieser These Glauben schenken, so müssen wir auch davon ausgehen, daß eines strahlenden Frühlingstages das Wetter plötzlich umschlug, alle Tiere auf der Stelle erfroren und unter mehreren Erdschichten begraben wurden.

Velikovsky weist darauf hin, daß Teile der in den Mammut-Mägen gefundenen Vegetation aus weit vom Fundort entfernten Regionen des Landes stammen und daß eine mikroskopische Untersuchung der Haut der Mammuts rote Blutkörperchen aufwies, was nicht nur auf einen schnellen Eintritt des Todes hinweist, sondern auch darauf, daß dieser durch Gasvergiftung oder Ertrinken eintrat. Wie am Tanana River deutete auch hier alles darauf hin, daß die Tiere von einer Flutwelle transportiert worden waren und einen langen Weg zu ihrem schließlichen Fundort zurückgelegt hatten.

Es stellte sich die Frage, welcher Mechanismus für eine interkontinentale Flutwelle und das gleichzeitige Überfrieren bestimmter Teile der Erdoberfläche verantwortlich sein könnte. Velikovskys Antwort besagt, daß irgendwann in ferner Vergangenheit eine externe Kraft die Erdachse verschob und daß die daraus resultierenden Erdbeben und Vulkanausbrüche die riesigen Flutwellen ausgelöst haben. Wärmere Gegenden in Äquatornähe wurden dadurch zu Polargebieten, in denen alles Leben auf der Stelle erfror.

In einem verzweifelten Versuch, seine Theorie zu untermauern, machte sich Velikovsky auf die Suche nach einem Kausalmechanismus, der geeignet war, seine Thesen zu stützen. Könnte es nicht sein, so argumentierte er, daß irgendwann ein großes Stück aus einem anderen, erdnahen Planeten gerissen wurde, wie zum Beispiel aus dem Jupiter, und daß dieses die Verschiebung der Erdachse verursachte, während es mit großer Geschwindigkeit durch das Sonnensystem raste? Velikovsky überprüfte alte Aufzeichnungen nach Hinweisen auf diese Möglichkeit und stieß auf eine Vielzahl geschichtlicher Daten, die tatsächlich geeignet waren, seine immer Theorie zu stützen, die dabei ausgereifter wurde.

Für Velikovskys Kritiker war dies der letzte Strohhalm, den sie benötigten, um seinen Scheiterhaufen zu errichten und zu entzünden. Ihr Hohn schien durchaus gerechtfertigt, widersprach seine Theorie doch allen seit den Tagen von Isaac Newton bekannten Gesetzmäßigkeiten am Himmel. Schließlich übt die Gravitation eine Anziehungskraft aus, die die Planeten veranlaßt, sich aufeinander zu zu bewegen, nicht voneinander weg, und dabei noch lebensgefährliche Splitterstücke durch den Raum zu schleudern. Der amerikanische Astronom Dr. Harlow Shapley kommentierte: »Wenn Dr. Velikovsky recht hat, dann ist der Rest von uns verrückt.«

Shapley und seine Kollegen waren derartig erbost, daß sie eine der bizarrsten und armseligsten Verschwörungen in der Geschichte der Wissenschaft anzettelten, mit dem Ziel, Velikovskys gesamtes Lebenswerk zu diskreditieren. Diese Verschwörung wurde als Velikovsky-Affäre bekannt, auch wenn die Geschichte mittlerweile bewiesen hat, daß Shapley und seine Kollegen die Verrückten waren und nicht Velikovsky.

Velikovskys Theorie wurde 1975 in einem bei Readers Digest erschienenen Artikel mit dem Titel »Weltuntergang« von einem Autoren namens Warshofsky folgendermaßen zusammengefaßt:

Nach Velikovskys Interpretation einiger uralter Schriften widerfuhr dem riesigen Planeten Jupiter – dessen Masse etwa 320mal größer ist als die der Erde – vor mehr als viertausend Jahren eine massive Erschütterung, die dazu führte, daß ein planetengroßer Teil Jupiters in den Raum geschleudert wurde. Dieser hell leuchtende Neuling am Firmament – der Protoplanet Venus – machte sich auf seine lange Umlaufbahn in Richtung Sonne und bedrohte schließlich die Erde ...

Für Velikovsky war es klar, daß die dramatische Geburt der Venus auf der ganzen Welt bemerkt und dokumentiert wurde. »In Griechenland«, so schrieb er in seinem Buch *Worlds in Collision*, »war es die Göttin Pallas Athene, die plötzlich am Himmel erschien und dem Haupt von Zeus-Jupiter entsprang.« Für die Chinesen erstreckte sich Venus über den ganzen Himmel, ihre Helligkeit kam der der Sonne gleich. »Das helle Licht der Venus«, bemerkt eine alte rabbinische Chronik, »strahlt von einem Ende des Weltalls zum anderen.«

Nach Velikovskys Theorie trat die Erde in der Mitte des fünfzehnten Jahrhunderts v. Chr. auf ihrer Umlaufbahn um die Sonne in den äußeren Bereich des hinter dem Protoplaneten herziehenden Schweifs aus Staub und Gasen ein. Ein feiner roter Staub erfüllte die Luft auf der Erde und überzog die Kontinente und die Meere mit einer blutroten Schicht. Verzweifelt machten sich die Erdbewohner auf der Suche nach unkontaminiertem Wasser daran, den Boden aufzuhacken.

»Alles Wasser der Flüsse wurde zu Blut ... und alle Ägypter gruben an

den Ufern des Flusses nach trinkbarem Wasser«, heißt es in Exodus 7,20-24. »Der Fluß ist Blut ... die Menschen schaudern bei seinem Genuß – die Menschen dürsten nach Wasser«, bestätigt der ägyptische Weise Ipuwer.
Während sich die Erde weiterhin durch den Kometenschweif bewegte, so behauptet Velikovsky, wurden die Partikel, denen sie dort begegnete, gröber und größer, bis unser Planet schließlich von Meteoritenschauern bombardiert wurde, deren Auftauchen auf dem gesamten Globus verzeichnet wurde. Aus dem Buch Exodus: »Und es hagelte und der Hagel mischte sich mit dem Feuer ... im ganzen Land von Ägypten hatte man nichts dergleichen gesehen ... und der Hagel erschlug jedes Kraut auf dem Feld.« Ipuwer schreibt: »Bäume wurden zerstört. Keine Frucht und kein Kraut wurde gefunden. Abgestorben alles, was gestern noch grünte.« Den mexikanischen Annalen von Cuauhtitlan zufolge trugen sich diese Ereignisse zu, »als der Himmel Feuer und heiße Steine anstatt Wasser regnen ließ«.
Dann ereignete sich etwas noch Furchtbareres. Das Popol Vuh, das geheiligte Buch der Maya, berichtet: »Es gab Vernichtung und Zerstörung ... eine gewaltige Flut ... Menschen ertranken in einer zähflüssigen Masse, die vom Himmel herniederregnete.« Nach Velikovsky hatten sich die Gase im Schweif des Protoplaneten zu Petroleum verbunden. Einiges davon fiel einfach auf die Erde nieder, ein anderer Teil vermischte sich mit dem Sauerstoff der Erdatmosphäre und fing Feuer. Es hatte den Anschein, als stände das Himmelszelt in Flammen, und ein furchterregender Feuerregen ging zwischen Sibirien und Südamerika auf die Erde nieder.
Die Erde drang noch tiefer in den Schweif des Kometen ein, und beinahe wäre es zur Kollision mit dem massiven Kopf des Kometen gekommen. Riesige Wirbelstürme verwüsteten Ägypten und andere Länder. Eine gewaltige Erschütterung brachte die Erde aus ihrem Gleichgewicht. Im Griff der Schwerkraft des Protoplaneten

faltete sich die Erdkruste und verschob sich. Städte wurden dem Erdboden gleichgemacht, Inseln förmlich zerschmettert, Berge quollen über vor Lava, und die Ozeane überfluteten die Kontinente. Die meisten Tiere und Menschen fanden den Tod und wurden vernichtet.

»Die Himmel platzten auf, und Teile des Himmels fielen auf die Erde hinab und töteten alles und jeden. Himmel und Erde wechselten ihren Platz«, behaupten die Überlieferungen der Sashinaua im Westen Brasiliens. China wurde von Ungezieferplagen heimgesucht, und das Land brannte. Dann fielen die Wassermassen der Ozeane auf dem Kontinent nieder »und überfluteten selbst die hohen Berge und bedrohten den Himmel mit ihrer Flut«.

Die Erde neigte sich. Teile der Erde versanken in langen Phasen von Dunkelheit, und in anderen Teilen ging die Sonne tagelang nicht unter. In Persien dauerte ein einziger Tag dreimal so lang wie gewöhnlich. Die Chinesen berichten von einer Zeit, in der die Sonne mehrere Tage lang nicht unterging und das gesamte Land verbrannte.

Nach Velikovsky war die Katastrophe auch für den alttestamentarischen Exodus des Volkes Israel aus Ägypten verantwortlich. Sie sorgte für den Sturz des Mittleren Reiches in Ägypten, und Moses konnte die ehemaligen Sklaven aus dem verwüsteten Land führen. Sie flohen über die Grenze, vor sich eine riesige Säule aus Feuer und Rauch.

Für die flüchtenden Israeliten markierte sie den Weg nach Pi-ha-Kiroth in der Nähe der Passage im Roten Meer. Verfolgt wurden sie vom wütenden und rachsüchtigen Pharao und dessen Armee. Vor ihnen lag der Boden des Roten Meeres, die Wassermassen zu beiden Seiten aufgetürmt durch die Bewegungen der Erdkruste sowie die elektromagnetischen Wirkungen und die Anziehungskraft des Protoplaneten. Die Israeliten zögerten und eilten dann durch die Schneise im Wasser; rabbinischen Quellen zufolge soll der Meeresboden heiß gewesen sein. Als die Truppen des Pharaos sich anschickten, ihnen zu folgen, entlud sich ein unglaublich starker Elektroblitz zwischen der Erde und dem Protoplaneten, und die Wasserwände kollabierten.

Die Menschheit wurde auf dem ganzen Globus fast völlig dezimiert. Den Überlebenden drohte der Hungertod. Und dann ereignete sich eine weitere Begebenheit, die von Island bis Indien wie auch im Alten Testament verzeichnet wurde. Die Hydrokarbonate des Kometenschweifes, die die Erde in Petroleum getränkt hatten, veränderten sich jetzt langsam unter dem Einfluß der Erdatmosphäre, möglicherweise durch dort vorhandene Bakterien oder durch unablässige elektrische Entladungen, in eine eßbare Substanz – das Manna der Juden, das Ambrosia der Griechen oder das honigartige Madhu der Hindus.

Die unmittelbare Nähe des Protoplaneten Venus sorgte für eine Verschiebung der Gravitationskräfte und kehrte die Ausrichtung der Erdachse um. Für die schockierten und benommenen Menschen auf der Erde erhob sich die Sonne nun jeden Morgen im Westen und ging am östlichen Himmel unter. Die Jahreszeiten verschoben sich. »Der Winter ist als Sommer gekommen, die Monate sind umgekehrt und die Stunden aus der Ordnung«, bemerkt ein Text auf einem ägyptischen Papyrus. In China entsandte der Kaiser seine Gelehrten in alle vier Richtungen des verdunkelten Landes, um die Himmelsrichtungen neu zu bestimmen und einen neuen Kalender anfertigen zu lassen. Für die Dauer einer Generation wurde der Himmel von einer Wolkendecke verhüllt – der Schatten des Todes aus der Heiligen Schrift, die Götterdämmerung der nordischen Rassen. Nach Angaben der Maya dauerte es fünfundzwanzig Jahre.

Allmählich erholten sich die Erde und ihre Bewohner wieder.

Doch nur fünfzig Jahre später, um das Jahr 1400 v. Chr., näherte sich die Venus der Erde ein weiteres Mal, jedenfalls nach Velikovskys Interpretation der alten Texte. Wieder verschob sich die Erdachse, wieder war die Erde heftigen Erschütterungen ausgesetzt. Die wenigen wiedererrichteten Städte gingen erneut in Flammen auf und fielen in Schutt und Asche. Im Buch Joshua ist verzeichnet, daß »Gott große Steine auf das Volk von Kanaan warf«. Auf der anderen Seite des Erdballs verzeichneten die Maya eine verlängerte Nacht. Wieder wurde die Erde von Beben, weltweiten Wirbelstürmen, Kontinentalverschiebungen und allgemeiner Zerstörung heimgesucht.

Die Menschen, die diesen zweiten Holocaust überlebten, verbeugten sich vor der gefürchteten Venus, Göttin des Feuers und der Zerstörung, der entsprechend dem jeweiligen kulturellen Erbe mit Menschenopfern und blutigen Ritualen oder mit Gebeten und Anrufungen gehuldigt wurde, um sie zu besänftigen. Keilschriften, die in den Ruinen des Bibliothekspalastes von Nineveh, der Hauptstadt Assyriens, gefunden wurden, künden von dem unberechenbaren Verhalten der Venus. Die angstvollen Babylonier baten die grausame Königin des Himmels darum, die Erde in Frieden zu lassen: »O Herrin des Himmels und der Erde, wie lange willst du noch zaudern?«

Diese Zusammenfassung von Velikovskys Erdachsenverschiebungstheorie habe ich an dieser Stelle nicht etwa eingefügt, weil sie die Antwort auf das vorliegende Rätsel enthält, denn das tut sie nicht, wie Shapley korrekterweise ausgeführt hat. Wäre dies der Fall, dann würden die Flugzeuge vom Himmel fallen und es würde keine Gezeiten geben. Weshalb ich sie trotzdem aufgenommen habe? Weil Velikovsky recht hat, aber aus den falschen Gründen. Später werden wir sehen, warum dem so ist. Für den Augenblick einigen wir uns darauf, daß die Polverschiebung unsere Fragen nach dem Ursprung der Katastrophen beantwortet, und wenden uns den Ideen anderer Wissenschaftler zu, die sich gefragt haben, wie es zu einer derartigen Verschiebung kommen könnte.

Wie die Mammuts erfroren

Die überzeugendste Sammlung von Theorien zum Thema Polverschiebung stammt von dem Amerikaner John White und ist unter dem Titel *Pole Shift* erschienen. Es würde den Rahmen dieses Buches sprengen, wollten wir mit seiner exzellenten Recherche konkurrieren. Deshalb sei ihm an dieser Stelle lediglich für seinen enormen Beitrag zur Erschließung dieses Themenkreises gedankt. In seinem Kapitel über Hugh Auchincloss Brown mit dem Titel »Kataklysmen der Erde« schreibt White:

Am 11. November 1975 erschien folgender Nachruf in der *New York Times:*

»Sonntag nacht starb Hugh Auchincloss Brown, Sr., ein Elektroingenieur, der mehr als sechzig Jahre seines Lebens mit der Verbreitung seiner Theorie verbrachte, daß das Anwachsen der Polarkappen zu einer Verschiebung der Erdachse führen und noch in diesem Jahrhundert die Menschheit vernichten würde. Er war 96 Jahre alt.
Mr. Brown machte seinen Abschluß als Ingenieur im Jahr 1900 an der Columbia Universität ...
Bereits im Jahre 1911 stieß Mr. Brown auf Berichte über in der Ark-

tis gefundene gefrorene Mammuts ,mit frischen Butterblumen zwischen den Zähnen' und ließ sich davon faszinieren. Diese Funde brachten ihn zu der Annahme, daß eine vermehrte Anhäufung von Eismassen an einem oder beiden Polen ungefähr alle 8000 Jahre die Erde periodisch aus dem Gleichgewicht bringe ,wie ein überladenes Kanu'.

Polarer Weltuntergang

Mit großer Entschiedenheit vertrat Mr. Brown seine Theorie von einem bevorstehenden und längst überfälligen Weltuntergang, an den er bis kurz vor seinem Tode glaubte. Jahrelang bombardierte er Kongreßangehörige, Zeitungs- und Zeitschriftenredakteure, Regierungschefs und Wissenschaftler mit schriftlichen ,Beweisen' für seine Theorien.

1948 erklärte Brown gegenüber einem Reporter der New York Times, daß er als Ingenieur durchaus wisse, daß die verstärkten Landmassen in der Äquatorgegend den Lauf der Erde stabilisieren, daß eine abnormale Menge von antarktischem Eis, welches zu jenem Zeitpunkt angeblich eine Dicke von zwei oder drei Meilen hatte, jedoch völlig ausreichen würde, um die Erde aus ihrer gewöhnlichen Bahn zu werfen.

Dadurch würden Fluten von enormen Ausmaßen entstehen, Erdbeben und andere Naturphänomene, die nach Browns Meinung ausreichten, um die menschliche Zivilisation auszulöschen. Er behauptete, daß eine derartige Katastrophe unmittelbar bevorstehe, und merkte an, daß es ,in allen Kulturen der Menschheit Mythen und Geschichten über plötzliche Fluten und das mysteriöse Auftauchen und Verschwinden großer Landmassen gebe'.

Mr. Brown empfahl die Etablierung einer weltweiten Organisation zur globalen Stabilisierung. Er setzte sich für die Bereitstellung eines Budgets von zehn Millionen Dollar ein, um zu erforschen, wie die Eiskappen durch gezielte Atomexplosionen aufgebrochen werden könnten, und so die Welt vor ihrem sicheren Untergang zu bewahren.

In seinem Buch *Cataclysms of the Earth* erklärte Brown seine Theorien. Es erschien 1967 und zog viele Leser in seinen Bann, schaffte es jedoch nicht, die Wissenschaft für diese Theorie zu gewinnen, auch wenn Browns Warnung vor einer ominösen Unregelmäßigkeit in der Rotation der Erde durchaus eine faktische Grundlage hat. Für diese Unregelmäßigkeit gibt es immer noch keine plausible wissenschaftliche Erklärung.

Mr. Brown sagte voraus, daß die Stadt New York bei der bevorstehenden Katastrophe, in deren Verlauf die Erde sich auf den Kopf stelle, ungefähr zwanzig Kilometer unter Wasser landen würde, ebenso wie der Rest der Welt. Zu den wenigen Überlebenden einer derartigen Katastrophe würden vor allem die Eskimos gehören, da die Polarregionen von den vernichtenden Wassermassen am wenigsten betroffen wären ...«

Nach Browns Meinung sollte eine Vergrößerung der Polarkappen eine Verschiebung der Erdachse bewirken und dazu führen, daß die Erde kippte. Dadurch würden sich die Pole verlagern und an die Stelle der heutigen Tropen treten. Damit ließ sich auch das Rätsel der gefrorenen Mammuts erklären.

Das klingt zwar alles ganz gut, doch es gibt dabei zwei oder drei Unstimmigkeiten. Zum einen haben die Geologen bereits vor Jahrzehnten festgestellt, daß sich die Magnetfelder der Erde von Zeit zu Zeit umpolen und daß die Position der magnetischen Pole »wandert« – Browns Erklärung zog diese Tatsache nicht in Betracht. Des weiteren ist weder die Zunahme der Polkappen noch das Auftreten von Eiszeiten bisher von der Wissenschaft ausreichend geklärt, wie wir später noch sehen werden. Und drittens wies ein weiterer Forscher, Charles Hapgood, darauf hin, daß die Masse der antarktischen Eiskappen genauen Berechnungen zufolge nicht genügend Momentum entwickeln konnte, um die Erde zum »Kentern« zu bringen.

Hapgood tat sich mit dem schottischen Mathematiker und Ingenieur James Hunter Campbell zusammen, der nachwies, daß sich bei einer Bewegung der Erde lediglich die Erdkruste bewegte, und im Jahr 1958 veröffentlichte

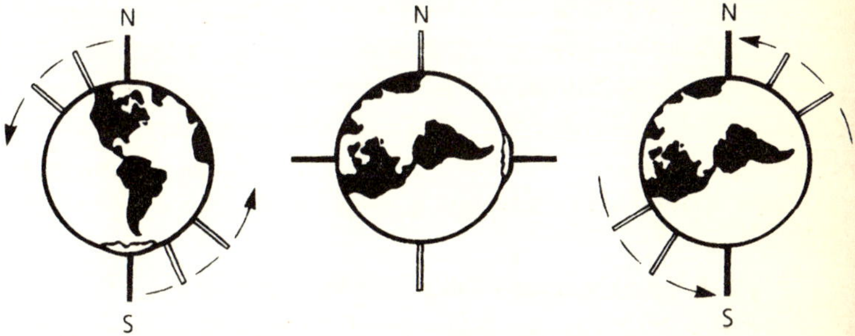

Abb. 3 Die Polverschiebung nach Brown.

Hapgood sein Buch *Earth's Shifting Crust,* in dem er seine jahrelangen Forschungen dokumentierte. Im Vorwort zu diesem Buch schrieb Albert Einstein kurz vor seinem Tod:

Der erste Hinweis, den ich von Mr. Hapgood erhielt, elektrisierte mich. Seine Idee ist originell, von großer Einfachheit und wenn sie sich weiter bewahrheitet, von großer Wichtigkeit für alles, was mit der Geschichte der Erdoberfläche zu tun hat ... diese überaus erstaunliche, ja faszinierende Idee verdient die Aufmerksamkeit eines jeden, der sich mit der Entwicklung der Erde befaßt.

Im wesentlichen war Hapgood der Auffassung, daß Wegeners Kontinentalverschiebung auf eine Verschiebung der Erdkruste zurückzuführen sei. Hapgood ging dabei nicht von einem plötzlichen Kippen aus, sondern von einem Mechanismus, der mit einer allmählichen Verschiebung einherging. Seine Vorstellung könnte allerdings, wie schon erwähnt, Umkehrungen der Magnetfelder erklären: denn sollte der Erdmantel geostationär verbleiben und die Kruste darüber sich bewegen, würde sich das magnetische Feld in der Kruste verändern und damit einen Kausalmechanismus für magnetische Umkehrungen liefern.

Die Wissenschaft der Alten

Wenn man also einen Mechanismus finden könnte, der in der Lage ist, eine Verschiebung der Pole und der Erdachse herbeizuführen, hätte man gleichzeitig einen Mechanismus, der für das Auftauchen unterschiedlicher Katastrophen verantwortlich zu machen ist. Sollte außerdem ein Mechanismus nachgewiesen werden, der imstande ist, die Erdachse *und* die Erdkruste zu verschieben, dann hätte man nicht nur den Katastrophenmechanismus, sondern auch jenen, der für magnetische Umkehrungen verantwortlich ist. Sollte sogar ein Mechanismus gefunden werden, der die Erdachse verschiebt, die Erdkruste bewegt *und* den Eintritt von Eiszeiten erklären könnte, dann müßte die entsprechende Theorie ernsthaft in Betracht gezogen werden.

In meinem Buch *Die Prophezeiungen der Maya* veröffentlichte ich die Ergebnisse meiner eigenen Forschungen in bezug auf einen derartigen Mechanismus und wies nach, daß diese vermeintlich neuen Ideen bereits vor über tausend Jahren bei den Maya in Mittelamerika wohlbekannt waren. Diese Entdeckung folgte einer langwierigen, komplexen und systematischen Untersuchung von scheinbar unzusammenhängenden Informationen. Sie begann in den späten Siebzigern mit der Suche nach einem Kausalmechanismus, der die Wirkungsweise der Sonnenzeichenastrologie erklären konnte (siehe auch den Anhang dieses Buches, besonders Anhang III), und sollte zu der Veröffentlichung meines Buches *Astrogenetics* im Frühjahr 1988 führen. Darin wies ich nach, daß es sehr wohl möglich ist, die Astrologie – die Wissenschaft der Alten – mit den neuesten wissenschaftlichen Erkenntnissen in Einklang zu bringen.

Später fand ich heraus, daß die Sonnenstrahlung nicht nur für die Formung der Persönlichkeit eines Menschen verantwortlich sein könnte, sondern auch die Ursache für biologische Rhythmen, und so entdeckte ich, daß sie die Fruchtbarkeit auf der Erde kontrolliert (Anhang IV).

Die alten Ägypter, die Maya und die Inka hatten alle den Sonnengott als Fruchtbarkeitsgottheit verehrt und waren im übrigen bestens mit der Kunst der Astrologie vertraut. Aus diesem Grund benannten die Maya ihre Kinder nach dem Datum ihrer Geburt, wobei sie einem astronomisch/astrologischen Zyklus von 260 Tagen folgten.

Davon ausgehend lag es nahe, das Langzeitverhalten der Sonne zu untersuchen, um herauszufinden, ob es eine

Verbindung zwischen ihrer Strahlung, den dabei auftretenden Mustern und den Fruchtbarkeitsmustern auf der Erde gab. Dies führte mich 1989 zu der erfolgreichen Berechnung eines langfristigen Zyklus der Sonnenflecken, die ergab, daß der Aufstieg und Untergang von Zivilisationen in der Tat mit der Strahlung der Sonne zu tun hatte und daß sich das magnetische Feld der Sonne alle 3740 Jahre (1366040 Tage) umkehrt.

Diese Entdeckung inspirierte mich schließlich dazu, die Kultur der alten Maya in Mittelamerika zu studieren. Sie kannten eine heilige Zahl, die bereits in alten Zeiten erwähnt und in ihre Skulpturen gemeißelt worden war. Sie lautete 1366560. War es möglich, daß die Maya mehr von Astronomie und Astrologie verstanden als alle vor ihnen lebenden Rassen, ohne daß sie etwas von der dahinterstehenden Wissenschaft verstanden hätten? War es bloßer Zufall, daß sie den Sonnengott als Gott der Fruchtbarkeit verehrten, ohne zu wissen, daß die Sonne tatsächlich Einfluß auf die Fruchtbarkeit hat? Und war es wirklich nur Zufall, daß ihre magische »Superzahl« von 1366560 Tagen, die sie als die »Geburt der Venus« verehrten, beinahe identisch war mit dem auf einem modernen Computer berechneten Zyklus der Sonnenflecken?

Doch das ist noch nicht alles. War es kompletter Zufall, daß die Maya auf mysteriöse Weise von der Erde verschwanden, ausgerechnet 1366560 Tage, nachdem ihr Kalender 3113 v. Chr. begonnen hatte? Oder wußten sie, daß die Sonne ihren Fortpflanzungsbedürfnissen nicht mehr entsprechen würde, als sich ihr magnetisches Feld im Jahr 750 n. Chr. umkehrte? Wir wissen, daß die Maya glaubten, die Erde sei bereits viermal erschaffen und wieder zerstört worden und wir lebten jetzt im »fünften Sonnenzeitalter«. Handelt es sich auch dabei um einen kompletten Zufall, oder wußten die Maya, daß sich das magnetische Feld der Sonne fünfmal in 18139 Jahren umkehrt und daß dementsprechend Fruchtbarkeitszyklen sowie die Möglichkeit von Polverschiebungen auftreten konnten?

Ist es reiner Zufall, daß die moderne Wissenschaft das Zusammentreffen von Magnetfeldumkehrungen und dem Aussterben ganzer Arten bestätigt? Oder zeigt diese Tatsache lediglich eine Verbindung zwischen Magnetismus und der Fruchtbarkeit im Tierreich?

Dies sind nicht die einzigen faszinierenden Echos, die uns aus der Vergangenheit erreichen: Bei meiner Untersuchung des Sonnenfleckenzyklus fand ich auch heraus, daß abnehmende Zyklen den Beginn von Mini-Eiszeiten auf der Erde markieren. Das war von Bedeutung, denn etwa zur selben Zeit begann ich mich für die Polverschiebungstheorie von Hugh Auchincloss Brown zu interessieren. Abgesehen von Campbells Berechnungen, welche den Gedanken mathematisch widerlegten, schien Browns Theorie auch nach den Kriterien des gesunden Menschenverstandes keine vernünftige Antwort auf die Frage zu geben. Denn obwohl die Größe der polaren Eiskappen und das Zu- und Abnehmen von Gletschern oft mit Kälteperioden auf der Erde in Verbindung gebracht werden, taucht hier ein Paradox auf: Gletscher bestehen aus Frischwasser, und Frischwasser stammt aus Niederschlägen (Regen, Schneeregen, Hagel und Schnee), die wiederum durch die Wasserverdunstung der Ozeane entstehen. Damit ein Gletscher wachsen kann, muß eine vermehrte Verdunstung eintreten, damit größere Niederschläge fallen können. Doch um eine vermehrte Verdunstung zu erreichen, müßten die Temperaturen steigen und nicht fallen. Und wenn die Temperaturen steigen, sollten die Gletscher schmelzen – und nicht etwa an Substanz zunehmen. Den Beweis dafür lieferte unter anderem der britische Physiker John Tyndall, nach dessen Berechnungen man etwa die gleiche Menge an Energie benötigt, um einen fünfpfündigen Eisenblock zu schmelzen, wie um einen halben Liter Wasser völlig verdunsten zu lassen. Browns Polkappentheorie konnte also nicht zutreffen. Und doch wissen wir aus Sedimentablagerungen, daß die Kappen von Zeit zu Zeit Größenschwankungen unterworfen waren. Was also ist die Antwort? Was ist die Ursache für Eiszeiten auf diesem Planeten?

Velikovsky wies darauf hin, daß die Ozeane von unten und nicht von oben erhitzt werden müßten, um eine für die Gletscherzunahme ausreichende Verdunstung zu gewährleisten. Mit anderen Worten: irgend etwas mußte in der Lage sein, die Erdkruste extrem stark zu erhitzen. Das Durchqueren eines Kometenschweifs zum Beispiel. Durch die Interaktion zweier unterschiedlicher Magnetfelder würden elektrische Ströme auf der Erdoberfläche entstehen und sie erhitzen – vielleicht so stark, daß die Ozeane anfangen würden zu kochen. Unter solchen Umständen würde eine ausreichende Verdunstung auftreten, um das Anwachsen der Gletscher zu gewährleisten.

Wir haben bereits gehört, daß Velikovsky es für möglich hält, daß ein derartiger Himmelskörper vor über 4000 Jahren vom Jupiter abgestoßen wurde und sich das oben beschriebene Szenario abgespielt haben könnte, als die Flugbahn des Körpers ungefähr 1500 v. Chr. und noch einmal 700 v. Chr. der Erde nahe kam, und so für die von ihm so sorgfältig dokumentierten Katastrophen verantwortlich war.

Mittlerweile scheint es also, als hätte Velikovsky recht gehabt, allerdings aus ganz anderen Gründen. Wir können ihm verzeihen, denn er verfügte nicht über die neuesten wissenschaftlichen Erkenntnisse, was uns wieder zurück zu den Maya führt.

Die Geburt der Venus

Der Kalender der Maya begann im Jahr 3113 v. Chr. (»vor mehr als 4000 Jahren«). Dieser Zeitpunkt wurde »Geburt der Venus« genannt. Es ist bekannt, daß sich zu diesem Zeitpunkt das Magnetfeld der Sonne umgekehrt hat, was darauf hindeuten könnte, daß genau diese magnetische Umkehrung dafür verantwortlich war, daß sich die Achse der Venus auf den Kopf stellte. Die Venus ist der Sonne näher als die Erde (siehe Anhang I), deshalb kann es gut sein, daß diese Umkehrung ausreichte, um die Position der Venus zu verändern, nicht aber, um die Erde auf den Kopf zu stellen. Tatsächlich ist die Venus der einzige Planet des Sonnensystems, der sich rückwärts um seine Achse dreht (in Wirklichkeit dreht sie sich in die richtige Richtung, aber weil sie auf den Kopf gestellt wurde, hat es den Anschein, als würde sie sich in die falsche Richtung drehen).

Die Oberfläche der Venus ist extrem heiß, mehr als 500 Grad Celsius, und zwar gleichermaßen auf der Nacht- und auf der Tagseite (was beweist, daß die Temperaturen nicht durch die Einstrahlung der Sonne entstehen, sondern von der Oberfläche des Planeten stammen), was wiederum darauf hindeutet, daß Velikovskys Theorie von elektrischen Wirbelstürmen (wegen der magnetischen Differenzen zwischen Venus und Sonne) zutrifft. Das gleiche Phänomen könnte in der Vergangenheit auf der Erde die Ozeane zum Kochen gebracht und damit gegen Ende dieser Phase ein Zunehmen der Polarkappen verursacht haben. Dies könnte von Polverschiebungen oder Umkehrungen des Magnetfelds begleitet worden sein.

Velikovsky sichtete zahlreiche Katastrophenberichte, die von vielen Völkern »vor mehr als 4000 Jahren« verzeichnet wurden, als der Planet Venus den Himmel so stark erhellte, daß er Schatten auf die Erde warf. Das wäre auch zu erwarten, wenn die aus Kohlendioxid bestehenden Polarkappen ihre Position um neunzig Grad verlagerten und die Spiegelung der Sonneneinstrahlung von den stark reflektierenden Venuspolen auf die Erde traf. Vermutlich hat sich der Planet mittlerweile zwischen neunzig und hundertachtzig Grad von seiner ursprünglichen Achsenstellung entfernt eingependelt.

War dies also die »Geburt der Venus«? Der »neuen« Venus? Vorausgesetzt, daß zum gleichen Zeitpunkt, als eine Umkehrung der magnetischen Felder stattfand, auch ein neuer Fruchtbarkeitszyklus einsetzte – welches Datum hätte sich dann besser dazu geeignet, einen neuen Kalender ins Leben zu rufen, als der Zeitpunkt, der die Geburt einer neuen Zivilisation markierte? Könnte hier der Grund dafür liegen, daß der Kalender der Maya im Jahr 3113 v. Chr. begann?

Velikovsky hatte beinahe recht. Bei der Geburt der Venus handelte es sich allerdings nicht um das Auftauchen eines Brockens vom Jupiter, sondern lediglich um eine Umkehrung des solaren Magnetfeldes. Und was seinen »Protoplaneten« betrifft, der 1500 v. Chr. und 700 v. Chr. die Erde passierte: Vielleicht waren die entsprechenden Ereignisse tatsächlich auf das Auftauchen eines anderen Kometen zurückzuführen, die mit der »Geburt der Venus« nichts zu tun hatten. Die jüngsten Ereignisse auf dem Jupiter, als der Komet Schumacher in den Planeten krachte, lassen darauf schließen, daß dies durchaus möglich ist.

1989 begann ich also mit dem Studium der Maya. Ich unternahm eine Reise nach Palenque, ihrer größten Zeremonienstätte tief im Dschungel von Mittelamerika. Hier steht der Tempel der Inschriften, eines der schönsten Maya-Monumente, die Grabstätte ihres Priesterkönigs Pacal, der etwa 750 n. Chr. verstarb. Die Reise sollte sich als ein wirklich bemerkenswertes Abenteuer erweisen. Stellen Sie sich meine Überraschung vor, als ich feststellen mußte, daß all meine Entdeckungen über die Sonne und wie ihre Zyklen das Leben auf der Erde beeinflussen, bereits vor 1250 Jahren von den Maya gemacht worden waren. Sie hatten ihre Entdeckungen sogar in das Grabmal ihres Herrschers gemeißelt und sie unter einer Pyramide verborgen. Ich sah ihre Götter, ich staunte über ihre Intelligenz, erblickte die stillen Zeugen ihres Könnens, ihres Reichtums und ihrer Macht, und ich fragte mich, wie hatten sie über dieses Wissen verfügen können? Welche übermenschlichen Gehirne hatten all diese Informationen in einem einzigen Relief verschlüsselt?

Dies war das Geheimnis der Maya.

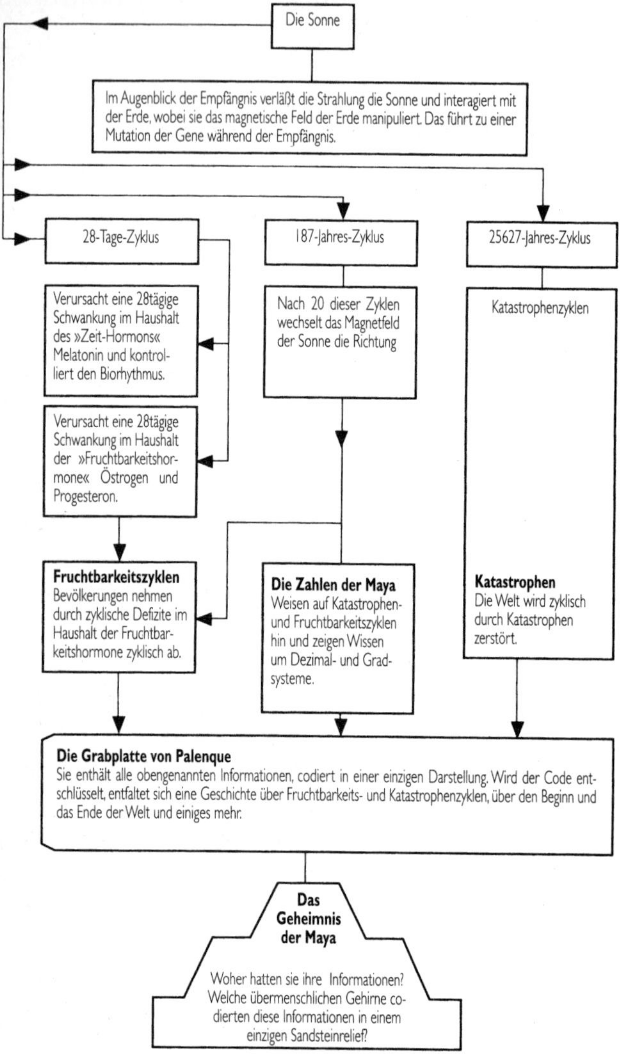

Abb. 4 Vergleich neuester wissenschaftlicher Entdeckungen mit dem Wissen der Maya.

KAPITEL 2

Die verlorenen Stämme Mittelamerikas

Zunächst müssen wir einen Blick auf die Herkunft der Maya werfen. Irgendwann vor 10000 bis 11 000 Jahren waren die Polkappen wesentlich umfangreicher als heute. Der Meeresspiegel lag ganze 36 Meter tiefer, da große Teile des Wasservorrates der Erde in hohen Gletschern gebunden waren. Etwa um diese Zeit begannen asiatische Völker damit, die Landbrücke zwischen Asien und Amerika zu überqueren und Alaska zu bevölkern.

Es war eine Zeit des Überflusses. Mammuts, Moschusochsen, Karibus und arktische Hasen bevölkerten die weite Tundra und Seehunde, Seelöwen und riesige Fischschwärme die Ozeane. Die Anthropologen gehen davon aus, daß die ersten Jäger lediglich aus ein oder zwei Familien bestanden, die die umherziehenden Herden von Asien aus auf den amerikanischen Kontinent trieben und dort die ersten Siedlungen gründeten, aus denen später die Eskimos hervorgingen, die Vorläufer der nordamerikanischen Indianer. (Eine andere Version besagt, daß die nordamerikanischen Indianer einer Mischrasse angehörten und ihre Vorfahren auch über das Meer aus Indochina gekommen sein könnten.)

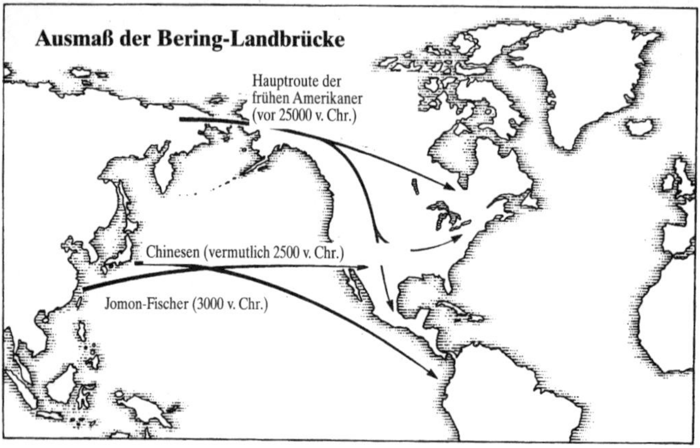

Abb. 5 Die Bering-Straße. Vermutlich existierte vor mehr als 10 000 Jahren eine Landbrücke, die Asien mit Amerika verband.

Allerdings wissen wir nur sehr wenig von den frühesten Bewohnern des nordamerikanischen Kontinentes. Einige Wissenschaftler sind der Ansicht, daß sie gen Süden nach Mexiko weitergezogen sind. Auf alle Fälle weiß man, daß um das Jahr 6000 v. Chr. bereits Mais angebaut wurde, was eine seßhafte Lebensweise voraussetzt. Zu dieser Zeit begann auch die Herstellung von Werkzeugen und Töpferarbeiten, die während der Nomadenzeit zu aufwendig gewesen wären. Archäologische Ausgrabungen bestätigen eine Zunahme der Töpferwaren ab 1500 v. Chr.

Es lag nahe, daß sich die kleinen Gruppen irgendwann in Dörfern niederließen. Nicht nur, daß das Leben in einer größeren Gemeinschaft die harte Arbeit der Ernte vereinfachte, die Gemeinschaft bot auch mehr Sicherheit. Um das Jahr 1000 v. Chr. tauchten die Olmeken als erste Zivilisation

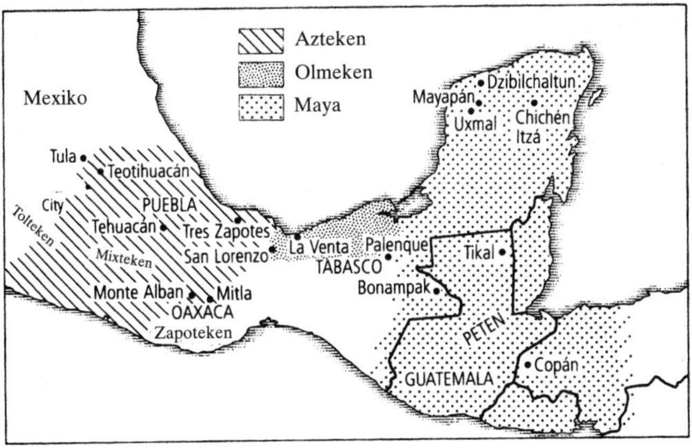

Abb. 6 Die Stämme und Städte Mittelamerikas, 1200 v. Chr. bis 1600 n. Chr.

Mittelamerikas auf. Verschiedene andere Gruppen tauchten anschließend in Mittelamerika auf. Zu Mittelamerika rechnen wir Mexiko, Guatemala, Belize, Honduras und Nicaragua. (Allerdings wird die Region nicht so sehr nach geographischen als vielmehr nach kulturellen und historischen Gesichtspunkten definiert. Diese Form der Klassifizierung schließt Nicaragua von unseren Untersuchungen aus.)

Die erste dieser Gruppen waren die Olmeken. Sie waren die Schöpfer einer ausgesprochen einflußreichen Zivilisation, die am Golf von Mexiko erblühte, in einem Gebiet, das heute die Bundesstaaten Tabasco und Vera Cruz umfaßt. Über die Olmeken ist nicht viel bekannt, obwohl gemeinhin angenommen wird, daß sie in einer hierarchisch aufgebauten Gesellschaft lebten und urbane sowie zeremonielle Zentren hatten. Die wichtigsten dieser Zentren waren San Lorenzo, dessen Blütezeit zwischen 1200 und 900 v. Chr. lag, sowie die Orte La Venta und Tres Zapotes zwischen 900 und 500 v. Chr. Sie sind besonders bekannt für die riesigen Basaltköpfe, die überall in der Gegend verstreut sind, blaue Jadeschnitzereien mit Schlangenmotiven, möglicherweise die Einführung des mexikanischen Kalenders sowie für die Verwendung numerischer Symbole zur Aufzeichnung astronomischer Daten.

Es ist bis heute nicht bekannt, weshalb die Olmeken verschwanden, obwohl vieles dafür spricht, daß sie um 700 v. Chr. von einer Tragödie heimgesucht wurden (zu dieser Zeit sollte Velikovskys Komet unterwegs gewesen sein). Trotz ihres Unterganges lebte ihr Einfluß jedoch weiter und wurde an vielen Orten am Leben erhalten. In Kalminaljuya in Guatemala errichteten sie eine wichtige Stadt, direkt an den Grenzen zum zukünftigen Land der Maya. In einem ihrer Gräber legt ein von Opfergefährten begleiteter Leichnam Zeugnis von dem Reichtum und der Macht einiger Individuen über die niedrigeren Klassen ab.

In Izapa, direkt hinter der Grenze zu Guatemala, blühte noch drei- bis vierhundert Jahre nach dem Untergang von La Venta ein von den Olmeken beeinflußter Kunststil. Dieser neue Stil war komplexer als die Vorgänger: Die stelae (aus Basalt gefertigte Reliefstatuen) und Steinmeißeleien trugen zum ersten Mal Fledermausmasken, möglicherweise eine Darstellung des Fledermausgottes – der Gott des Todes –, sowie Windmasken, die Ehecatl, den Gott des Windes, repräsentierten. Damit legten sie Zeugnis ab für eine Gottesverehrung, die vorher nicht bestätigt worden war, außer im Norden im Tal von Mexiko. Dort, in der Nähe von

Cuicuilco (900-350 v. Chr.), fand man Hinweise auf eine viel frühere Siedlung, deren Medizinmänner ein kreisförmiges heiliges Haus aus Felsquadern errichtet hatten, dessen Wände wie die einer Hütte nach innen gebogen schienen. Auf der Innenseite waren die Felsen mit zahlreichen Reliefarbeiten verziert, von denen insbesondere die Abbildung einer Klapperschlange hervorsticht, möglicherweise eine der ersten bekannten Darstellungen des »Guten Gottes« Quetzalcoatl. Auf der Außenseite der Felsen befindet sich ein kleineres Relief, das einen alten Mann zeigt, der hockend sitzt und eine Schale auf dem Rücken trägt, wahrscheinlich die erste Darstellung des Feuergottes Xiuhtechutli.

Es hat jedoch den Anschein, daß ihre Gottesverehrung nichts genützt hat. Der Tempel wurde mit einem der ersten pyramidenförmigen Bauwerke überbaut, bevor beide von einem Vulkanausbruch im Jahre 350 v. Chr. der Erdoberfläche gleichgemacht wurden. Tonnen von Geröll donnerten über die Pyramide, und der ursprüngliche Steinkreis wurde unter vulkanischer Asche begraben. Dann brach der Vulkan Xictli aus und ergoß einen glühenden Lavastrom über die mittlerweile dreistöckige Pyramide und die Stadt von Cuicuilco.

An dieser Stelle findet sich eine Lücke in der Geschichte des Volkes, in der der Kult der Gottesanbetung in ganz Mexiko immer stärker an Bedeutung gewann. Er nahm schließlich eine zentrale und dominierende Stellung unter den Völkern des mexikanischen Flachlandes in Teotihuacan ein. Ungefähr zur gleichen Zeit, um 500 v. Chr., entstanden im Tal von Oaxaca, im Westen Mexikos, die ersten Siedlungen. Dort wurden auf dem Gipfel von »Monte

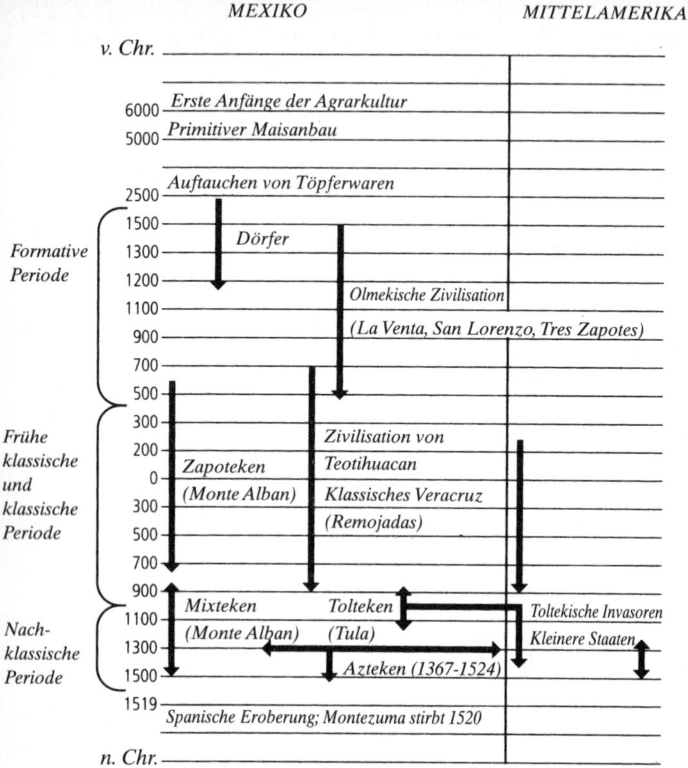

Abb. 7 Zeitdiagramm der verschollenen Stämme Mittelamerikas.

Alban«, dem »Berg der weißen Blüte«, riesige Plazas aus dem massiven Stein gehauen, und das erste stufenförmige Gebäude begann sich in den Himmel zu recken. Es besteht kein Zweifel daran, daß diese Entwicklungsphase olmekisch beeinflußt war, und im Jahre 100 n. Chr. war Monte Alban zum zeremoniellen Zentrum der Zapoteken geworden, die die Anbetung des Fledermausgottes und anderer Gottheiten fortsetzten.

Teotihuacan

Die prächtige Steinstadt Teotihuacan, etwa zwanzig Kilometer nördlich von Mexico City gelegen, tauchte relativ unvermittelt ungefähr zweihundert Jahre vor Christus auf der Bildfläche auf.

Aus irgendeinem Grund setzte sich hier die Gottesanbetung mit einer neuen Inbrunst fort. Als würden sie gegen die Zeit selbst kämpfen, errichteten die Bewohner von Teotihuacan auf den staubigen Ebenen des Landes riesige, in den Himmel ragende Pyramiden, vergleichbar nur mit denen Ägyptens, daneben kleinere, kunstvoll verzierte Pyramiden, Stufenpyramiden und aus dem Fels gemeißelte Pyramiden. Dort beteten sie die Götter, die Sterne und die Planeten an. Sie meißelten die Abbilder ihrer Gottheiten in Felsen, fünfzig Jahre vor Christus, vor der Erfindung des Rades und bevor das Pferd als Arbeitstier bekannt war.

Wir wissen bis heute nicht, welche Namen sie ihren Gebäuden gaben. Die Azteken, die tausend Jahre später auf der Bildfläche erschienen, nannten die beiden größten Pyramiden »Pyramide der Sonne« und »Pyramide des Mondes«, und die Hauptstraße wurde zum »Weg der Toten«.

Während seiner Blütezeit bedeckte Teotihuacan zwanzig Quadratkilometer dichter Siedlungen. Die Stadt war in Bereiche unterteilt, in denen es Viertel für Handwerker, für Händler und für Feierlichkeiten gab. Ihr Einfluß erstreckte sich, vor allem aufgrund eines lebhaften Handels mit den

Abb. 8 Teotihuacan, Stadt der Priester und der Tempel. Teotihuacan war die Hauptstadt einer Kultur, die 1000 Jahre währte und im 8. Jh. n. Chr. unterging. Die Stadt befindet sich auf einem Plateau, 2300 m über dem Meeresspiegel. Sie wurde nach einem strengen Rechteckschema von der Hauptdurchgangsstraße, der Allee der Toten (1), aus in alle Himmelsrichtungen angelegt. Die Allee der Toten ist 2,5 km lang und 44 m breit. Diese Prozessionsstraße verbindet den Platz

des Mondes (2) und die Pyramide des Mondes (6) mit der Zitadelle (3), dem religiösen Zentrum der Stadt. Abgesenkt und von einer Mauer umgeben, beherbergte sie den Tempel von Quetzalcoatl, der Gefiederten Schlange (4). 66 m über der heiligen Allee der Toten und der Stadt erheben sich die beiden Pyramiden der Sonne (5) und des Mondes (6). Der Adel, die Stadtoberhäupter und die Priester lebten im Zentrum, in der Nähe der großen Pyramiden. Östlich von der Al-

lee der Toten befand sich eine weitere Ansammlung von Palästen (7). Im Westen lag der prächtigste der Priesterpaläste, Quetzalpapalotl, der Palast des Schmetterlingsvogels (8). Die Häuser in diesem Stadtteil waren geräumig und verfügten über zahlreiche Räume, die allesamt in einen Innenhof mündeten. Viele waren wie die Pyramiden aus rotem Vulkangestein gefertigt, das aus der Umgebung stammte. Vulkanische Ablagerungen aus Obsidian, einem glasähnlichen Stein, der härter als Feuerstein ist und zu Werkzeugen, Waffen und Luxusgegenständen verarbeitet werden konnte, bildeten das Grundprodukt für eine wichtige Industrie von Teotihuacan. Während der hier abgebildete Teil der Stadt im wesentlichen die Behausungen der Priester und der Aristokratie zeigt, herrschte im restlichen Teotihuacan kaum eine Trennung der sozialen Klassen. Ausgrabungen ergaben, daß sich Häuser aller Stände nebeneinander befanden. Zu ihrer Blütezeit bedeckte die Stadt eine Fläche von mehr als 20 qkm. Im 5. Jh. n. Chr. stagnierte das Wachstum der Stadt ganz plötzlich. Obwohl die Einwohnerzahl im Jahr 600 n. Chr. zwischen 125000 und 200000 lag, verschwand Teotihuacan innerhalb von 100 Jahren in völliger Vergessenheit.

Nachbarn, auf ganz Mittelamerika, und ebenso wie ihre Nachbarn, die Maya, wußten die Bewohner von Teotihuacan, daß die Sonne einen Einfluß auf die Fruchtbarkeitszyklen des Planeten ausübt.

Anhand von Tonfiguren und Textilien sind wir in der Lage, die Entwicklung der Stadt zurückzuverfolgen. Zu Beginn der Stadtgeschichte waren diese Artefakte zierlich gearbeitet, beinahe zerbrechlich. In der zweiten Phase trat ein

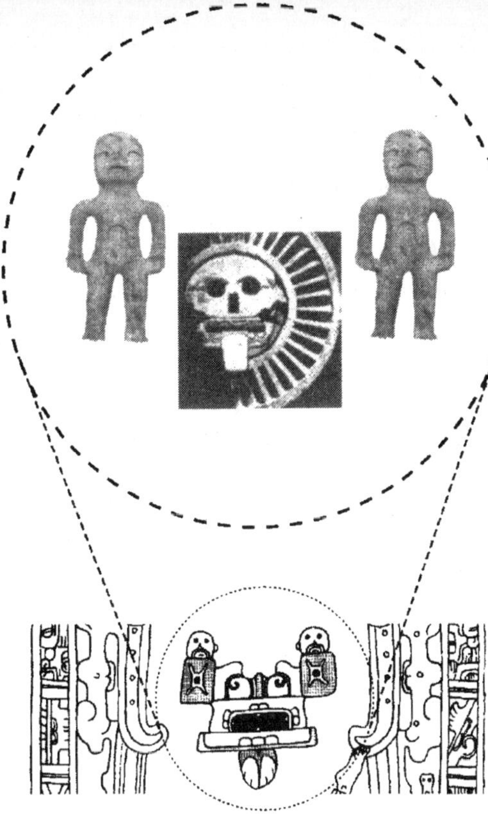

Abb. 9 Bei Ausgrabungen in Teotihuacan gefundene Gegenstände: Totenschädel des Sonnengottes Tonatiuh, umgeben von Sonnenstrahlen. Tonatiuh wurde gewöhnlich mit herausgestreckter Zunge abgebildet, was darauf hinweist, daß er Atem oder Leben spendete. Die Abbildung des Schädels scheint das Gegenteil zu suggerieren, nämlich daß er den Tod bringt. Die Darstellung des »Solarbabies« (auf jeder Seite des Sonnengottes) trägt das Mal der Sonne auf dem

Bauch und hat einen »traurigen« Mund. Die Bewohner von Teotihuacan wußten, daß ihr Niedergang durch nachlassende Fruchtbarkeit von der Sonne verursacht wurde (siehe Anhang IV).
Der untere Teil der Illustration zeigt einen Teil der Grabplatte des Königs der Maya, der unter anderen Dingen die gleiche Geschichte erzählt, jedoch unter Verwendung eines ikonographischen Symbolismus.

starker Realismus hervor, die Kleidung aus dieser Zeit ist aufwendiger gefertigt und besteht aus feinerem Gewebe, während die dritte Phase beinahe ausschließlich der Gottesanbetung gewidmet scheint. In der vierten und letzten Phase Teotihuacans stehen die Gottheiten weniger im Vordergrund und werden auch mit weitaus weniger Enthusiasmus dargestellt – die Kultur war bereits dem Untergang geweiht.

In der dritten Phase, der Phase der Götter, trat zum erstenmal der Regengott Tlaloc auf, der über die Wolken herrschte. Er wurde angerufen, um der heißen und trockenen Stadt Regen zu bringen – gemeinsam mit dem Maisgott, dem Windgott und Quetzalcoatl, der den Morgenstern Venus repräsentierte, sowie mehreren weiblichen Gottheiten. Die einzigen schriftlichen Überlieferungen von Teotihuacan sind kalendarische Symbole, was eine besonders intensive Beschäftigung mit der Zeit und der Messung von Zeit verrät – als hätten sie geahnt, daß die dunkle Stunde immer näher rückte. Sie waren die ersten Beobachter des Himmels und beschäftigten sich mit den Zusammenhängen von Sonne und Fruchtbarkeit, Regen und Dürre, Mais und

Hungersnot. Ihr Glauben und ihre Kultur übten einen wesentlichen Einfluß auf die ihnen folgenden Völker wie zum Beispiel die Maya aus. Alles, was sie taten, scheint die Vermutung nahezulegen, daß die Sonne sie durch Unfruchtbarkeit verursachende Strahlung, Dürre und hohe Kindersterblichkeit ausrottete. Es scheint, als wären sie sich der Tatsache bewußt gewesen, daß die Sonne die Fruchtbarkeit kontrolliert, daß ihre Strahlung für die Astrologie ebenso verantwortlich ist wie für Eiszeiten und Trockenzeiten. Wie jedoch haben sie dies wissen können?

Es steht fest, daß die Sonne um das Jahr 440 n. Chr. damit begann, ihr Magnetfeld umzukehren. 627 n. Chr. fiel die Kraft des Feldes auf ein dreitausendjähriges Minimum, und im Jahre 750 n. Chr. waren die in den Bergen lebenden Bewohner von Teotihuacan tot (siehe Anhang V). Diese Dynamik zeigte sich im ganzen Land. Das glorreiche Volk der Maya im Dschungel von Yucatán begann im Jahre 750 mit der Abwanderung nach Norden in die Tiefebene. Auch ihre Kultur litt unter anhaltender Dürre und niedriger Fruchtbarkeit.

Es gab noch zahlreiche andere Völker, wie die Mixteken (Chichimec), Zapoteken und viele, die später kamen, wie die Tolteken, Totonaken, Tarasken oder Azteken. Doch es ist das Volk der Maya, das ich hier einer detaillierten Untersuchung unterziehen möchte. Nicht nur, weil sie über das meiste Wissen verfügten oder weil ihre Errungenschaften auf den Gebieten der Architektur, Steinhauerei, bildender Kunst, Astronomie und Mathematik die sämtlicher Zeitgenossen übertrafen, sondern weil alle Beweise darauf hindeuten, daß sie die Welt wesentlich besser verstanden haben, als wir es heute tun.

Anmerkung: Die Namen der Maya-Gottheiten

Da wir mehr über die Götter der Azteken wissen als über die Gottheiten anderer Stämme, werden im folgenden ausschließlich aztekische Namen verwendet. Dies wird die Wissenschaftler unter den Lesern möglicherweise vor den Kopf stoßen. Doch um die Botschaft der Maya zu verstehen, ist es notwendig, daß wir unseren Begriff von linearer Zeit suspendieren. Ist dies einmal geschehen, werden die Namen der Götter belanglos. Dies ist von besonderer Wichtigkeit, wenn wir weitergehen und die Geheimnisse ihrer Sprache entschlüsseln wollen.

Viele Westeuropäer finden, daß die aztekischen Namen schwierig auszusprechen sind. Auch wenn ich im folgenden viele dieser Namen verwenden muß, wo sie von Bedeutung sind, werde ich, soweit möglich, abstraktere Namen wie »der Regengott« etc. verwenden.

KAPITEL 3

Eine Bühne für die Götter

Im Jahre 500 n. Chr. hatten sich die Götter in Teotihuacan (»der Wohnort der Götter«) etabliert. Ihre Präsenz und ihr Einfluß verbreiteten sich schnell über ganz Mittelamerika. Die Maya, die Zapoteken, Mixteken, Tolteken und Azteken übernahmen nacheinander die Anbetung der Götter, und die Gottheiten selbst gewannen an Bedeutung und Größe.

Für die Maya stellte Ku-Kul-Can, die gefiederte Schlange, der Gott des Guten und der Weisheit, die höchste Gottheit dar. Bei den späteren Azteken wurde er unter dem Namen Quetzalcoatl angebetet und von den Kriegsgöttern Yaotl, dem »Schlechten Gott«, der den Norden repräsentierte, sowie von Huitzilopochtli, dem Gott des Südens und des Opfers, verdrängt. Der Name des Gottes änderte sich also im Laufe der Zeit, die Gottheit selbst stand jedoch weiterhin für die gleichen Inhalte.

Zum Beispiel wurde der Regengott in Teotihuacan Tlaloc genannt. Bei den Maya hieß derselbe Regengott Chaac und bei den Zapoteken Cocijo, was auf den ersten Blick verblüffend wirken mag. Damit nicht genug, waren Götter sogar in der Lage, zu den Vätern ihrer Väter zu werden, und Töchter waren in der Lage, ihre Mütter zu gebären. Auf den ersten Blick widerspricht dies jeder Logik, doch für die Maya und andere Völker ergab dies durchaus einen Sinn,

Abb. 10 Der Gott Huitzilopochtli, abgebildet im Kodex der Azteken (auch als Telleriano-Remensis bekannt).

Abb. 11 Die Maske von Chaac am Großen Palast von Sayil in Yucatán.

weil sie nicht über einen linearen Zeitbegriff verfügten. Die Vergangenheit wurde zur Zukunft und die Zukunft zur Vergangenheit (siehe Anmerkung am Ende von Kapitel 1).

Die Maya waren der Überzeugung, daß es sich bei ihrer Lebenszeit um ein Geschenk der Götter handelte, und die Erde trug den Namen »Ort der Blumen und der Lieder«. Vom Prinzen von Texcoco, Huexotzin, wurde dies im fünfzehnten Jahrhundert mit folgenden Worten ausgedrückt:

Du sagst, daß ich vergehen muß,
wie die Blumen, die ich liebe.
Nichts bleibt von meinem Namen,
nichts erinnert an meinen Ruhm?
Doch die Gärten, die ich pflanzte, sind noch jung
und die Lieder, die ich sang, werden weiter gesungen.

Für diese Indianer war der Mensch mehr als der Körper. Er war Geist, und wie seine Götter war er bei seinem Tod in der Lage, sich zu transformieren. Der Tod wurde lediglich als das Abwerfen eines abgetragenen Körpers betrachtet.

Hatte die Seele des Sterbenden ein gutes Leben geführt, dann reiste sie in eines der fünf Paradiese, um den Nektar der dort hausenden Götter zu genießen. Die in der Schlacht Gefallenen oder durch einen Opfertod Gestorbenen kamen in das Paradies Tonatiuhcan, wo der Sonnengott Tonatiuh residierte. Es lag im Osten, wo die Sonne aufging.

Die Seelen der Frauen, die im Kindbett starben, kehrten in das Paradies Cincalco ein, Heimstatt des Maises, das im Westen lag. Kinder, die ihre Geburt nicht überlebten, gingen in das Paradies von Tomoanchan, dem Ort der Vorfahren, wo der Säuglingsbaum stand, der 400000 Brustwarzen anstelle von Früchten trug. Die toten Säuglinge tranken die Milch des Baumes und erhielten so genügend Nahrung, um eine weitere Reise zur Erde antreten und sich dort wieder inkarnieren zu können.

Es waren noch zwei weitere Paradiese bekannt, doch stellten sie keine Zielorte für die Toten dar. Das eine war Tlalocan, das Heim von Tlaloc, dem Regengott, der gemeinsam mit seiner Gefährtin, der Wassergöttin Chalchiuitlicue (»die einen Rock aus Jade trägt«), und seinen Freunden, den Vögeln, im Süden lebte. Die Vögel sangen mit süßen Stimmen, damit er wach blieb und so häufig wie möglich Regen schickte.

Omeyocan war die Residenz von Ometeotl, dem ursprünglichen göttlichen Paar, dem Äquivalent von Adam und Eva. Von diesen beiden Göttern stammen alle anderen ab.

Hatte die Seele ein sündenvolles Leben gelebt, wurde sie von Mictlantechutli und Mictlantechutliuatl, dem Herrn und der Herrin des Todes, in die Unterwelt von Mictlan, das Reich der Toten, eskortiert. Dort angekommen, trafen die Seelen auf Tlazolteotl, die Göttin der Unreinheit, die in Gestalt einer großen Stubenfliege Schmutz verzehrte. Sie lebte dort mit ihrem Gefährten Ahuilteotl (der Gott der Sünden und des Schmutzes), dessen freundliche Prostituierte Ahiuanime all seine Gelüste befriedigte. Hier reinigte die Göttin der Fliegen die Sünder durch eine Zeremonie, die »Aderlaß des Herzens« genannt wurde und in deren Verlauf sie den Geständnissen der Sünder lauschte und dadurch die Schuld in ihren Herzen linderte. Deshalb war sie auch unter der weitaus freundlicheren Bezeichnung »Göttin der Herzen« bekannt. Von seinen Sünden gereinigt, er-

Abb. 12 Herr und Herrin Tod, Dresdner Kodex.

hielt der Sünder die Gelegenheit, sich in den Armen von Coatlicue, der Göttin der Erde, erneut zu inkarnieren, um ein neues Leben zu führen und dadurch Geist und Seele zu reinigen.

Bei Coatlicue handelte es sich um eine Emanation der weiblichen Seite von Ometeotl. Sie war die Mutter aller Götter. Sie schenkte und nahm Leben und wurde deshalb mit massiven Klauenhänden und -füßen dargestellt, die in der Lage waren, Erdbeben zu verursachen, sowie mit Herzen und Knochen, die ihre Fähigkeit repräsentierten, über Leben und Tod zu bestimmen. Die von ihr verursachten Erdbeben wiegten auch die Babys in ihren Wiegen, wodurch sie zur Beschützerin der Neugeborenen wurde, zur Erdmutter. Ihr Haupt bestand aus den Köpfen zweier Schlangen, die den Tag und die Nacht, aber auch das Leben und den Tod repräsentierten.

Abb. 13 Coatlicue, die Göttin von Leben und Tod und die Mutter der Götter.

Wie Ometeotl verfügten auch die anderen Götter über die Fähigkeit, sich in Alter egos zu verwandeln, andere Götter zu gebären oder sich in unterschiedlichen Gestalten zu manifestieren. Quetzalcoatl zum Beispiel war auch bekannt als Tlahuizpantechutli, der Eisgott, der die Venus am Morgen repräsentierte. Durch einen von der Sonne stammenden Pfeil war er erblindet und trug daher eine Augenbinde. Sein Spitzname lautete »Gedrehtes Messer«, nach den Eiskristallen und Eiszapfen, für die er stand.

Venus war als Morgen- und als Abendstern bekannt, weil sie manchmal vor der Sonne aufging und zu anderen Zeiten nur nach dem Untergang der Sonne sichtbar war, je nach ihrer Position am Himmel.

Als Abendstern wurde aus Quetzalcoatl Xolotol, der Hund, von dem gesagt wird, daß ihm vom vielen Heulen die Augen aus den Höhlen fielen und er ebenso blind wurde wie »Gedrehtes Messer«. Dies war durchaus nicht nur von Nachteil, denn es ermöglichte Quetzalcoatl, sich in dieser Verkleidung in die Unterwelt zu begeben und jene Knochen zu stehlen, aus denen die Menschheit im fünften Zeitalter der Sonne, dem Zeitalter des Jaguars, geschaffen wurde. Nur Xolotol war dazu in der Lage, denn seine Blindheit ermöglichte es ihm, in der Dunkelhcit von Mictlan zu sehen, wo die Knochen aufbewahrt wurden.

Herr und Herrin Schmetterling, Itzpapalotltotec und Itzpapalotltotechuatl, repräsentierten das Menschenopfer. Diese beiden Götter pflückten Blumen im Paradies von Omeyocan, als sie achtlos einen Baum umknickten, aus dessen Stamm Blut herausschoß. Die anderen Götter waren zornig und warfen mit Felsstücken aus Obsidian nach ihnen. Dadurch wurden sie zu Schmetterlingen aus Obsidian, die in Ungnade gefallen waren. Sie wurden mit dem Verschwinden zweier Sterne am Himmelszelt in Verbindung gebracht und können daher auch mit dem Zwillingsstern Venus assoziiert werden.

Die Götter verfügten generell über die Fähigkeit, sich selbst zu transformieren, doch die Zauberin Quilatzli, der grüne Reiher, konnte sich sogar in verschiedene Dinge verwandeln und trug daher viele unterschiedliche Namen, wie zum Beispiel Schlangenfrau, Adlerfrau und Kriegerinfrau.

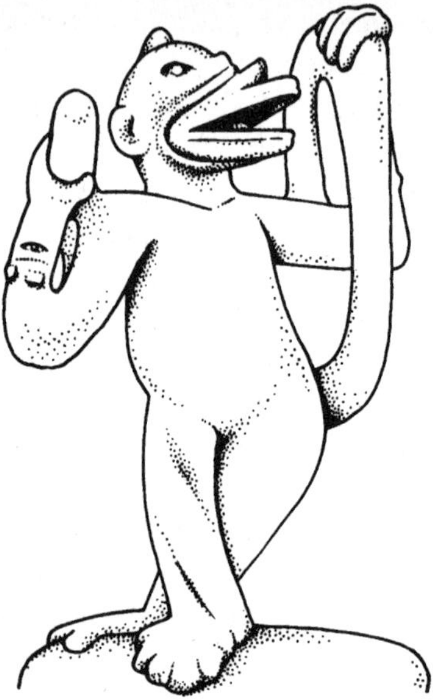

Abb. 14 Ehecatl, der Gott des Windes.

Der Legende nach hat sie das Volk der Azteken auf ihrer Wanderung in das Tal von Mexiko begleitet. Sie saß in der Verkleidung eines rotgefiederten Adlers auf einem Kaktus, als ihr zwei Krieger begegneten. Die Krieger wollten den Adler soeben töten, als sie ihre Verkleidung fallen ließ und sich den beiden als Schwester zu erkennen gab. Nachdem sie sie erkannt hatten, nahmen sie von dem Mord Abstand.

Zu Beginn der Schöpfung gebar das ursprüngliche göttliche Paar Ometeotl Ehecatl, den Gott des Windes, der einen Sohn bekam. Er verschmolz mit seinem Sohn und wurde zu Quetzalcoatl, der gefiederten Schlange, dem Lehrer von Weisheit und Güte.

Ometeotl brachte noch drei weitere Söhne hervor, Xipe Totec (der Gott der Gehäuteten), Yaotl (der Schlechte Gott) und Huitzilopochtli, der mit dem Opferbrauch assoziiert wurde. Ein weiterer Abkömmling von Ometeotl, diesmal von der männlichen Seite, war Xiuhtechutli, der Feuergott oder der Alte Gott. Er repräsentierte das Feuer auf Erden, im Gegensatz zu Tonatiuh, dem Sonnengott, der der Gott des Feuers im Himmel war.

Wieder ist das Bild etwas verwirrend, da Xipe Totec der Gott der Gehäuteten und des Opfers war und Xiuhtechutli ebenfalls mit dem Opfer assoziiert wurde; er trug ein Gefäß auf seinem Rücken, in welchem die Geopferten verbrannt wurden. Deshalb besitzt er auf Abbildungen häufig zwei Stäbe, die er aneinanderreiben konnte, um Feuer zu entfachen. Außerdem trug er einen Helm aus Metall, um seinen Kopf vor der Hitze des Feuers auf seinem Rücken zu schützen. Gleichzeitig war er auch der Gott des Herdfeuers. Tonatiuh war der Gott des Himmelsfeuers, und Huitzilopochtli wurde manchmal als Tonatiuh abgebildet. Wenn die Maya das Feuer, den Osten oder das Opfer beschreiben wollten, standen ihnen zu diesem Zweck all diese Götter zur Verfügung. Außerdem konnten die Götter sich auch je nach Tages- und Nachtzeiten verändern. So wechselte Tonatiuh auch seinen Namen im Verlauf des Tages. Andere Götter änderten ihre Namen im Laufe des Monats oder abhängig von der Jahreszeit. Zum Beispiel gab es drei Maisgöttinnen, eine Göttin des grünen, jungen Maises, eine andere für den gereiften Mais und eine weitere, die für alten Mais mit trockenen, braunen Blättern stand.

Abb. 15 Kopf von Coyolxiuhqui aus Jade.
National Museum of Anthropology and History.

Coyolxiuhqui war die Göttin des Mondes, die Glöckchen auf ihren Wangen trug, welche das reflektierte Gold der Sonne repräsentierten. Ihr Kosename lautete Klingelglöckchen, und obwohl sie die Fruchtbarkeit auf der Erde repräsentierte, stand sie auch für den Tod, da sie jeden Morgen mit dem Sonnenaufgang starb.

Gemeinsam mit ihren vier Begleitern, die die vier Gesichter des Mondes (abnehmender Mond, Neumond, zunehmender Mond und Vollmond) repräsentierten, durchmaß sie jeden Tag den Himmel.

Dies sind nur einige Götter des umfangreichen Pantheons der Maya. Bisher bestand die weitverbreitete Ansicht, daß die Maya diese Götter ebenso aus Langeweile wie aus Angst angebetet hätten. Wir werden aber im folgenden feststellen, daß sich hinter diesen Göttern eine weitaus tiefere Botschaft verbarg. Die Götter repräsentierten eine Symbolsprache, die Ereignisse in Form von Bildern oder Mythen beschreiben konnte. Sie dienten dazu, ohne eine festgelegte Sprache Geschichte für die Menschen in der Zukunft zu dokumentieren, die die Sprache der Maya (Quiché) oder das Nahuatl der Azteken oder selbst das Spanisch der Konquistadoren nicht verstanden. Die Maya benutzten ihre Götter, um uns mitzuteilen, daß die Welt, in der wir leben, nur temporär existiert, daß es so etwas wie Zeit nicht gibt, daß die Welt eine Bühne ist und wir wie ihre Götter lediglich Schauspieler sind, in der Lage, uns bei jeder Inkarnation in andere Charaktere zu verwandeln.

Die Zahlen der Maya

Im Lauf der Geschichte sind zahlreiche Kulturen und Traditionen von den Besatzungsmächten und politischen Herrschern ausgelöscht worden, die den bezwungenen Nationen ihre eigenen Glaubenssysteme aufdrückten. Derartige Wissensverluste treten auch im Fall von Naturkatastrophen und anderen großen Katastrophen auf, wie bei der großen Sintflut in biblischer Zeit, und bestätigen Velikovskys Beschreibung einer »kollektiven Amnesie«.

Wenn ein hochentwickeltes Volk Wissen über die kataklysmischen Mechanismen besaß, die in weiten, vorhersehbaren Abständen immer wieder Einfluß auf die Erde nehmen, liegt es nahe, daß dieses Volk ein Interesse daran hat, dieses Wissen an zukünftige Generationen weiterzugeben. Doch auf welche Weise sollte eine Zivilisation mit einer anderen kommunizieren, die möglicherweise 5000 Jahre später auftauchen würde, vor allem angesichts der Möglichkeit einer kollektiven Amnesie? Sprachen, so wußte man, gingen verloren, wenn Nationen andere Nationen vereinnahmten. Ideen und Kulturen wurden vernichtet und Bücher im Rahmen ideologischer Verfolgungen verbrannt. Selbst Technologie wäre nur noch ein Hauch ihrer selbst, nachdem Feuer, Flut und Erdbeben ihr Werk getan hatten.

Doch das Leben würde weitergehen und die Menschheit sich wieder erholen. Und wieder würden die Menschen den Lauf der Zeit messen und die Jahreszeiten zählen und damit wenigstens eine Errungenschaft aus der Vergangenheit in die Gegenwart hinüberretten, einen gemeinsamen Nenner aller entwickelten Zivilisationen: Zahlen.

Es stellt also keine große Überraschung dar, daß frühe Zivilisationen ihre Götter mit Zahlen ausstatteten. Dadurch waren sie in der Lage, Quantitäten zum Ausdruck zu bringen und ihren Darstellungen der Geschichte und ihren Prophezeiungen mehr Gewicht zu verleihen. Zu diesem Zweck bedienten sich die Maya eines überaus einfachen Zählsystems, bei dem ein kurzer Balken für die Zahl fünf steht und ein einzelner Punkt für die Eins. Dies stellte eine bedeutende Erweiterung ihres ikonographischen Vokabulars dar. So hatten sie also eine »Botschaft«, die Warnung vor periodisch auftretenden Katastrophen, ein Schreibsystem, das Bildformen ihrer Götter verwendete, sowie ein weiteres System zum Zählen mit Hilfe von Balken und Punkten. Versetzen wir uns nun in ihre Position und fragen wir uns, wie wir am besten diese wichtige Botschaft kodieren könnten, um ihr Überleben und eine unmißverständliche Decodierung sicherzustellen?

Wir verfügen heute über zahlreiche Möglichkeiten und Systeme, um Informationen zu codieren: musikalische, durch Instrumente erzeugte Schwingungen, Noten und Schrifttypen in Büchern und Dokumenten, magnetisch gespeicherte Daten auf Laufwerken und Disketten, Lochstreifen, den Morsecode sowie die visuelle Codierung in Gemälden, Fotos, Skulpturen oder der Architektur – selbst das Arrangement eines Blumenbeetes.

Die Möglichkeiten, Nachrichten zu speichern, sind ebenso vielfältig: Papier, Diskette, Tonband, Leuchtdioden, LCD, CD (Laser), Beton und Marmor, um nur einige zu nennen.

Wir halten es für selbstverständlich, daß diese Informationsträger und die darauf codierten Informationen – deren Entzifferung wir während unserer Kindheit mühsam erlernen mußten – uns ohne weiteres zur Verfügung stehen. Doch für einen Analphabeten sind die Zeichen auf dieser Seite verwirrend. Ohne einen Computer ist die Information auf einer Diskette nicht lesbar, und wir haben nur ein Stück Plastik. Wenn wir die Regeln der Codierung nicht kennen, können wir auch keine Information gewinnen. Wir sollten außerdem nicht vergessen, daß die Wahl der Codierung und die Codierungsform auch von der Wichtigkeit der Botschaft abhängt. Wichtige Botschaften werden häufig dupliziert, um sicherzustellen, daß sie nicht übersehen werden oder verlorengehen. So versichern wir uns, daß wichtige Faxe ihren Empfänger erreicht haben, indem wir telefonisch nachfragen, oder wir schicken schriftliche Bestätigungen für telefonische Nachrichten.

Dadurch erhöhen wir die Chancen, daß unsere Information wahrgenommen wird.

Überlegungen wie diese veranlaßten die Maya wohl dazu, ihre verschlüsselten Botschaften in ihrer Architektur, ihren Reliefs, ihrem Schmuck, ihren Gemälden und ihrem numerischen System vielfach zu duplizieren. Diese Artefakte würden den nagenden Zahn der Zeit überstehen und dabei ihre Botschaften gegenseitig verstärken, Mißverständnisse minimieren und die schließliche Entdeckung und Entschlüsselung der Botschaft gewährleisten.

In meinem Buch *Die Prophezeiungen der Maya* habe ich dargelegt, warum und wie die Maya Zeitzyklen verwendeten, um ihre Botschaft von Katastrophen zu übermitteln. Sie bedienten sich bestimmter Tageszyklen, mit deren Hilfe sie Zeitabstände bezeichneten. Heute benutzen wir einen Zyklus von 365,24 Tagen – unser Jahr –, zusammen mit 30,4375 Tagen, einem (durchschnittlichen) Monat, und 7 Tagen für eine Woche, um einen Punkt im Ablauf der Zeit zu markieren, der von einem entfernt liegenden Zeitpunkt in der Vergangenheit aus gemessen wird, der einen wichtigen Punkt in der Geschichte der Menschheit markiert. Das Datum 6. Dezember 1997 sagt uns zum Beispiel, daß seit Christi Geburt 1996 Jahre, 11 Monate und 6/7 einer Woche vergangen sind.

Auf ähnliche Weise bedienten sich die Maya der Zyklen von 144000 Tagen, 7200 Tagen, 360 Tagen und 20 Tagen, um die Zeit zu messen. Diese Zyklen wurden von der Geburt der Venus im Jahr 3113 v. Chr. an gerechnet. Verständlicherweise hat die Auswahl gerade dieser zyklischen Abstände die Gelehrten seit mehr als zweihundert Jahren verblüfft und verwirrt. Warum wurden sie überhaupt verwendet, und weshalb zählte man nicht einfach die Anzahl der Tage von 3113 v. Chr. bis in die Gegenwart? Es war klar, daß irgendeine Information fehlte. Was fehlte, waren die wichtigsten Zahlen der Maya. Dies scheint auf den ersten Blick seltsam, denn es ist bekannt, daß das Jahr der Maya 260 Tage lang war und daß sie die Zahl 9 verehrten, die zwar in keinem ihrer numerischen Systeme auftaucht, sonst aber beinahe überall – auf ihren hölzernen Kalendern, in schriftlichen Aufzeichnungen, in astronomischen Tabellen usw.

Neueste Ergebnisse der Raumforschung haben ergeben, daß sich unsere Sonne alle 26 Tage am Äquator und alle 37 Tage am Pol einmal um sich selbst dreht. Das Resultat ist ein Zyklus von 260 Tagen, der benutzt werden kann, um die magnetische Aktivität auf der Sonnenoberfläche zu berechnen wie auch die Strahlung von Sonnenpartikeln, die das Leben auf der Erde beeinflussen (siehe Anhang). Wenn wir diese wichtige Zahl in den Zyklus aufnehmen, lautet dieser wie folgt:

144000 + 7200 + 360 + 260 + 20 multipliziert mit 9,

und ergibt die Sonnenfleckenzahl 1366560, die Katastrophenperiode, die für die Maya die Geburt der Venus kennzeichnete.

Wir sehen hier, daß die Maya nicht wollten, daß die Bedeutung ihrer Zyklen Menschen zugänglich wurde, die die wissenschaftliche Bedeutung der Zahl 260 nicht kannten, denn es war genau die astronomische Signifikanz der Zahlen 260 und 1366560, die ihre Botschaft ausmachte. Was die Verehrung der Zahl 9 betrifft, so werden wir feststellen, daß die Maya ein unglaublich raffiniertes System von Hinweisen entwickelten, das in den Verschlüsselungen des Tempels der Inschriften in Palenque sichtbar wird. Dabei wurde die gleiche Botschaft in ihrer Architektur wie auch in ihren Steinmetzarbeiten und ihrem Schmuck sichtbar.

Wer sich für die Zahlen der Maya interessiert, sollte das entsprechende Kapitel in meinem Buch *Die Prophezeiungen der Maya* lesen. Dort wird gezeigt, daß das numerische System der Maya über mehrere unterschiedliche Ebenen verfügt, die beweisen, daß die Maya über die Existenz des Dezimalsystems Bescheid wußten, auch wenn sie sich entschieden, es bei ihren Inschriften nicht zu verwenden.

KAPITEL 4

Das Genie des Mayakönigs

Palenque liegt eingebettet zwischen dem Maya-Hochland an der Pazifikküste und dem nördlichen Flachland von Yucatán am Golf von Mexiko. Seine prachtvollen Paläste und Tempelanlagen aus Kalkstein, Monumente einer der größten Zivilisationen der Erde, legen Zeugnis ab von einem genialen Volk, das seit Jahrhunderten mißverstanden wird (siehe Farbtafeln 1, 2 und 3).

Im Jahre 1952 machte der Archäologe Alberto Ruz Lhuillier die größte archäologische Entdeckung Mexikos. Nach drei Jahren intensivster Ausgrabungsarbeiten mit Hacke und Schaufel gelang es seiner Mannschaft endlich, die Treppe hinab in den Tempel der Inschriften in der alten Mayastadt Palenque vom Geröll zu befreien. Nachdem sie den massiven dreieckigen Monolithen entfernt hatten, der den Eingang blockierte, sahen sie vor sich einen »riesigen leeren Raum, der wie aus Eis gehauen schien ... die Wände glitzerten wie Eiskristalle ... und beinahe der gesamte Raum wurde von einer großen, massiven Steinplatte eingenommen ... nur die Tatsache, daß sie vollständig mit gemeißelten Reliefs bedeckt war, ließ sich erkennen ...«

Berauscht von ihrer eigenen Leistung feierten die Wissenschaftler ihre Entdeckung und ihren wertvollen Fund. Zuerst hatten sie die vier Lochpaare auf dem Steinboden des Tempels im obersten Stockwerk der Pyramide ent-

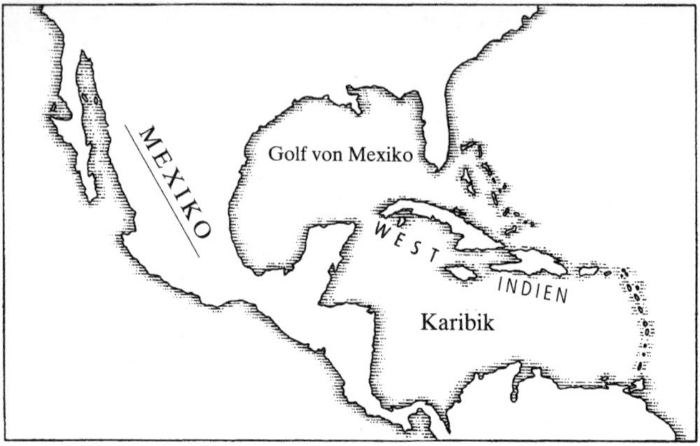

Abb. 16 Ausschnittkarte von Nord- und Mittelamerika.

Abb. 17 Schematische Darstellung der geheimen Treppe, die zur Gruft von Pacal führt (siehe auch Farbtafel 5).

deckt. Dann war es ihnen mit Hilfe von Wagenhebern, Blöcken und Seilen gelungen, die Steinplatte anzuheben und den steinharten Mörtel zu entfernen. Darunter waren

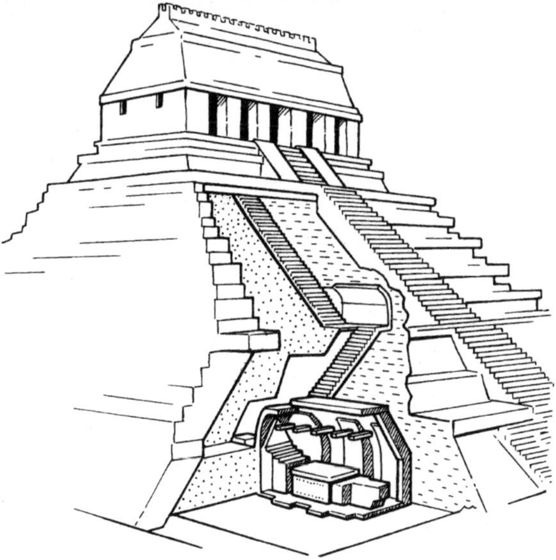

Abb. 18 Querschnitt des Tempels der Inschriften.

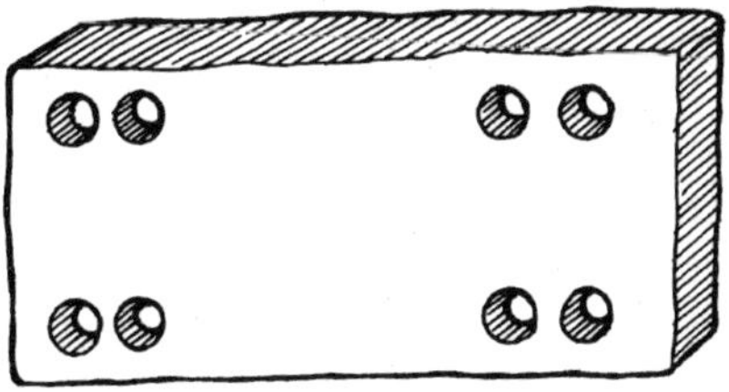

Abb.19 Löcher in einer Bodenplatte des Tempels.

sie auf die erste der Kalksteinstufen gestoßen. Es folgten eine weitere und dann noch eine und noch eine.

Entdeckung folgte nun auf Entdeckung. Auf halbem

Weg die Treppe hinab gelangten sie zu einem Absatz, von dem aus eine zweite Treppe in die Tiefe führte, die an einer Mauer aus Stein und Kalk endete. An dieser Mauer befestigt stand eine Steintruhe, in der sich drei Tabletts aus Lehm befanden, drei rot bemalte Muschelschalen, elf Jadestücke und eine einzelne Perle in einer mit Zinnober gefüllten Muschelschale, allesamt *Friedensopfer* (kursiv gesetzte Stellen in diesem Abschnitt geben die orthodoxe archäologische und wissenschaftliche Interpretation wieder). Als sie die Mauer niederrissen, stießen sie auf eine kleine quadratische Kammer, in der sich fünf männliche Skelette und das Skelett einer Frau befanden, vermutlich *Menschenopfer.* Zur Linken befand sich eine dreieckige Steintür. Am 15. Juni 1952 wurde die Gruft zum ersten Mal nach 1200 Jahren geöffnet.

Vor Ruz Lhuilllier lag die Abdeckplatte des Grabes, ein solider Steinblock, der fünf Tonnen wog und vollkommen mit einem Relief bedeckt war, *das Abbild des Mannes in der Gruft, der auf einem Erdmonster sitzt und von diesem Leben in das nächste fällt.* Auf dem Steinblock fanden sich Fragmente eines *Zeremoniengürtels,* an dem drei kleine menschliche Masken befestigt waren sowie beilförmige Anhänger. Eine Anzahl von irdenen Pokalen und Tellern wurden entdeckt, *vermutlich zum Zeitpunkt der Beisetzung mit Essen und Trinken gefüllt und dort zurückgelassen.* Zwei Steinköpfe waren auf dem Boden positioniert, der einer *Frau* und der eines Mannes, *des Mannes in der Gruft.*

Nachdem sie die Abdeckplatte der Gruft entfernt hatten, entdeckten sie einen weiteren, *mumienförmigen* Deckel. Nachdem dieser entfernt war, stießen sie auf das

Skelett des Mannes in der Gruft, dessen Alter zum Zeitpunkt seines Todes auf ungefähr vierzig Jahre geschätzt wurde. Die gesamte Innenfläche des Sarkophags war mit rotem Zinnober ausgemalt und das Gesicht des Mannes mit den Überresten einer grünen Jademaske bedeckt. Er trug eine aus Jadescheiben gefertigte Krone, *kompliziert gefertigte Ohrringe,* verschiedene Halsketten aus Jade, Armbänder aus aufgezogenen Jadeperlen und an jedem Finger einen Jadering. In seine Handflächen hatte man je eine Jadeperle gelegt, ebenso in seinen Mund. Neben ihm lagen zwei kleine, aus Jade gefertigte Figuren. Und die neun in leuchtenden Farben gemalten Figuren, die die Mauern der Krypta schmückten, *stellten selbstverständlich die neun Könige der Nacht dar.* Schließlich dürfen wir den rechteckigen Steinkanal nicht vergessen, den Kommunikationskanal, der es dem Toten gestattete, mit den Lebenden in Kontakt zu bleiben; dieser lief von der Gruft alle Stufen hinauf, bis zum Gipfel der Pyramide.

Damit hatte man für alle Entdeckungen eine Erklärung gefunden und konnte den erwarteten Beifall entgegennehmen. Bei dem Mann in der Gruft handelte es sich um den Priesterkönig Pacal, der, wenn man den Inschriften des Tempels glauben wollte, im Jahre 703 n. Chr. geboren wurde und 783 n. Chr. im Alter von achtzig Jahren gestorben war. Niemand stellte Fragen, wie zum Beispiel:

- Weshalb hatte die Pyramide neun Stockwerke, aber nur fünf Treppenaufgänge? Mit Sicherheit wäre es einfacher gewesen, zwischem jedem aufsteigenden Stockwerk einen kurzen Aufgang zu bauen. Doch das wurde nicht getan.

- Warum ist die Zahl der Stufen aller fünf Treppen ausgerechnet 69?
- Weshalb gibt es auf der Spitze des Tempels fünf Durchgänge und sechs Säulen? Ist diese Tatsache überhaupt in irgendeiner Weise von Bedeutung?
- Weshalb vier Lochpaare in der Bodenplatte des Tempels? Weshalb nicht einfach ein einzelnes Loch in jeder Ecke, um das Anheben der Steinplatte zu erleichtern?
- Weshalb war die gesamte Treppe mit Mörtel und Geröll verschüttet, so daß man drei Jahre graben mußte, um die Gruft zu erreichen?
- Warum befanden sich innerhalb des Tempels genau 620 Reliefinschriften?
- Weshalb waren es 26 Stufen, die vom ersten Stockwerk die Innentreppe hinab führten?
- Weshalb waren es 22 Stufen bei der zweiten Innentreppe?
- Was hat es mit der Steinkiste am Fuß der Treppe auf sich, die die verschiedenen Gegenstände enthielt?
- Weshalb waren es fünf männliche Skelette und ein weibliches?
- Warum hatte die Tür zur Gruft die Form eines Dreiecks?
- Weshalb befanden sich hinter der dreieckigen Tür ausgerechnet vier absteigende Stufen?
- Was bedeutete das Relief auf der Abdeckplatte, und weshalb hatte man die Ecken entfernt?
- Warum fehlte beim Sarkophag eine der Ecken?
- Wofür standen die neun »geheimen Codes« auf jeder Seite des Deckels?
- Was hatten die zwei Stuckköpfe auf dem Boden zu bedeuten? Weshalb hatte einer von ihnen eine »hohe« und

der andere eine »flache« Frisur? Warum hatte einer von ihnen zwei Ohren, der andere aber nur eines?

- Was hatte der Jadeschmuck zu bedeuten? Weshalb war die Jademaske an bestimmten Stellen mit seltsamen Punkten markiert?
- Was hatten die übrigen Jadestücke zu bedeuten?
- Weshalb wurde für die Herstellung des Schmuckes Jade und nicht Gold verwandt?
- Wie kommt es, daß eine Untersuchung der Knochen ergab, daß der Mann zum Zeitpunkt seines Todes vierzig Jahre alt war, während er den Inschriften nach doppelt so alt war?
- Weshalb war die Innenseite der Gruft mit rotem Zinnober bemalt?
- Weshalb waren die neun »Könige der Nacht« auf die Wände gemalt?
- Worin bestand der eigentliche Zweck des »Kommunikationskanals«?

Mir schien, als sei die Untersuchung noch lange nicht vorüber, ja als hätte sie noch nicht einmal richtig begonnen! Mit meinem Wissen über die Sonnenflecken warf ich einen neuen Blick auf die Geheimnisse der Tempelpyramide.

Kurz bevor man am Tempel der Inschriften ankommt, stößt man am Fuß des Palastes auf eine Tafel mit 96 Inschriften. In *Die Prophezeiungen der Maya* wies ich nach, daß innerhalb des 187jährigen Sonnenfleckenzyklus 96 Mikro-Zyklen existieren. Den siebenundneunzigsten habe ich den »Schelmen-Zyklus« genannt, da er einen noch längeren Zyklus von 18139 Jahren Dauer auslöst. Die 96 Glyphen auf der Tafel stehen für diese 96 Mikro-Zyklen solarer Aktivität. Gleichzeitig habe ich erklärt, auf welche Weise der Sonnenfleckenzyklus in fünf Segmente unterteilt ist und wie diese Segmente mit den fünf Eingängen des Tempels in Verbindung stehen.

Die neun Stockwerke des Tempels der Inschriften betonen die Bedeutung, die die Zahl neun für die Maya besaß. Die fünf Treppenplattformen betonen die Zahl 5. Dies mag auf den ersten Blick ein wenig an den Haaren herbeigezogen erscheinen, aber in wenigen Minuten wird der Leser verstehen, daß die Maya in ihrer Pyramide ihr numerisches System verschlüsselten, das auf die Zahl der Geburtsstunde der Venus hinweist. In den *Prophezeiungen der Maya* habe ich eine Zahlentafel erstellt, die in Verbindung mit den Zyklen der Maya auf die Geburt der Venus hinauslief (siehe Abb. 20).

144000	*7200*	*360*	*260*	*20 Tage*
1	*1*	*1*	*1*	*1*
2	*2*	*2*	*2*	*2*
3	*3*	*3*	*3*	*3*
4	*4*	*4*	*4*	*4*
5	*5*	*5*	*5*	*5*
6	*6*	*6*	*6*	*6*
7	*7*	*7*	*7*	*7*
8	*8*	*8*	*8*	*8*
9	*9*	*9*	*9*	*9=1366560 Tage (Sonnenfleckenzyklus)*

Abb. 20 Die von den Maya verwendeten Tageszyklen.

Ich war auf die Tafel gestoßen, nachdem ich einige mathematische Berechnungen zur Drehung der Venus auf der Basis der Grundzahl 360 vorgenommen hatte. Die Absicht der Maya beim Bau ihres Tempels bestand darin, ihre Zahlen zu verewigen. Alle Zahlen der Zahlentafel sind auch als Hinweise in der Pyramide verschlüsselt.

Der erste Hinweis darauf ist die Tafel mit den 96 Glyphen am Fuß des Palastes, die die 96 Mikro-Zyklen der Sonnenflecken repräsentiert. Diese Zahl spiegelt auch die rätselhaften 69 Stufen des Tempels der Inschriften – die Zahlen sind vertauscht, 96 gegen 69. Der nächste Hinweis ist die Anzahl der Inschriften auf dem Boden des Tempels, 620, ein Anagramm der Zahl des Maya-Jahres von 260. Subtrahiert man 260 von 620, ergibt dies 360, die Grundzahl des Zählsystems der Maya.

Bringen wir nun jede der Zahlen auf der Zahlentafel mit Hinweisen in der Gruft in Verbindung:

9	9	9	9	9
Stufen am Fuß der Pyramide (außen)	Stockwerke	Stufen auf der obersten Treppe der Pyramide (außen)	Abbildungen der Könige der Nacht auf den Wänden der Gruft	Kodierungen auf jeder Seite der Grabplatte

Abb. 21

Wir können zeigen, daß jede andere Zahlenreihe auf der Tafel ebenfalls repräsentiert ist. Direkt vor der dreieckigen Tür, dem Eingang zur Gruft, war die quadratische Kammer mit der Steintruhe. Hier fanden sich zum Beispiel:

1	1	1	1	1
	11 Jadestücke in der Steintruhe	Perle	Weibliches Skelett	Muschelschale

Abb. 22

Die vier Paare von Löchern in der Steinplatte auf dem Boden des Tempels ergeben 2 2 2 2. Es befanden sich 2 Köpfe auf dem Boden der Gruft (sowie 2 Jadefiguren, die das Skelett von Pacal begleiteten, und 22 Stufen auf der unteren Treppe, mit der wir uns später noch näher beschäftigen werden.)

Die Anzahl der Stufen auf dem ersten Abschnitt der inneren Treppe beträgt 26, der Rotationszyklus des Sonnenäquators (in Tagen). Die Anzahl der Seiten der Tür zur Gruft betrug 3. Und dies war keine gewöhnliche Tür:

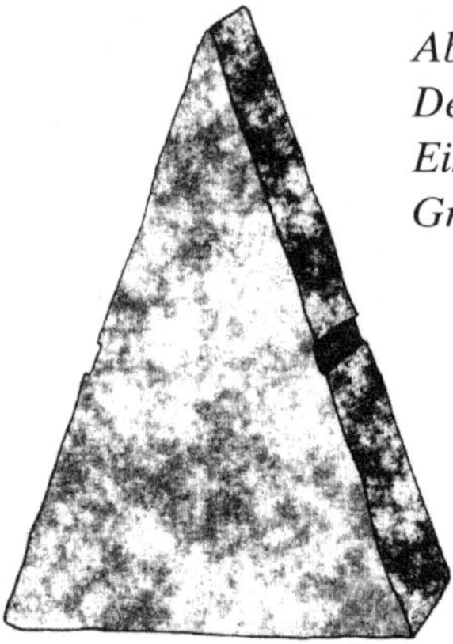

Abb. 23
Der dreieckige Eingangsstein zur Gruft.

Es handelte sich um eine Reise in den menschlichen Verstand (siehe Farbtafel 7).

Komplettieren wir die Zahlenreihe 3, so finden wir 3 irdene Tabletts, 3 rote Muscheln in der Steintruhe und 3 Jadeperlen, eine in jeder Hand des Königs, die dritte in seinem Mund, und er trug eine dreireihige Kette um den Hals.

Es gab 4 Paare von Löchern in der Bodenplatte, 4 Stufen führen in die Krypta hinab, 4 Ringe steckten an den Fingern der linken und 4 an der rechten Hand, und 4 Pflöcke befanden sich im Sarkophag.

Es gab 5 Treppen, 5 Eingänge in den Tempel, 5 Deckenstreben im Inneren der Gruft, der Sarkophag hatte 5 Seiten, und 5 männliche Skelette lagen außerhalb der quadratischen Kammer. Und was die Skelette betrifft, so soll wohl die Kombination von fünf männlichen und einem weiblichen Skelett die Botschaft übermitteln, daß eines sich von den anderen Skeletten (den männlichen) unterscheidet, oder mit anderen Worten, daß der Mann in der Gruft sich von allen anderen Männern unterschied. Der Priesterkönig Pacal war kein gewöhnlicher Mann.

Am Eingang des Tempels befinden sich 6 Säulen, und die Grabplatte von Palenque hat 6 Seiten. Die restlichen drei Sechsen fehlen seltsamerweise, können aber im Zusammenhang mit den Zahlen 7 und 8 an der Halskette von Pacal gefunden werden (siehe Abb. 24). Untersuchen wir dic Kette genauer, entdecken wir, daß die fehlenden Sechsen als Teile höherer Zahlen in der Kette auftauchen. Einmal ausgemacht, erscheinen dort auch die Zahlen 7 und 8. Die zweite Perlenreihe addiert sich zu 37, dem Rotationszyklus der Sonnenpole. Die beiden oberen Reihen der Kette ergeben zusammenaddiert die Zahl 71, ein wichtiger Faktor in der Computerkalkulation, die zum Zyklus der Sonnenflecken führt: 11 (Jadeperlen in der Steintruhe) x 71 x 87,4545 = 68302 Tage = ein 187jähriger Zyklus der Sonnenflecken. Nach 20 solcher Zyklen, also 1366040 Tagen, kehrt sich das Magnetfeld der Sonne um.

Die fehlenden Sechsen tauchen in drei Reihen von jeweils 13 zusammengehörigen Perlen auf, die sich als Summe von 6 und 7 darstellen lassen und damit gleichzeitig drei der gesuchten Ziffern 7 liefern. Die mittlere Perlenreihe liefert eine weitere 7. Die letzte 7 finden wir als Teil von 15 zusammengehörigen Perlen, wobei hier gleichzeitig die erste 8 auftaucht (7 + 8 = 15). Auf den ersten Blick finden wir keine weiteren 8, bis wir die unterste Reihe in Augenschein nehmen, bei der wir viermal eine längliche Perle in Kombination mit drei runden Perlen finden. In der Zahlenschreibweise der Maya bedeutet dies:

8 8 8 8

Bevor wir die Untersuchung der Halskette abschließen, müssen wir uns noch die einzelne längliche Perle in der Mitte der unteren Reihe und die beiden länglichen Perlen in der mittleren Reihe auf beiden Seiten der 7 anschauen, die bisher noch nicht erklärt worden sind. Als wir vorhin versuchten, Symbole für die erste Reihe unserer Zahlenmatrix, 1 1 1 1 1, zu finden, haben wir dabei die 11 in der quadratischen Steintruhe gefundenen Jadeperlen ebenso berücksichtigt wie die einzelne Perle, die in einer Muschel auf einem Bett von Zinnober gefunden wurde. Die 3 verbleibenden länglichen Perlen der Halskette verraten uns, daß wir einen kleinen Fehler gemacht haben: Die 11 Jadeperlen aus der Truhe gehören nicht zur Matrix, sondern zur 71 in der Halskette und zum Sonnenfleckenzyklus (11 x 71 x 87,4545 = ein 187jähriger Sonnenfleckenzyklus, wie oben beschrieben).

Ebenso ist die einzelne Perle in der Muschel fälschlicherweise dieser Matrix zugeordnet worden. Dies ist, wie

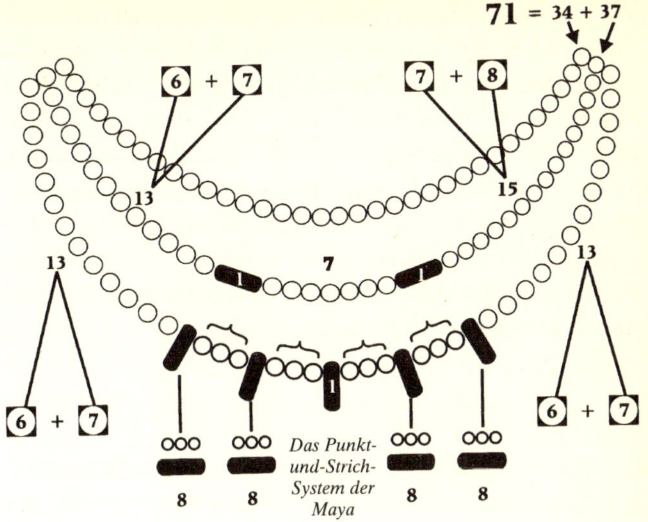

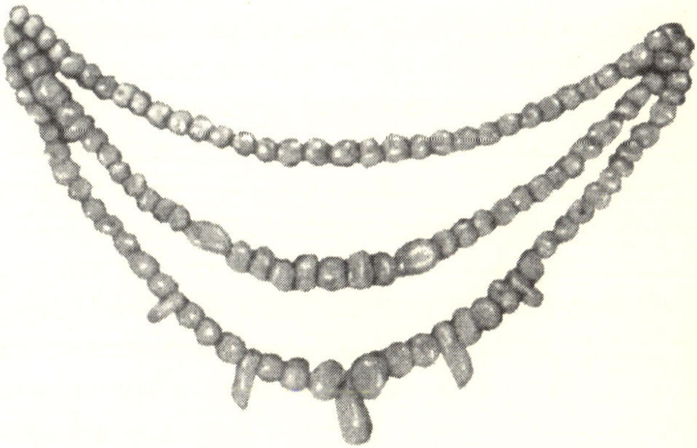

Abb. 24 Das Geheimnis der Halskette – die Zahlen Sechs, Sieben und Acht.

wir gleich sehen werden, ein weiterer Hinweis zur Entschlüsselung der Grabplatte von Palenque.

So deutet alles auf eine numerische Matrix hin, die in der Ziffernfolge 9 9 9 9 9 kulminiert. Nehmen wir 9 von jedem Zyklus und ebenso 9 der 260tägigen Jahre der Maya, dann erhalten wir die Botschaft des Tempels der Inschriften: 1366560.

Skeptiker mögen einwenden, daß man diese Zahlen immer irgendwie hätte finden können, wenn man nur lange genug danach gesucht hätte. Doch wir haben nicht lange danach gesucht, und es wäre wohl recht schwierig, diese Matrix anhand anderer Referenzen in oder an der Pyramide zu duplizieren. Die einzige Ausnahme bilden vielleicht die 2 Figuren und die oben erwähnten 22 Stufen. Mit ihnen werden wir uns später noch eingehender beschäftigen.

Doch dies ist lediglich der Anfang, denn nun sind wir bereit, eine Reise in den menschlichen Verstand anzutreten, die an einer dreieckigen Tür beginnt und uns zu der erstaunlichen Grabplatte von Palenque führen wird.

Die Codierung der kalendarischen Zyklen in der Pyramide

		Zahl der Inschriften 620 (Anagramm für *620 - 260*)		Sonnenflecken Markierungen auf der Grabplatte
Kalendarische Zyklen der Maya	**144000**	**7200**	**360**	**20**

144000 = 7200 … = … 360 … x … 20; 7200 … x … 20

Decodierung der Hinweise am und im Tempel der Inschriften					
	1 Perle in Muschel	**1** weibl. Skelett in der Vorkammer	**1** einzelne längliche Perle	**1** einzelne längliche Perle	**1** einzelne längliche Perle
	2 Löcher in der Bodenplatte	**2** Löcher in der Bodenplatte	**2** Löcher in der Bodenplatte	**2** Löcher in der Bodenplatte	**2** Stuckköpfe in der Grabkammer
	3 Tablette aus Lehm in der Steintruhe	**3** rot bemalte Muscheln in der Steintruhe	**3** Seiten an der Tür zum Grab	**3** Jadeperle (2 in den Händen, 1 im Mund)	**3** Reihen am Jadehalsband
	4 Stufen hinab in die Gruft	**4** Jaderinge an der linken Hand	**4** Jaderinge an der rechten Hand	**4** Doppellöcher in der Bodenplatte	**4** zylindrische Pflöcke im Sarkophag
	5 äußere Treppenabschnitte	**5** Tempeleingänge	**5** männliche Skelette	**5** Deckenbalken	**5** Seiten des Sarkophags
	6 Tempelpfeiler	**6** Seiten der Grabplatte	fehlt **6** +	fehlt **6** +	fehlt **6** +
	fehlt **7** +	**7** Perlen an der Halskette	**7** = 13 Perlen an der Halskette	**7** = 13 Perlen an der Halskette	**7** = 13 Perlen an der Halskette
	8 = 15 Perlen an der Halskette	**8** Punkt-Strich-Gruppe an der Halskette	**8** Punkt-Strich-Gruppe an der Halskette	**8** Punkt-Strich-Gruppe an der Halskette	**8** Punkt-Strich-Gruppe an der Halskette
	9 Stufen am Fuß der Pyramide	**9** Stockwerke	**9** Stufen der obersten Treppe	**9** Könige an den Wänden der Gruft	**9** Kodierungen auf jeder Seite der Grabplatte

Decodierung in bezug auf den Maya-Kalender	*9 x 144000* + *9 x 7200* + *9 x 360* + *9 x 260* + *9 x 20* **= 1366560 Tage**

Addiert man jeweils neun der kalendarischen Zyklen, erhält man den Sonnenflecken-Katastrophen-Zyklus von 1366560 Tagen.
1+3+6+6+5+6+0 = 27; 2 + 7 = 9

Abb. 25 Die Codierung der kalendarischen Zyklen der Maya in der Pyramide.

KAPITEL 5

Die Grabplatte von Palenque

Die große Platte aus Kalkstein, die die Gruft des Priesterkönigs Pacal bedeckte (siehe Farbtafel 8), wiegt 5 Tonnen und ist ungefähr 4 Meter lang, 2 Meter breit und etwas unter 30 Zentimeter dick. Die obere Seite trägt ein Abbild des *Bewohners der Gruft, der aus diesem Leben in ein anderes Leben nach dem Tode fällt, während er auf einem Erdmonster sitzt.* So will es jedenfalls die offizielle Interpretation. Das zentrale Relief der Grabplatte wird von einem Rand mit zahlreichen unterschiedlichen Motiven gesäumt. Besonders auffällig ist, daß zwei Ecken der Platte fehlen – obwohl dies nirgendwo in der offiziellen Literatur Erwähnung findet.

In *Die Prophezeiungen der Maya* habe ich dargelegt, wie es durch das Auffinden der fehlenden Ecken möglich war, den Reliefrand zu decodieren und dadurch auch das Zentralrelief zu entschlüsseln. Hier soll allerdings nicht wiederholt werden, wie die Informationen auf der Grabplatte entschlüsselt wurden; meine Absicht ist es vielmehr, einige der dabei zutage gekommenen, in der Grabplatte verborgenen Geschichten zu enthüllen.

Im Jahre 1989 habe ich mehr als zweihundert geheime, in der Grabplatte von Palenque versteckte Bilder entschlüsselt und diese in eine logische Sequenz von etwa vier-

Abb. 26 Das Relief auf der Grabplatte.

zig verschiedenen Geschichten gebracht, die in zwei Bänden vorgestellt wurden (siehe Anhang). Im ersten Band werden die verschiedenen Gottheiten der Maya und ihre uralte Mythologie sowie ihre Gebräuche dargestellt. Der zweite Band baut darauf auf und zeigt die Götter in ihren unterschiedlichen Rollen. So betrachtet, liefern die Informationen auf der Grabplatte einen Bericht über das Leben, das den Menschen im Jenseits erwartet.

Bezeichnenderweise beginnt das heilige Buch der Maya, das Popol Vuh (in der Ausgabe aus dem 16. Jahrhundert), mit folgenden knappen Worten: »Noch gibt es das erste Buch, wie es einst geschrieben, aber verborgen ist es dem Suchenden, dem Forschenden.« Die Grabplatte war unter einer Pyramide im Dschungel Mittelamerikas verborgen. Die Stufen zur Gruft waren mit Mörtel und Schutt zugeschüttet, und doch hatte einer der Bodensteine im höchsten Stockwerk der Pyramide Löcher, die es ermöglichten, den Stein anzuheben und auf die Treppe darunter zu stoßen. Diejenigen, die die Platte in der Gruft versenkten – im Inneren einer Pyramide am Ende einer mit Geröll verschütteten Treppe –, wollten, daß die Gruft gefunden wurde, aber sie stellten auch sicher, daß sie nur von einem Team mit ausreichenden Ressourcen – die Grabarbeiten dauerten drei Jahre – erfolgreich geborgen werden konnte. Mit anderen Worten, sie stellten auf der einen Seite sicher, daß die Gruft nicht von Grabräubern geplündert werden konnte, auf der anderen Seite jedoch auch, daß sie für entsprechend autorisierte Kräfte, wie zum Beispiel eine Regierung, zugänglich blieb.

Ebenso lag die Entschlüsselung der Platte nicht gerade auf der Hand. Das Knacken des Codes verlangte von mir einiges an Kopfarbeit. Er war also verborgen, nicht aber für einen entschlossenen Forscher, der mit Sonnenfleckenzyklen, Katastrophenzyklen und Fruchtbarkeitszyklen vertraut war. Die Maya stellten sicher, daß die Person, die den Code schließlich entschlüsseln würde, zunächst einmal ein Verständnis dieser Zyklen besaß, bevor sie ihr offenbaren würden, was Sie jetzt sehen werden. Die Gründe dafür werden später noch klarer werden.

Die verborgenen Bilder auf der Grabplatte von Palenque

Die Geheimnisse der Platte entdeckte ich, indem ich eine Folienkopie der Zeichnung des Designs (ebenfalls auf Folie) anfertigen ließ und diese auf die Originalzeichnung legte. Wenn die beiden aufeinander liegen und leicht gegeneinander verschoben werden, beginnt sich die Geschichte des Jenseits zu entfalten:

Der physische Tod von König Pacal

Auf dem Boden der Krypta wurden zwei Stuckköpfe gefunden. Der eine zeigt Pacal als jungen Mann, mit einem flachen Haarschnitt und nur einem Ohr, der andere als älteren Mann mit hochgelegtem Haar und, eher korrekt, mit zwei Ohren. Der jüngere scheint genau über der Nasenbrücke einen Riß zu haben, und der ältere trägt zwischen dem rechten Auge und der Nase einen merkwürdigen Kreis.

Abb. 27 Zwei Stuckköpfe von Pacal, die auf dem Boden der Krypta gefunden wurden.

Hierbei handelt es sich um Hinweise, die helfen sollen, die geheimen Botschaften zu entschlüsseln, die in der Platte versteckt sind. Ich möchte an dieser Stelle noch einmal betonen, daß es mir nicht darum geht, die Bilder zu entschlüsseln, sondern einige jener Bilder näher zu untersuchen, die ich in meinem Buch *The Amazing Lid of Palenque,* Band 2, bereits entschlüsselt habe. Das Buch ist in einigen ausgewählten Bibliotheken zu entleihen (siehe Anhang).

Für die folgende Serie wurden zunächst die beiden Folien übereinandergelegt und in der richtigen Position mit Klebeband fixiert.

Als erstes erscheint die ikonische Darstellung des Gesichts eines kleinen Fledermauskopfes mit winzigen Flügeln, der sich aus der Verwirrung der Linien heraushebt. Dies ist Szene 1 des Todes von Pacal (siehe Abb. 28 unten). Genau darüber befindet sich eine größere Fledermaus mit ausgebreiteten Flügeln (in Schwarz), die als Szene 2 auftaucht, die sich nähernde Fledermaus.

Verändern wir die Anordnung der Folien so, daß die beiden Darstellungen wieder verschwinden, taucht eine dritte Fledermaus auf, die beinahe das gesamte Bild einnimmt, als befände sie sich nur einige Zentimeter von der Nasenspitze des Betrachters entfernt. Ihre Flügel scheinen die Schläfen des Betrachters zu umhüllen. Dies ist Szene 3, die landende Fledermaus (siehe Abb. 29).

Da die Fledermaus bei den Maya den Tod repräsentiert, steht diese Serie für das Nahen des Todes oder das Sterben.

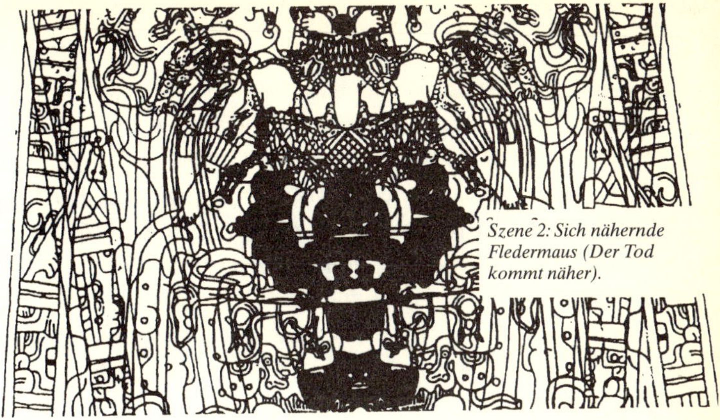

Abb. 28 Der physische Tod von König Pacal, Szene 1: Fledermaus in der Ferne (Der Tod nähert sich). Szene 2: Sich nähernde Fledermaus (Der Tod kommt näher).

Abb. 29 Der physische Tod von König Pacal, Szene 3: Landende Fledermaus.

Szene 4 (siehe Farbtafel 9) zeigt, daß der Bewohner der Gruft die Maske der gelandeten Fledermaus trägt. Um die Auflösung des Gesichts von Pacal zu verbessern, ist die Maske rot und gelb gefärbt anstatt schwarz, welches den unteren Gesichtsabschnitt verdecken würde. Beachten Sie auch den frisch geschlüpften Vogel, der sich auf dem Kopf Pacals niedergelassen hat. Der Vogel trägt eine Kette im Schnabel, an der eine Muschelschale hängt, Symbol des Windes und des Gottes Quetzalcoatl.

Die Botschaft der vierten Szene aus dem Sterben des Herrschers Pacal lautet, daß sein Körper tatsächlich vom Tod heimgesucht wurde und daß er als junger Quetzalvogel wiedergeboren wurde bzw. daß der Priesterkönig Pacal nach seinem Tod zu Quetzalcoatl wurde (siehe auch Farbtafel 6).

Wir haben bereits die vier Tezcatlipocas erwähnt, die ersten vier Götter und Repräsentanten der vier Himmelsrichtungen. Yaotl stand für Norden, Tod und Dunkelheit; Xiuhtechutli stand für das Feuer, den Osten, Wiedergeburt und Menschenopfer; Huitzilopochtli stand für die Reinigung; Quetzalcoatl verkörperte das Gute. Diese vier Götter tauchen in den folgenden Szenen auf und werden uns dabei behilflich sein, die Bedeutung der verborgenen Bilder zu verstehen.

Dazu wird die Position der beiden Folien jeweils leicht verändert und neu fixiert. Die folgende Position zeigt Szene 5 dieser Serie (siehe Farbtafel 10), in der Pacal mit geschlossenen Augen in den Tod hinübergleitet.

Auf seinem Kopf steht Yaotl, der Große Bär und Gott der Finsternis, der seine Hände in zwei nach außen blickenden Schädelprofilen vergraben hat, die auf Pacals Kopf ruhen.

Beachten Sie, daß Yaotl zwischen seinen Zähnen eine Kette mit zwei Muschelschalen trägt, das Zeichen von Quetzalcoatl, während von seinem Hals die vier gedrehten Bänder einer Meßschnur hängen, was seinen Status als einer der vier Tezcatlipocas und eine Manifestation von Quetzalcoatl bestätigt.

Im unteren Teil des Bildes fliegt zur gleichen Zeit der Fledermausgott mit ausgebreiteten Flügeln auf den Betrachter zu. Er trägt den Botschafter des Todes, der einen Schädel als Gesicht hat, einen schwarzen Umhang und eine schwarze Kopfbedeckung. Hier wirkt das Gesicht Pacals zerrissen zwischen diesen beiden Kräften des Todes: Yaotl auf seinem Haupt, der Botschafter des Todes von unten. Als Folge davon spaltet sich der Kopf von Pacal in der Gegend des Nasensattels. Der Stuckkopf mit dem Riß am Nasensattel ist der Schlüssel zur fünften Szene: Nun tritt Pacal seine Reise aus dieser Welt in die nächste an.

Szene 6 (Farbtafel 11) zeigt uns wieder das Gesicht von Pacal, diesmal in einem weiter fortgeschrittenen Stadium des Zerfalls, während der Sterbeprozeß voranschreitet. Der Schlüssel zu dieser Szene liegt in dem runden Mal auf dem älteren der beiden Stuckköpfe, der dadurch einen schielenden Gesichtsausdruck zeigt. Pacal ist überrascht, öffnet seine Augen weit und schielt, um die Jungfrau sehen zu können, die aus dem Riß zwischen seinen Augen hervortritt.

Im oberen Teil der Szene hockt die gebeugte Figur von Xiuhtechutli, dem Feuergott, dem Lebensspender, in Flammen, mit den Muschelschalen und dem Maßband, die aus seinem Mund und von seinem Hals hängen. Die Jungfrau entsteigt dem gespaltenen Schädel von Pacal, jede ihrer Fersen an einer Seite seines Mundes, ihr rückwärts fallender Körper bedeckt seine Nase, und ihr Kopf taucht aus dem Riß am Nasensattel auf. Pacal ist durch das Auftauchen der Figur erwacht, vor Überraschung sind seine Augen weit geöffnet. Die Anwesenheit von Xiuhtechutli im oberen Teil der Szene legt nahe, daß die auftauchende Jungfrau gekommen ist, um neues Leben zu bringen.

Die spirituelle Wiedergeburt von König Pacal

Eine einzelne Perle in einer mit Zinnober gefüllten Muschelschale wurde auf dem Weg zur Gruft gefunden, und eine schwere Mosaikmaske aus Jade bedeckte das Gesicht des Leichnams im Sarkophag. Diese beiden Gegenstände sind Hinweise auf die spirituelle Wiedergeburt von König Pacal.

Szene 1 (Farbtafel 12) zeigt uns Tezcatlipoca Quetzalcoatl (den jungen Quetzalvogel), der eine Jademaske im Schnabel trägt, während er sich von dem Leichnam in die Lüfte erhebt. Das Entfernen der Maske ermöglicht es der Seele von Pacal, den Körper zu verlassen. Sie erhebt sich direkt unter dem davonfliegenden Vogel und hat die Augen geschlossen (aus den konvergierenden Bestandteilen des Maßbandes gebildet). Auf diese Weise wird die schwere Bürde des Lebens von dem sterbenden Mann genommen.

Zur gleichen Zeit fällt die Jungfrau aus der vorigen Szene weiter zurück und öffnet ihre Schenkel weit, um eine Perle zu gebären, die aus dem Mund des mittlerweile toten Schädels von Pacal fällt. Aus der Perle werden darauf zwei

»Solarbabys«. So repräsentiert die Perle in der Muschel den Keim neuen Lebens, einen Neuanfang an fernen Ufern, während die Solarbabys für die Wiedergeburt der Zwillinge im Süden, dem Paradies von Tomoanchan, stehen. Sie werden an den Brustwarzen des Säuglingsbaumes trinken und auf der Erde wiedergeboren werden. Diese Szene deutet also an, daß es für den Toten die Wahl gibt zwischen Reinigung und Errettung der Seele oder Wiedergeburt auf der Erde.

Wie wir wissen, ruht die Perle auf einem Bett aus Zinnober, einem pulvrigen Quecksilbersalz. Diese Tatsache ist von großer Bedeutung, denn sie verdeutlicht, daß es ohne Mercurius (Quecksilber, steht auch für den Planeten Merkur) keine Geburt und auch keine Wiedergeburt geben kann. Dies bestätigt die in Anhang I, 1 aufgestellte Hypothese, daß die Bewegung Merkurs dafür verantwortlich ist, daß der Äquatorbereich der Sonne schneller rotiert als die Polarregionen. Dieser Unterschied in der Rotationsgeschwindigkeit ist die Ursache für die Entstehung von Sonnenflecken, Fruchtbarkeitszyklen und Katastrophenzyklen. Deshalb war auch die gesamte Innenseite des Sarkophags von Pacal mit Zinnober ausgemalt, um die Bedeutung von Merkur zu unterstreichen.

Szene 2 (Farbtafel 13) zeigt den nun gesichtslosen Pacal als sein neues Selbst im Himmel. Er hat keine Nase, weil er nicht mehr zu atmen braucht, deshalb ist die Nasenhöhle zusammen mit dem restlichen Gesicht mit Schmuck bedeckt, der von einer eng anliegenden Scheitelkappe herabhängt, die nun den oberen Teil seines Schädels bedeckt. Seine Lippen sind versiegelt, und er lächelt, erfüllt von innerem Frieden, Freude und Seligkeit. Von seinen Lippen fällt ein Säugling an einem Anhänger. Die überall in der Gruft versteuten Jadeanhänger bilden Hinweise auf diese und die nächsten Szenen.

An dieser Stelle können wir die Jadefigur (Farbtafel 14) ins Spiel bringen, die Pacal im Sarkophag Gesellschaft leistete. Achten Sie einmal auf den Haarschopf der Figur, der in dieser Szene als Schmetterling auf dem Kopf Pacals dargestellt ist. Dieser Schmetterling bildet den Torso von Huitzilopochtli, der als eine Verkörperung Tonatiuhs den neuen Tag repräsentiert. In Band 1 von *The Amazing Lid of Palenque* tauchen Herr und Herrin Schmetterling in einer szenischen Darstellung der Reinigung und des Menschenopfers auf (hier nicht abgebildet).

Diese Szene legt nahe, daß Pacal durch einen Opfertod gereinigt wurde. Doch die Figur enthält noch einen weiteren Hinweis. Beachten Sie die in unterschiedlicher Höhe gehaltenen Hände – eine ist erhoben, während die andere nach unten fällt. Darin liegt ein Hinweis auf die Bedeutung der folgenden Szene.

Szene 3 (Farbtafel 15) zeigt einen Säugling, der an einem Anhänger von Pacals Lippen baumelt. Oben im Bild zieht das junge »Küken« Quetzalcoatl an einem großen Anhänger, an dem ein weiterer Säugling hängt. Dieses Baby hat eine »Mumienform«, ähnlich wie der innere Sarkophag. Innerhalb dieses Babys befindet sich ein weiteres, das in die gleiche Richtung strebt. Innerhalb des zweiten Babys befinden sich zwei Solarbabys, die in die andere Richtung, nach unten in die Unterwelt, streben.

Die Bedeutung dieser Szene ist nicht völlig klar. Quetzalcoatl wurde durch den Zwillingsstern Venus repräsentiert, und deshalb könnte Quetzalcoatl in dieser Szene als das Vehikel dargestellt sein, das den beiden spirituellen Babys die Reise in den Himmel ermöglicht (sie werden durch das Küken getragen) und ebenso die Reise der beiden Solarbabys in die Unterwelt möglich macht. Die folgenden Szenen deuten darauf hin, daß dies eine durchaus plausible Erklärung sein könnte.

Quetzalcoatl erschafft die Menschheit für das fünfte Sonnenzeitalter

Der Legende nach erhielt Quetzalcoatl nach dem Ende der vierten Menschheit den Auftrag, in die Unterwelt hinabzusteigen, um Knochen für die Menschen des fünften Zeitalters zu stehlen, weil er mit deren Schöpfung beauftragt war. Um diese Aufgabe zu erfüllen, übernahm er die Rolle von Xolotol (Venus am Abend), dem blinden Hund, der in der Lage war, in der Finsternis von Mictlan, dem Ort der Toten, zu sehen.

Szene 1 (Farbtafel 16) zeigt eine V-förmige Fledermaus mit massivem Kopf im Vordergrund des Bildes am unteren Bildrand. Der Herr des Todes hat sich niedergekniet, um den Betrachter des Bildes anzustarren und die Fledermaus zu steuern. Aufrecht hinter ihm steht die Herrin des Todes, die einen Korb mit zwei Zwillingen trägt, welche an den beiden Zwillingssternen der Venus über sich saugen.

Diese Szene zeigt uns also, wie Quetzalcoatl sich in die Unterwelt begab, um die Knochen zur Schöpfung der Menschheit zu besorgen.

Szene 2 (Farbtafel 17) zeigt die Knochen, die sich aus der Unterwelt materialisieren und zu Säuglingen formen.

Die Szenen 2 und 3 sind nicht absolut überzeugend, werden hier aber trotzdem erwähnt, weil Szene 3 den in der Unterwelt lebenden Riesen Tlachueyal einführt. Yaotl (der Gott des Nordens und der Finsternis) wurde allgemein als böser Charakter betrachtet, in seiner Erscheinungsform als Tlachueyal stellte er jedoch eine positive Kraft dar, die gute Taten vollbrachte.

In Szene 3 (Farbtafel 18) sehen wir den Riesen mit gespreizten Beinen, geformt aus den übereinandergelegten Codemustern des Reliefrandes, wie er an einem weiteren Säugling zerrt, der von einem anderen Anhänger baumelt. Dieses Baby unterscheidet sich allerdings eindeutig von den bisher gesehenen, denn auf seiner Stirn befindet sich das Mal der Fledermaus. Dieser Säugling ist deshalb aller Wahrscheinlichkeit nach eher »physisch« und weniger eine spirituelle Wiedergeburt. Das Mal der Fledermaus verrät uns, daß das Kind geboren wurde, um zu sterben. Deshalb taucht es mit Hilfe des Riesen aus der Unterwelt auf.

Der Riese Tlachueyal wird später noch in einer sehr wichtigen Szene auftauchen. Deshalb wird er hier in den Szenen 2 und 3 vorgestellt.

Tlazolteotl, Göttin des Schmutzes und Göttin der Herzen

Tlazolteotl wurde als in der Unterwelt lebende Stubenfliege dargestellt, die sich von Schmutz ernährt. Gemeinsam mit ihren Helfern trieb sie die Sünder zusammen und brachte sie vor die Priester, damit sie ihre Sünden bekennen konnten. Durch die Beichte erleichterten sie ihre Herzen, und so wurde sie auch als Göttin der Herzen bekannt. Dieser Prozeß der Reinigung von Sünden führte zu der Idee eines Fegefeuers, ein Ort in der Unterwelt, wo die Sünder einen Zwischenstopp einlegen.

In dieser Szene (Farbtafel 19) erkennen wir im Vordergrund ein großes, herzförmiges Gebilde mit dem Gesicht einer Stubenfliege im vollen Anflug auf den Betrachter. Auf ihrem Rücken trägt die Fliege die Zwillinge, die Quetzalcoatl repräsentieren, der als Xolotol durch die Unterwelt fliegt. Die Köpfe der Zwillinge werden von der Fledermaus des Todes gehalten.

Wiedergeburt auf der Erde

Die nächste Szene (Farbtafel 20) zeigt die Zwillinge in den Armen von Coatlicue (Göttin der Erde und Schutzheilige der Neugeborenen), wie sie an ihren Brüsten saugen und ihre zahlreichen Brustwarzen halten, während ihr Torso aussieht wie der Säuglingsbaum.

Die Botschaft lautet hier, daß die Zwillinge auf der Erde wiedergeboren werden.

Die Vollendung des Zyklus

In dieser Szene (Farbtafel 21) verbinden sich die beiden Hälften des zentralen Pflock-und-Schlaufen-Motives zur »Quadratur des Kreises« und präsentieren dadurch einen Querschnitt der Sonne. Die magnetischen Schlaufen entlang der vertikalen Achse komplettieren sich ebenso wie die horizontalen Halbschlaufen am oberen und unteren Zentrum des Quadrats. Zählen wir die Markierungspflöcke und die horizontalen Schlaufen, so kommen wir auf 20 Magnetschlaufen oder »Sonnenfleckenzyklen«, was 20 x 68302 = 1366040 ergibt, meine errechnete Sonnenfleckenzahl, die bei den Maya 1366560 lautete – die Geburtszahl der Venus.

Wie wir uns erinnern, gab es im Inneren des Tempels noch einen weiteren Hinweis auf diese Szene: Die Knochen von Pacal wurden wissenschaftlich untersucht und dabei als Knochen eines vierzigjährigen Mannes identifiziert. Die Inschriften am oberen Teil der Stufen behaupten jedoch, daß Pacal im Jahre 703 n. Chr. geboren und 783 n. Chr. verstorben sei. Damit wäre er doppelt (2x) so alt.

In den Knochen wie auch auf der Grabplatte verbirgt sich ein Fehlerfaktor von 2. Die Botschaft lautet folglich, daß die geschriebene Zahl das doppelte von dem beträgt, was sichtbar ist (am Alter der Knochen oder in der Anzahl der Markierungspflöcke auf der Grabplatte).

Diese beiden Zweien müssen notwendigerweise eher zusammen als getrennt gesehen werden, denn die eine Zwei bezieht sich auf einen Hinweis oben an den Stufen (das Todesalter von Pacal wird in der Inschrift mit 80 angegeben), und die andere Zwei bezieht sich auf einen Hinweis am Fuß der Stufen (in der Gruft). Die Treppe trennt die beiden Hinweise und hat folglich 22 Stufen.

Die Geschichte des fünften Sonnenzeitalters

Viele der Bilder, die wir bisher gesehen haben, bestehen aus mehreren Lagen von Bildern übereinander, wie die Serie mit der herannahenden Fledermaus, bei der Schicht für Schicht »abgeschält« werden mußte, bevor man die unterste erkennen und verstehen konnte. Die Geschichte der fünften Sonne bedient sich derselben Technik und ist daher in zwei Schichten getrennt.

Szene 1a (Farbtafel 22) zeigt zwei Fledermäuse. Die Fledermäuse stehen für den Tod, und ihre Positionen sind von großer Bedeutung für Szene 1b, die sich darunter befindet.

Szene 1b (Farbtafel 23) ist die vorletzte Szene des Auftrittes und führt das gesamte Ensemble vor die Augen des Betrachters. Ganz unten, unmittelbar über den »fünf Sonnen«-Markierungen, sehen wir das Gesicht von Xiuhtechutli, Gott des Ostens (gebildet aus den sich überschneidenden Mustern des Reliefrandes), der ein Opfergefäß auf seinem Kopf trägt. Das Gefäß stellt ebenfalls den Mund von Huitzilopochtli dar, der Xiuhtechutli unter sich gefangen hält. Doch auf Huitzilopochtlis ausgestreckten Armen steht Yaotl in drei verschiedenen Formen, als großer Bär, als Riese Tlachueyal und als Eule (der Nacht). Tlachueyal hält einen Jaguar an den Hinterpfoten hoch, während der Jaguar die Knochen aus der Unterwelt hält, die im Rachen von Xolotol, dem blinden Hund und Manifestation von Quetzalcoatl, transportiert werden.

Im Hinblick auf Szene 1a (Farbtafel 22) und die Positionen der Fledermäuse stellen wir fest, daß die untere der beiden Fledermäuse Xiuhtechutli und Huitzilopochtli den Tod gebracht hat, denn beide tragen das Mal des Todes, die Fledermaus. Die drei Darstellungen von Yaotl sind ebenfalls mit dem Zeichen des Todes bedeckt, was uns seinen Tod nahelegt. Am Leben bleibt nur der Jaguar, der für das fünfte Zeitalter der Sonne steht, in dem wir uns gegenwärtig befinden. Er zeigt, daß er die Knochen erfolgreich aus dem vierten Zeitalter getragen hat, um daraus die Menschheit des fünften Zeitalters zu erschaffen. Dabei half ihm Quetzalcoatl in seiner Verkleidung als Xolotol.

Die Botschaft dieser Szene besteht also darin, daß das fünfte Zeitalter das Zeitalter des Jaguars ist, geschaffen von Quetzalcoatl mit Hilfe von Xolotol, den er für sich gewonnen hatte, nachdem er die anderen Tezcatlipocas besiegt hatte und dadurch über alle Himmelsrichtungen regierte.

Die beiden Hauptdarsteller auf der Grabplatte von Palenque sind der Fledermausgott, der den Tod repräsentiert, und der Sonnengott (Tonatiuh als Quetzalcoatl), der für das Leben steht. Szene 2, die Geschichte der fünften Sonne (Farbtafel 24), zeigt Tonatiuh, den Sonnengott, der mit ausgestreckter Zunge »Leben« oder »Atem« gibt und auf einer erschöpften Fledermaus reitet, die sich vor ihm beugt. Aber die unterworfene Fledermaus trägt selbst das Zeichen der Fledermaus auf ihrer Stirn.

Die Botschaft besteht darin, daß die Fledermaus tot ist und Tonatiuh, der Sonnengott, im fünften Zeitalter der Sonne, dem Zeitalter des Jaguars, weiterlebt.

Dabei wird eine Grundstruktur dieser Maya-Transformatoren deutlich. Die Geschichten werden mit Hilfe der Maya-Gottheiten erzählt, als handele es sich bei ihnen um Darsteller in einem Schauspiel. Sie treffen sich sogar zu einem letzten Vorhang, um sich vor dem Publikum zu verbeugen. Was wir gerade bei der Grabplatte von Palenque gesehen haben, trifft auch auf die Mosaikmaske zu, wie wir in nächsten Kapitel sehen werden, sowie auf die Wandmalereien von Bonampak.

KAPITEL 6

Die Mosaikmaske von König Pacal

Der Priesterkönig Pacal wurde von den Maya als Quetzalcoatl angebetet, der Bringer von Wissen und Weisheit, der Lehrer der Künste, des Kalenders und aller guten Dinge. Quetzalcoatl (die gefiederte Schlange) kommt häufig in der mesoamerikanischen Kultur vor – vor, während und nach der klassischen Blütezeit der Maya in Palenque. Eine seiner vielen Manifestationen war Ehecatl (der Gott des Windes).

Die Legende besagt, daß Ometeotl (der ursprüngliche Gott, das göttliche Paar) Ehecatl mit einem einzigen Atemzug ins Leben rief. Ehecatl gebar seinerseits einen Sohn, den »Sohn von Ehecatl«. Vater und Sohn verschmolzen zu einer einzigen Identität, der prächtigen gefiederten Schlange, Quetzalcoatl.

Zu den beiden am häufigsten abgebildeten Symbolen von Quetzalcoatl zählen die »Vogelmaske« und der Querschnitt der Trompetenschnecke, die für das »Juwel des Windes« steht. Der Vogel wurde mit Flug und Wind assoziiert, der Wind wiederum mit dem Verdunsten des Wassers der Flüsse, die sich durch den Dschungel schlängeln. So wurde Quetzalcoatl mit einer gefiederten Schlange in Verbindung gebracht, die den Wind kontrolliert und den Himmel von der Erde trennt. Die Wolken bilden sich durch Verdunstung und verbinden so Quetzalcoatl mit Tlaloc, dem Regengott.

Abb. 30 Der Gott Quetzalcoatl (Kukulcan bei den Maya von Yucatán), die gefiederte Schlange und der Erfinder aller großen Dinge wie Schreibkunst, Malerei und Kalender.

Quetzalcoatl repräsentierte auch den Geist des Himmels und die Schlange, die für die Erde und die körperliche Dimension des Lebens stand.

Somit war Quetzalcoatl das Sinnbild für die Einheit von Geist und Materie und stellte eine Verbindung von Erde (Schlange), Luft (Vogel) und Wasser (Wolken) dar.

Quetzalcoatl beherrschte den westlichen Himmelsqua-

Abb. 31 Skulptur von Quetzalcoatl aus dem Museum für Völkerkunde in Mexiko City.

dranten, während seine Brüder Yaotl den Norden, Xiuhtechutli den Osten und Huitzilopochtli (der mit Tonatiuh, dem Sonnengott, assoziiert ist) den Süden regierten.

Das Popol Vuh, das heilige Buch der Maya, erzählt die Geschichte der ersten vier Götter, der vier Tezcatlipocas:

Großartig waren die Beschreibungen und Berichte darüber, wie Himmel und Erde geschaffen und in vier Teile geteilt wurden; wie sie abgetrennt wurden und wie der Himmel aufgeteilt wurde; und das Maßband gebracht wurde und über den Himmel und über die Erde gezogen wurde, auf die vier Winkel, auf die vier Ecken (die vier Kardinalpunkte), wie von dem Schöpfer berichtet wurde, der Mutter und dem Vater des Lebens und aller geschöpften Dinge, er, der

Atem und Gedanken verleiht, sie, die Kinder gebärt, er, der über das Glück der Menschen wacht, über das Glück der menschlichen Rasse, der weise Mann, der meditiert über alles, was im Himmel, auf der Erde, in den Seen und in der See existiert...

Das Gesicht von Pacal in der Gruft der Inschriften war von einer grünen Mosaikmaske aus Jade bedeckt, die aus mehr als 200 einzelnen Jadestücken bestand, befestigt auf einer zur Zeit der Ausgrabung längst zerfallenen Holzform. In mühevoller Kleinarbeit haben Archäologen das Jadepuzzle seitdem wieder zu einer lebensgroßen Maske zusammengesetzt. Die starrenden Augen waren aus Muscheln und Obsidian (Gesteinsglas vulkanischen Ursprungs) gefertigt, und im Mund befand sich eine einzelne Perle aus Jade (siehe Farbtafel 25).

Zunächst waren sie erstaunt über ihre eigenen Restaurationsfähigkeiten, die diesem wertvollen Erbstück eines einstmals großen Führers der Maya ein zweites Leben beschert hatten. Auch ich bewunderte die exquisite Handwerksarbeit bei beiden, dem originalen Stück und dem rekonstruierten Objekt. Bei näherem Hinsehen jedoch und nach meiner Entschlüsselungserfahrung an der Grabplatte von Palenque fielen mir einige merkwürdige Markierungen an der Maske auf, die nahelegten, daß es sich auch hier, wie schon bei der Grabplatte, um einen »Maya-Transformator« handelte, ein vermeintlich einfaches Design, das sich in viele unterschiedliche Bilder auflöst, wenn man es decodiert.

Auf der Maske bemerkte ich einige Gruppen von Markierungspunkten: drei unter dem rechten Auge, eine unter dem linken Auge und zwei in der Gegend der rechten

·rbtafel 1 (oben)
·r Tempel der Inschriften in Pa-
·que ruht auf einer neunstöcki-
·n Pyramide. Die Mitteltreppe
·steht aus fünf Abschnitten mit
·veils 9, 19, 19, 13 und 9 Stufen
·isammen 69). Die Wände des
·mpels sind mit 620 Inschriften
·deckt, die dem Tempel seinen
·men gaben. Der Tempel hat
·nf Eingänge, und sein Dach
·rd von sechs Pfeilern gestützt.

Farbtafel 2 (links)
Karte der Halbinsel von Yucatán. Die Kultur der Maya entwickelte sich im südlichen Teil Mexikos, in Guatemala, West-Honduras und El Salvador. In Palenque befand sich eines der größten zeremonialen Zentren der Maya. Es erreichte seinen Höhepunkt zur Zeit des Priesterkönigs Pacal, ungefähr 700 n. Chr.

·btafel 3 (oben)
·r Palast von Palenque. Am Fuß der Stufen wurde eine
·el mit 96 Glyphen gefunden.

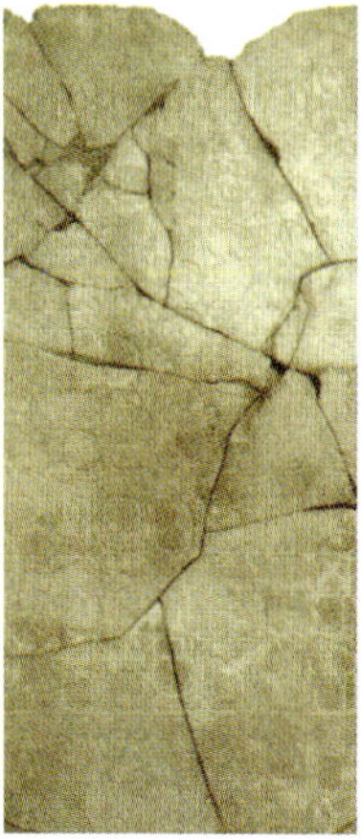

Farbtafel 4 (rechts)
Die Tafel mit den 96 Glyphen.

Farbtafel 5
Treppe im Innern der Pyramide in Palenque. Eine rechteckige Röhre aus Stein verläuft von der Gruft hinauf bis in den Tempel der Inschriften.

Farbtafel 6 (rechts)
Mixtekische Maske mit Einlegearbeiten aus Türkis und Jade. Der Mund ist bedeckt mit einer Fledermausmaske. Die Haartracht ist die Quetzalcoatls, wie sie auch in Szene 4 der Serie »Der physische Tod von König Pacal« auf der Grabplatte von Palenque auftaucht. Eine ähnliche Frisur trägt auch einer der in der Gruft gefundenen Steinköpfe.

Farbtafel 7 (links)
Dieser menschliche Schädel unbekannten Ursprungs wurde dem spanischen Conquistador Cortés durch den Aztekenkönig Montezuma im 16. Jahrhundert überreicht.

Farbtafel 8 Im Innern der Gruft von Pacal
Das Dach der Gruft wurde von fünf Balken gestützt. An der Grabplatte fehlen zwei Ecken. Am Sarkophag darunter fehlt eine Ecke. Der Mann in der Gruft trug an jeder Hand vier Ringe aus Jade, er hatte in jeder Handfläche eine Jadeperle und eine in seinem Mund. Er trug eine dreireihige Kette aus Jade und eine Mosaikmaske aus Jade. Zwei Steinköpfe, die Pacal darstellten, lagen auf dem Boden der Gruft. Jadestücke waren auf der Tür zur Gruft verteilt. Neun Könige waren auf die Wände der Gruft gemalt.

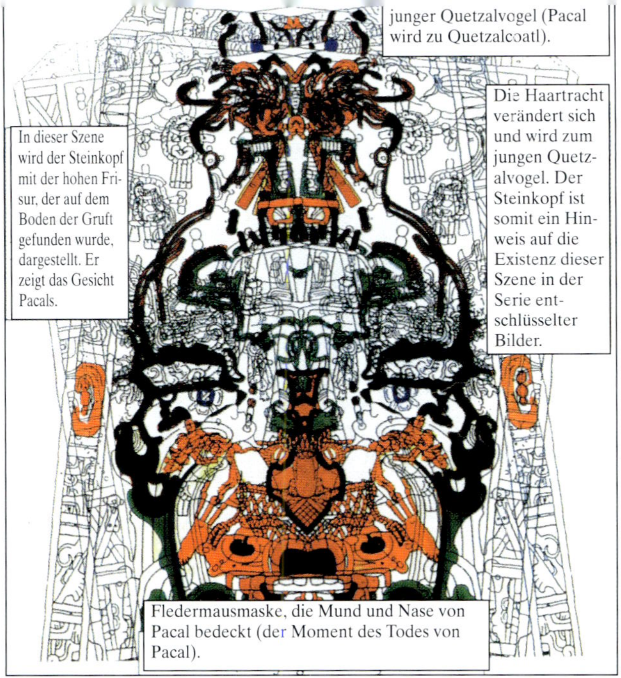

Farbtafel 9 (oben)
Der physische Tod von König Pacal, Szene 4.

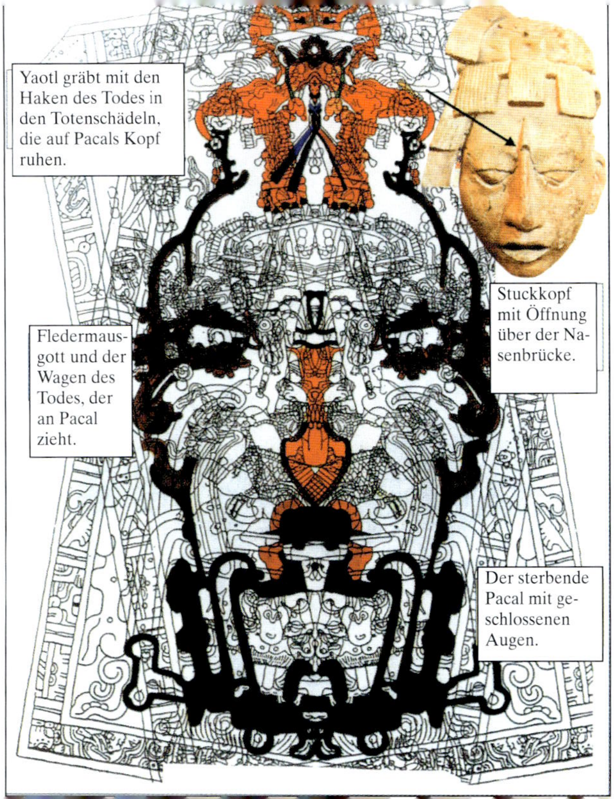

Farbtafel 10 (rechts)
Der physische Tod von König Pacal, Szene 5.

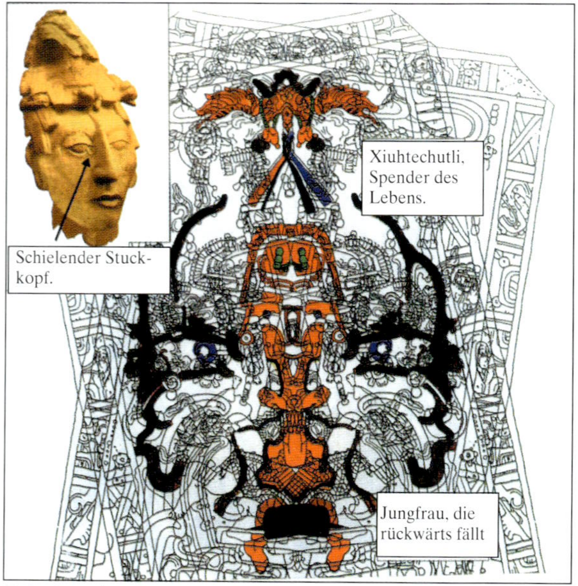

Farbtafel 11 (oben) Der physische Tod von König Pacal, Szene 6.
Farbtafel 12 (rechts) Die spirituelle Wiedergeburt von König Pacal, Szene 1.

Anmerkung: Der "korrespondierende Rand-Code-Indikator" von Farbtafel 12 (rechts) taucht in mehreren Szenen auf. Jede "Geschichte" in meinem Buch The Amazing Lid of Palenque, Bd. 1 & 2, hat einen korrespondierenden Rand-Code-Indikator (der nur für die jeweiligen Szenen einer bestimmten Geschichte gilt und den Betrachter von der Existenz der Geschichte in Kenntnis setzt, die sich im inneren Bereich der Platte abspielt, sobald die Decodierung mit Hilfe von Acetatfolien vorgenommen wurde). Diese "Rand-Code-Indikatoren" bilden selbst entschlüsselte Teile des Randmusters, das die Grabplatte von Palenque säumt. Der Entschlüsselungsvorgang wird im Detail in meinen Büchern The Amazing Lid of Palenque, Bd. 1, sowie kurz

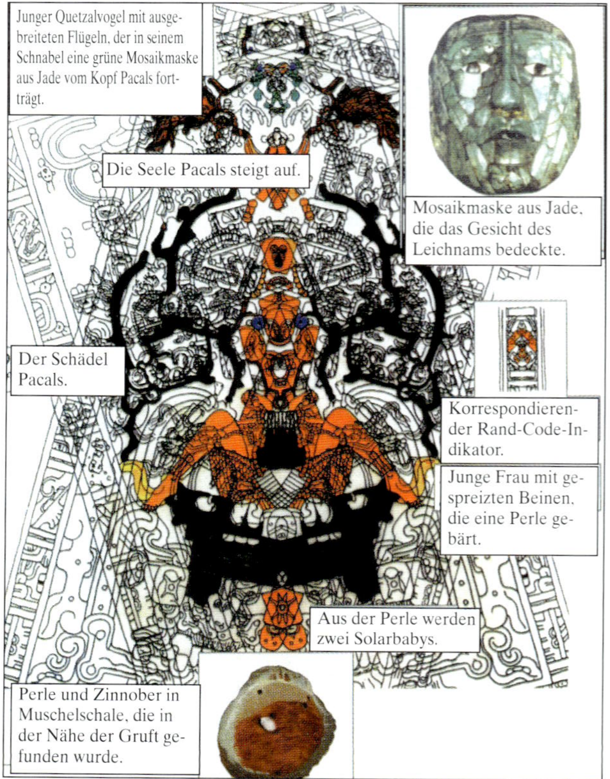

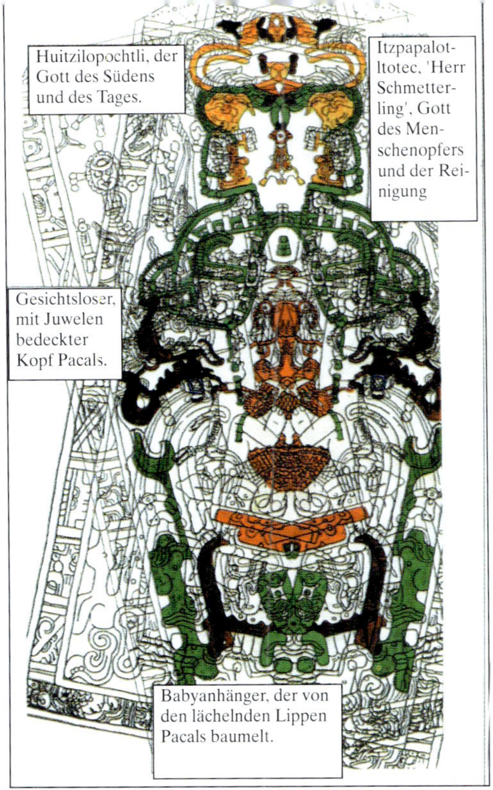

Die spirituelle Wiedergeburt von König Pacal, Szene 2.

Farbtafel 14 (oben)
Diese Jadefigur stellt einen bärtigen weißen Mann dar (Quetzalcoatl) und wurde dem Mann in der Gruft beigegeben.

Farbtafel 15 (rechts)
Die spirituelle Wiedergeburt von König Pacal, Szene 3.

Farbtafel 17 (rechts)
Quetzalcoatl erschafft die Menschheit für das fünfte Zeitalter, Szene 2.

Farbtafel 16 (unten)
Quetzalcoatl erschafft die Menschheit für das fünfte Zeitalter, Szene 1.

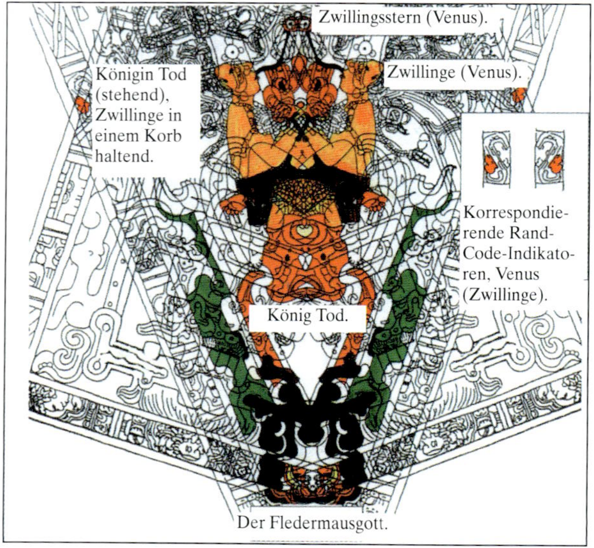

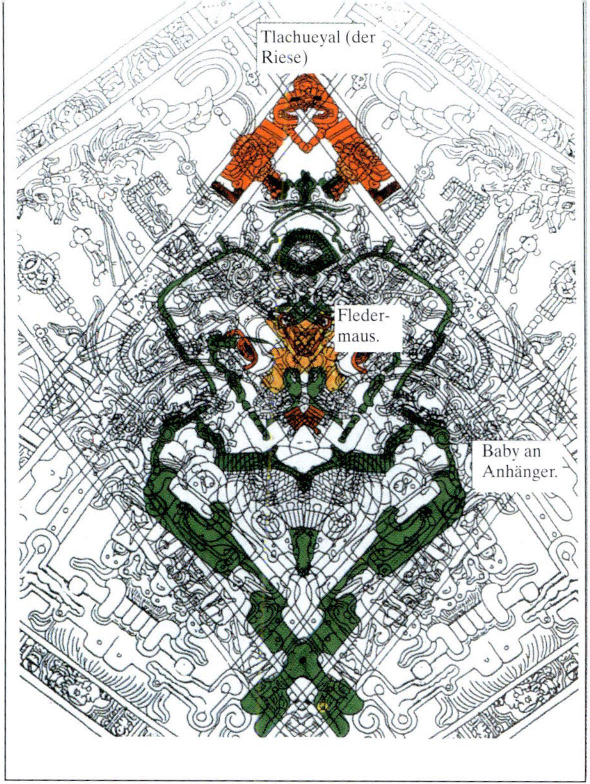

heit für das fünfte Zeitalter, Szene 3.

Farbtafel 19 (oben)
Die Göttin der Herzen, Szene 4.

Anmerkung: Die beiden Abbildungen links sind halb so groß wie die anderen Bilder von der Grabplatte von Palenque.

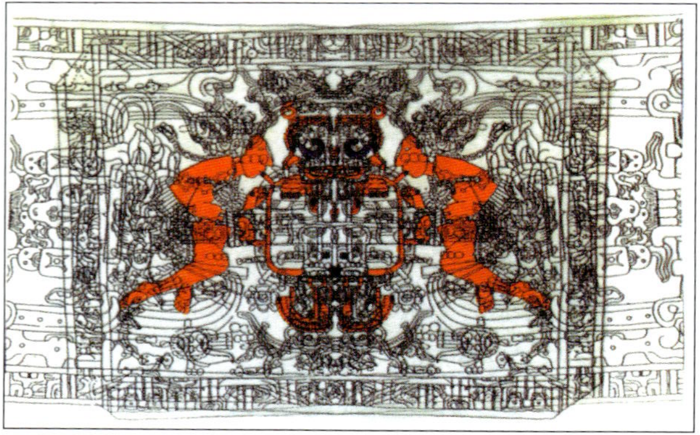

Farbtafel 20 (oben links)
Wiedergeburt auf der Erde.

Farbtafel 22 (unten)
Die Geschichte des fünften Sonnenzeitalters, Szene 1a.

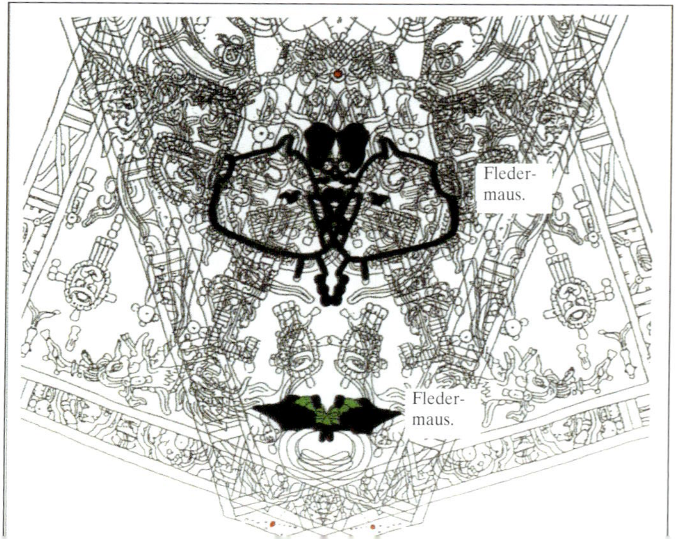

Farbtafel 21(unten links)
Die Vollendung des Zyklus.

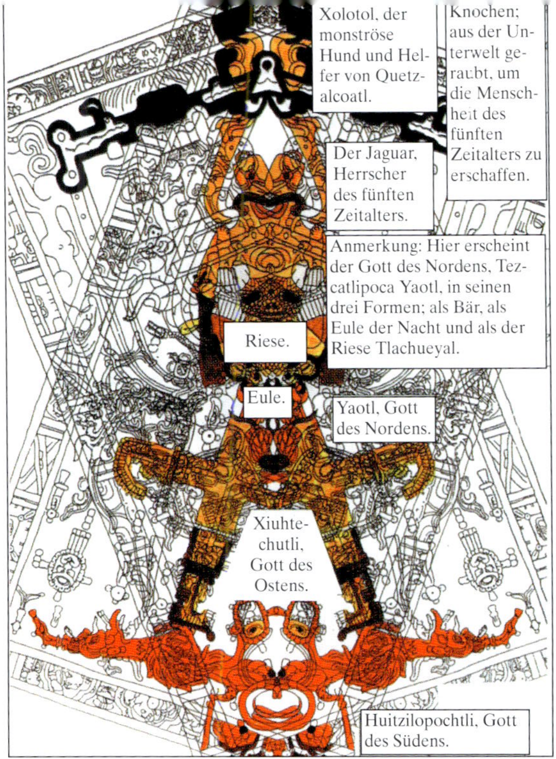

Farbtafel 23 (links)
Die Geschichte des fünften Sonnenzeitalters,
Szene 1b.

Farbtafel 24 (oben)
Die Geschichte des fünften Sonnenzeitalters,
Szene 2.

Farbtafel 25
Die Mosaikmaske von Palenque
Diese Jademaske bedeckte das Gesicht des Mannes in der Gruft. Achten Sie auf die drei Punkte unter dem rechten Auge, die beiden vertikalen Punkte über dem rechten Auge, den einzelnen Punkt rechts von diesem Paar und den einzelnen Punkt unter dem linken Auge. Dies sind Markierungspunkte zur Ausrichtung, wie im Haupttext erklärt.

Gott der Finsternis, der Nacht und des Todes
(SCHWARZ)
Tezcatlipoca
Yaotl

Tezcatlipoca
Quetzalcoatl

Tezcatlipoca
Xiuhtechutli

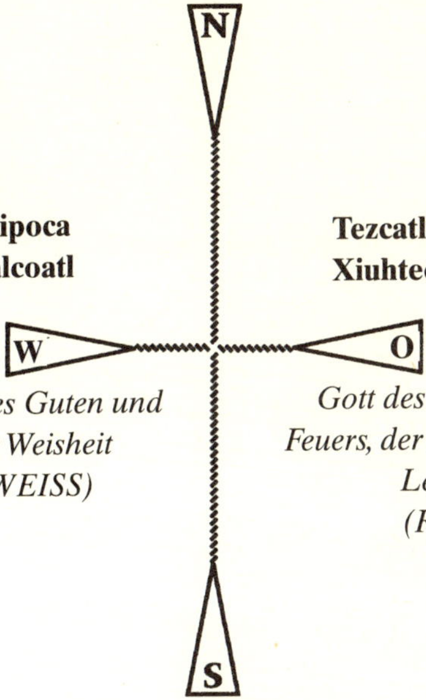

Gott des Guten und der Weisheit
(WEISS)

Gott des Opfers, des Feuers, der Hitze und des Lebens
(ROT)

Tezcatlipoca
Huitzilopochtli
Gott des Tages »Tonatiuh«
(BLAU)

DAS MASSBAND

Abb. 32a Die vier Tezcatlipocas.

Augenbraue. Ich nahm an, daß es sich hier ebenso um »Orientierungspunkte« handelte wie bei der Grabplatte von Palenque. Unter Zuhilfenahme der gleichen Entschlüsselungstechnik fertigte ich zwei Farbtransparente der Maske an und legte die beiden über Kopf aufeinander. Wie bereits vermutet, tauchten neue Bilder auf, und die Geschichte der vier Tezcatlipocas begann sich vor meinen Augen zu entfalten.

Die Entschlüsselung der Mosaikmaske

Szene 1 (siehe Farbtafeln 26 und 27). Bringt man die drei Markierungspunkte unter dem rechten Auge in die passende Stellung, wird eine Fledermaus erkennbar. Wie wir bereits wissen, repräsentiert die Fledermaus bei den Maya den Tod. Auf dieser Abbildung hält die Fledermaus eine Perle im Mund, ebenso wie der verstorbene Pacal. Daraus läßt sich schließen, daß Pacal tot war oder daß Pacal den Tod brachte. Doch die Zunge der Fledermaus ist vollkommen ausgestreckt, wie die Zunge des Sonnengottes Tonatiuh, dem »Spender des Lebens«.

Es kann also sein, daß der Mann in der Gruft ebenso Leben geben wie nehmen konnte. Unter der Zunge erkennen wir ein diamantförmiges Objekt, das für die vier Himmelsrichtungen steht und darauf hindeutet, daß Pacal die Himmel regierte.

Szene 2 (Farbtafeln 28 und 29) zeigt eine menschliche Gestalt im Schneidersitz, mit ausgestreckten Flügeln und einem Vogelkopf, die die gefiederte Variante von Quetzalcoatl, der gefiederten Schlange, darstellt. Über ihrem Kopf hält die Gestalt eine zusammengesackte anthropomorphe Figur mit zwei Gesichtern. Das untere der beiden Gesichter ähnelt dem einer bärenähnlichen Kreatur, das andere hat eher menschliche Formen.

Der Mythologie nach bekämpfte Quetzalcoatl (der Gott des Lichtes) seinen Widersacher Yaotl (den Gott der Nacht). Yaotl fiel aus dem Himmel ins Meer. Beim Aufprall auf das Wasser verwandelte er sich in einen Tiger, dessen leuchtende Augen die Sterne in der Konstellation des Großen Bären bildeten. Yaotls Spitzname lautete Zweigesicht, entsprechend seinen Qualitäten von Finsternis und Täuschung. Die obige Szene stellt also dar, wie Quetzalcoatl über Yaotl triumphierte.

Weitere Adjustierungen der beiden Transparente ergeben weitere Szenen:

Szene 3 (Farbtafeln 30 und 31) zeigt eine Schlange mit Flügeln an der Stirn. Dies repräsentiert den schlangenhaften Teil von Quetzalcoatl, im Gegensatz zu Szene 2, die den gefiederten Anteil darstellte. Dadurch wird die Interpretation des zusammengesetzten Bildes als gefiederte Schlange bestätigt.

Szene 4 (Farbtafeln 32 und 33) zeigt einen menschlichen Kopf mit Helm. Nase und Mund werden von einer darauf sitzenden menschlichen Gestalt bedeckt, die eine meditative Position mit gekreuzten Beinen eingenommen hat.

Xiuhtechutli war der Gott des Ostens und des Feuers (im Gegensatz zu Tonatiuh, dem Gott des Feuers im Himmel, wandelte er auf der Erde) und wurde gewöhnlich mit einem Helm abgebildet. Er formte das göttliche Gefäß, in das man die Menschenopfer legte, wenn sie im Rahmen der Zeremonien ins Feuer geworfen wurden. Diese Szene steht deshalb für ein Menschenopfer, vielleicht sogar des Mannes im Inneren der Gruft.

Als ich am 8. Dezember 1996 diese Szene in meinen Computer einscannte, um sie im vorliegenden Buch vorzustellen, adjustierte ich dabei Helligkeit und Kontrast und bemerkte, wie der zuvor verborgene Kopf eines Jungen aus den Schatten darunter auftauchte. Der Junge trägt einen Hut mit Federn und besitzt die gespaltene Zunge der Schlange, was ihn als Quetzalcoatl identifiziert. Die Form seiner Nase ist katzenhaft, was auf sein Alter ego hinweist, den Jaguar, König des Landes der Maya. Ein Fledermausanhänger mit gespreizten Flügeln bedeckt seinen Mund. Der Kopf ist der von Pacal, dem Mann in der Gruft.

Auf einer Szene der Mosaikmaske wird das massive Gesicht des Fledermausgottes ohne Ohren gezeigt. Erinnern Sie sich daran, daß im Inneren des Sarkophages ein Paar »komplizierte Jadeohrringe« gefunden wurden? Werden diese um die zusammengesetzte Fledermaus herum plaziert, ist das Bild vollständig. Stellt man die Szene allerdings auf den Kopf, erhebt sich der Mann (König Pacal), um sich vor seinem Publikum zu verbeugen (Farbtafeln 35 und 36).

Hier haben wir also eine Jademaske, die das Gesicht eines Toten in einer Gruft bedeckt, die unter einer Pyramide im Regenwald Mittelamerikas verborgen liegt. Sie birgt eine seltsame Geschichte, die besagt, daß dieser Mann einerseits Leben spendete, andererseits aber auch Leben nahm. Sie erzählt uns, daß es sich bei diesem Mann um die gefiederte Schlange gehandelt habe, die das Böse bekämpfte, um den Himmel zu regieren. Seine Kehrseite repräsentiert das Menschenopfer.

Kein menschliches Wesen wäre in der Lage gewesen, eine derartige Menge unglaublicher Informationen in diesem Jadepuzzle zu verschlüsseln. Wer oder was war also dafür verantwortlich?

Bevor wir eine Antwort darauf geben, möchte ich noch einige weitere Informationen aus dem außerordentlichen Reich der Maya präsentieren.

Jade

Weshalb die Maya Jade anderen Materialien vorzogen, um ihre Geheimnisse zu verschlüsseln, ist eine interessante Frage. Es kann kein Zweifel daran bestehen, daß die Maske kostbar sein sollte und doch wieder nicht so kostbar (aus Gold), daß jemand sie hätte einschmelzen wollen. Des weiteren ist in der Maske eine geheime Landkarte enthalten, die den Ort einer bisher unentdeckten Gruft in Palenque enthält, deren Eingang durch zwei große Steinblöcke verborgen ist. Außerdem gibt die Maske Auskunft darüber, wie diese Steinblöcke bewegt werden müssen, um Zugang zu den verborgenen Schätzen zu erhalten – aus diesem Grund stellte Stein (Jade) einen notwendigen Teil des Designs der Maske dar. Schließlich korrespondiert der Brechungsindex von Jade mit der Verhältniszahl Φ des Goldenen Schnitts von 1,618 (siehe Anhang VII). Der Brechungsindex einzelner Jadefasern liegt zwischen 1,600 und 1,627. In der Praxis

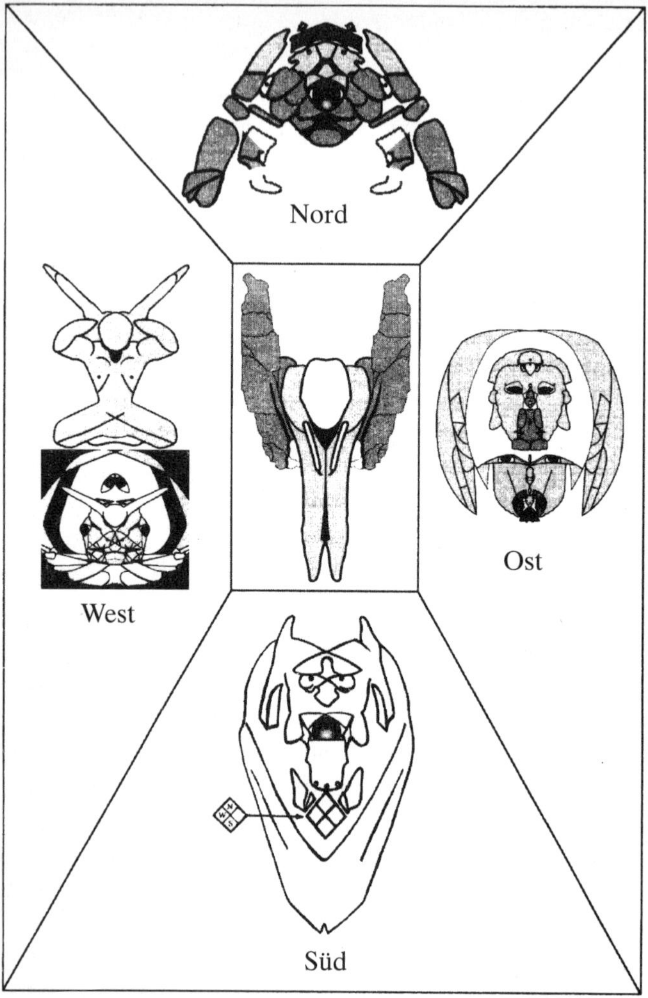

Abb. 32b Die vier Tezcatlipocas. Entschlüsselung der Mosaikmaske von Palenque.

kann aufgrund des Gemenges der einzelnen Kristalle jedoch nur ein ungefährer Wert von 1,618 erzielt werden. Beachten Sie, daß 1,618 genau zwei Drittel (0,666) auf dem Weg zwischen 1,600 und 1,627 liegt, was die Intention der Maya zu bestätigen scheint, ihren Nachfolgern die Botschaft zukommen zu lassen, daß sie Φ ebenso verstanden wie alle anderen Gesetze, die das Leben im Universum kontrollieren und die wir heute immer noch nicht verstehen.

Der Bau der Pyramide

Sehen wir uns einen Querschnitt des Tempels der Inschriften an, so wird klar, daß der Sarkophag von König Pacal zuerst in das Fundament der Pyramide eingelassen und danach die Grabplatte in Bodenhöhe aufgelegt wurde. Die Pyramide wurde anschließend darüber gebaut. Die Grabplatte ist viel zu groß und schwer, als daß man sie nach Fertigstellung des Baus in die Gruft hätte schaffen können.

Die Korrektheit der Interpretation der im Inneren der Pyramide gefundenen Hinweise ergibt sich aus dem dann folgenden Bauplan. Die Vorkammer mit den sechs Skeletten (fünf männliche und ein weibliches) hätte einiges an Bauzeit verlangt (unter Verwendung herkömmlicher Bautechniken), nachdem man die fünf Tonnen schwere Platte an ihren Bestimmungsort auf dem Sarkophag befördert hatte. Die Skelette können nicht zur gleichen Zeit wie Pacal dort begraben worden sein und müssen deshalb bereits tot gewesen sein, als sie in der Vorkammer plaziert wurden. Das heißt, daß ihre Bedeutung darin bestand, irgendeine Information oder Botschaft zu übermitteln (nämlich, daß

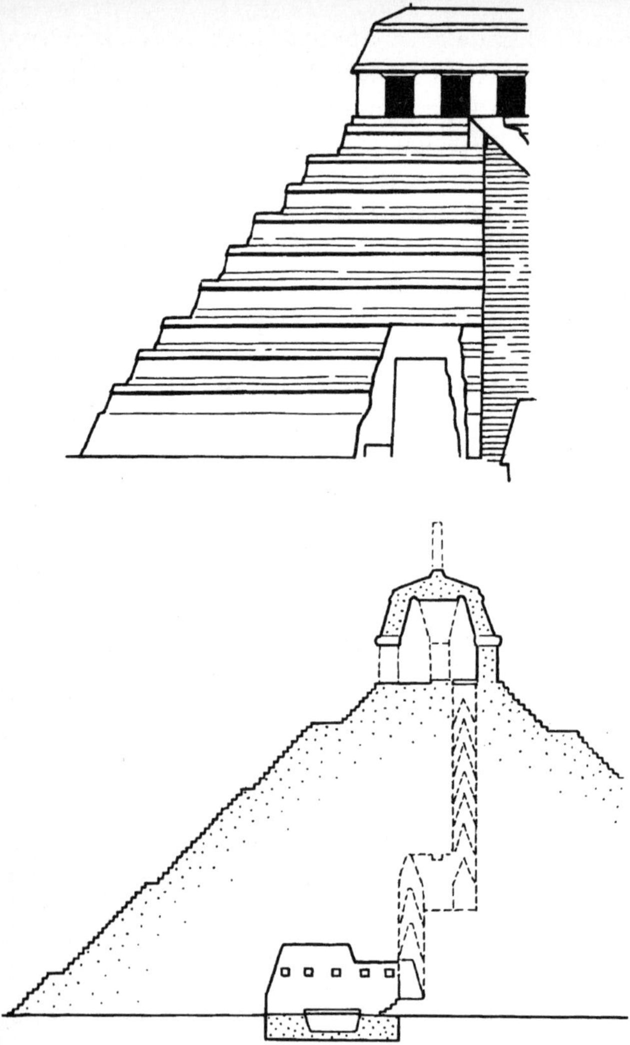

Abb. 33 Aufriß der Pyramide.

eines der Skelette sich von allen anderen unterscheidet, wie wir bereits festgestellt haben). Eines ist sicher – es handelte sich nicht um Menschenopfer. Der Körper von Pacal wurde in der Gruft beigesetzt und die Grabplatte in Bodenhöhe über seinem Grab plaziert. Hätte es sich um Menschenopfer gehandelt, die zu diesem Zeitpunkt geopfert wurden, so hätte man ihre Körper so lange kühlen müssen, bis der untere Teil der Pyramide, die dreieckige Tür, die Vorkammer und so weiter gebaut waren. Unter Verwendung herkömmlicher Bautechniken hätte es ungefähr fünf Jahre gedauert, um die ersten drei Meter der Pyramide in die Höhe zu ziehen. Dies war ganz offensichtlich nicht der Fall.

Der »Seelenkanal«

Der sogenannte »Kommunikationskanal« oder »Seelenkanal« verläuft von der Gruft Pacals ab an jeder Stufe der inneren Treppe entlang. Sobald die kastenförmige Röhre aus Kalkstein den Boden des Tempels erreicht hat, läuft sie durch eine Reihe von eingelegten Steinen über den Tempelboden und kommt schließlich an der Außenseite der Pyramide, am Fuß einer der vier Hauptpfeiler, die das Dach stützen, wieder zum Vorschein.

Jeder der vier Pfeiler ist mit einem Relief aus Stuck bedeckt, auf dem eine lebensgroße weibliche Figur zu sehen ist, die ein Neugeborenes in den Armen hält. Die Wirbelsäule des Kindes ist fortgesetzt und nimmt die Form einer Schlange an.

Einige Forscher sind der Auffassung, daß die Röhre es Pacal gestattete, von seiner Gruft aus mit der Welt der Lebenden zu kommunizieren. Und obwohl dies eine naheliе-

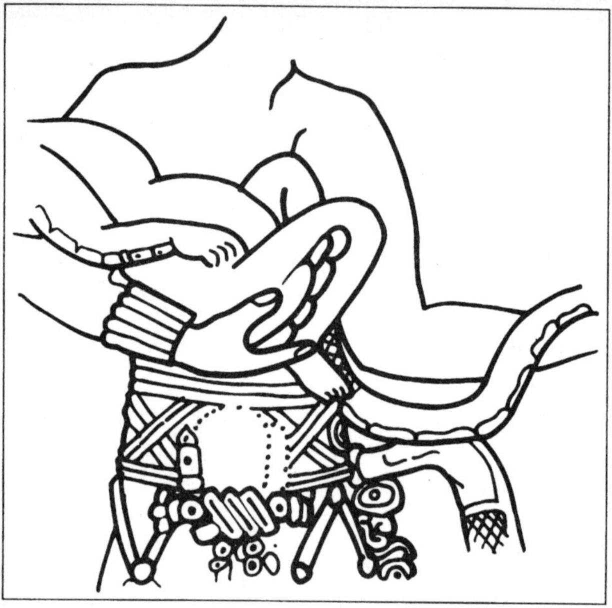

Abb. 34 Relief an den Pfeilern mit Frau und »göttlichem Säugling«.

gende Erklärung sein könnte, handelte es sich wahrscheinlich doch eher um eine Form der Ventilation, die die Feuchtigkeit aus der Gruft abzog und auf diese Weise Nässeschäden am Inhalt der Gruft verhinderte.

Palenque ist nicht die einzige Stadt, die Geheimnisse der Maya enthält. Nachdem ich die Grabplatte und die Mosaikmaske entschlüsselt hatte, wandte ich mich den Büchern der Maya zu, um weitere Hinweise auf die Decodierung ihrer Schätze zu finden.

KAPITEL 7

Geschichten der Quiché

I. Das Popol Vuh

»Noch gibt es das erste Buch, wie es einst geschrieben, aber verborgen ist es dem Suchenden, dem Forschenden.« Mit diesen Worten beginnt das Popol Vuh (S. 25 der deutschen Ausgabe), das heilige Buch der Quiché, eines Stammes der Maya. »Hiermit schließt denn das Leben der Quiché. Es gibt nichts mehr zu sehen. Die alte Weisheit der Könige ist dahin. So ist nun alles zu Ende in Quiché ...« Mit diesen Worten endet das Popol Vuh.

Zu Beginn des achtzehnten Jahrhunderts lebte in einem Konvent in Chichecastenango in den Bergen von Guatemala, ungefähr dreihundert Kilometer von Palenque entfernt den Usamacinta flußaufwärts, der Dominikanermönch Francisco Ximenez. Er galt als weiser und tugendhafter Mann und hatte es geschafft, bei seinen Bekehrungsversuchen das Vertrauen der Indianer zu gewinnen und Geschichten aus der indianischen Tradition in der Sprache der Quiché zu erfahren.

Angesichts seines engen Kontakts zu den Indianern überrascht es nicht, daß ausgerechnet er es war, der zufällig über ein altes Manuskript stolperte, welches hinter einem Haufen loser Steine in den dicken, weißgetünchten Wänden seiner Gemeindekirche Santo Tomas in Chichecastenango versteckt worden war. Die brüchigen Seiten des Manuskriptes waren um das Jahr 1550 von einem Indianer in Quiché verfaßt worden, um die alten Traditionen seines Volkes der Nachwelt zu erhalten. Sein Name ist nicht überliefert.

Dieses Dokument erwähnt bereits ein »früheres Buch«, das verlorengegangen war, und wurde vermutlich von einem in der Geschichte der Maya bewanderten Autor aus dem Gedächtnis niedergeschrieben.

Vater Ximenez übersetzte das Dokument ins Spanische, unter dem Titel *Historias del Origen de los Indios esta Provincia de Guatemala.* Der Text wurde im Jahre 1857 von Carl Scherzer, einem europäischen Forscher, wieder aufgelegt, nachdem er drei Jahre zuvor in der Universität von San Carlos in Guatemala unter einem Haufen Staub und Spinnweben auf das Buch gestoßen war.

1861 publizierte Charles Etienne Brasseur de Bourbourg, ein weiterer europäischer Entdecker, in Paris seine französische Übersetzung unter dem Titel *Popol Vuh, le Livre Sacre et les Mythes de l'Antiquité Americaine, avec les Livres Heroiques des Quiches,* die außerdem ein Faksimile des ursprünglichen Textes in der Sprache der Quiché enthielt.

1947 wurde eine spanische Ausgabe des Buches von Adrian Recinos in Mexiko veröffentlicht und später von Delia Götz und Sylvanus G. Morley ins Englische übersetzt. Im Vorwort ihrer Ausgabe vermuten sie, daß es sich bei dem »ursprünglichen Buch«, das angeblich verborgen sein soll, wahrscheinlich nicht um eine bereits fest formatierte literarische Schöpfung gehandelt hat.

Doch das Popol Vuh war das Buch der Prophezeiungen und das Orakel der Könige und Priester. Weiterhin wird dort gesagt: »... und die Könige wußten, wann Krieg sein würde, und alles lag klar vor ihren Augen; sie sahen, ob es Tod und Hunger geben würde, ob es Zwietracht geben würde.« Somit war das Popol Vuh das Buch der Vergangenheit, der Gegenwart und der Zukunft.

Wie das Popol Vuh enthält auch die Grabplatte von Palenque Prophezeiungen, die zum Beispiel die Wanderung der Mexica (Azteken) in das Tal von Mexiko vorhersagen (die Geschichte von Quilatzli, dem Grünen Reiher), ebenso wie die Kriegsgötter, die die Azteken später verehren sollten. Diese Abbildungen, Prophezeiungen und Vorhersagen waren deshalb möglich, weil es sich bei den Schöpfern der Grabplatte von Palenque um »Götter« handelte, die »Ersten der Schöpfung«, wie es auch im Popol Vuh heißt:

Vernunft war ihnen gegeben. Sie schauten, und sogleich sahen sie in die Ferne; sie erreichten, alles zu sehen, alles zu kennen, was es in der Welt gibt. Wenn sie schauten, sahen sie sogleich alles im Umkreis, und ringsherum sahen sie die Kuppel des Himmels und das Innere der Erde.
Alle fernverborgenen Dinge sahen sie, ohne sich zu bewegen. Sofort sahen sie die ganze Welt, und sie sahen diese von dort, wo sie standen.
Groß war ihre Weisheit...

In bezug auf das Dahinscheiden der vier ursprünglichen Väter fährt das Buch fort: »Heimkehren werden wir, unser

Werk ist getan, unsere Tage haben sich erfüllt.« Dann hinterließ Balam-Quitzé (der Waldjaguar) das Zeichen seiner Existenz: »Das hier wird euch beistehen, wenn ihr mich anruft. Das hier ist das Zeichen des Bundes.« Er hinterließ ein Symbol, dessen Form unsichtbar war, da es nicht ausgepackt werden konnte: »Die Naht war nicht zu sehen, da niemand Zeuge war, als sie es verhüllten ...«

Ein anderes Manuskript, *Titulo de los Señores de Totonicapan,* liefert weitergehende Informationen über jenes »Bündel voll Erhabenheit«: »Dieses Geschenk fürchteten und respektierten sie ...« »Das Geschenk war ein Stein, der Stein von Naczit (Quetzalcoatl).« Dies läßt es möglich erscheinen, daß es sich bei dem Stein von Quetzalcoatl um die Grabplatte von Palenque handelt, die »verhüllt« (verschlüsselt) worden war, aber nicht »geöffnet« (entschlüsselt) wurde, weil niemand gesehen hatte, wie sie »verhüllt« wurde.

Das Popol Vuh sagt folgendes zum Tod der vier Väter:

Als sie ihr Ende nahe fühlten, riefen sie ihre Söhne herbei. Sie waren nicht krank, sie seufzten nicht unter Schmerzen, sie lagen nicht erschöpft darnieder, als sie den Söhnen ihr Vermächtnis hinterließen. Das war ihr Abschied. Über die Höhen des Berges Hecavitz entschwanden sie. Von ihren Frauen und Kindern wurden sie nicht bestattet, niemand sah ihren Weggang. Nur ihre Weisungen blieben und das Bündel. Das wurde heilig gehalten. Ein Zeichen der Väter war es... ihre Väter hielten sie in Ehren und groß war der Ruhm des Bündels. Sie öffneten es nie, sondern verhüllt bargen sie es.

An einer späteren Stelle berichtet das Buch davon, wie die drei Söhne die Fußstapfen ihrer Väter in Richtung Osten zurückverfolgten und wie ihnen, als sie dort ankamen, von Quetzalcoatl die Königswürde übertragen wurde. Er verlieh ihnen die Insignien seines Königreiches und alle seine Symbole: »Und sie brachten über das Meer die Schriften von Tula. DIE SCHRIFT nannten sie die, worinnen ihre Geschichte aufgeschrieben stand ...«

Dies ist insofern von großem Interesse, weil es von den Tolteken heißt, daß sie ihre Malereien ungefähr im Jahre 750 n. Chr. von Tula nach Osten transportiert haben sollen, wobei sie der großen Völkerabwanderung der Maya im achten Jahrhundert folgten. Der Historiker Oidor Zorita behauptet, daß Malereien der Quiché existiert haben sollen, »in denen sie um das Jahr 750 n. Chr. ihre Geschichte aufzeichneten«. Doch ist ihr Aufbewahrungsort unbekannt.

Ich hatte von geheimen Malereien der Maya gehört, die sie an einem geheiligten Ort im Dschungel unweit von Palenque zurückgelassen haben sollen. Konnte es sich bei diesen Malereien um dieselben handeln, von denen Oidor Zorita gesprochen hatte? War es möglich, daß diese Gemälde die Geschichten uralter Zeiten erzählten, und würde ich durch sie mehr über das mächtige Volk der Maya erfahren?

II. Die Wandgemälde von Bonampak

Bonampak ist eine Mayastadt am Usamacinta, in der Nähe von Palenque, die ihre Blütezeit in der klassischen Periode der Maya um das Jahr 75 n. Chr. hatte.

Einer der ersten Berichte aus dieser »Stadt der bemalten Mauern« stammt von dem amerikanischen Kriegsdienstverweigerer Carlos Frey aus dem Jahre 1946.

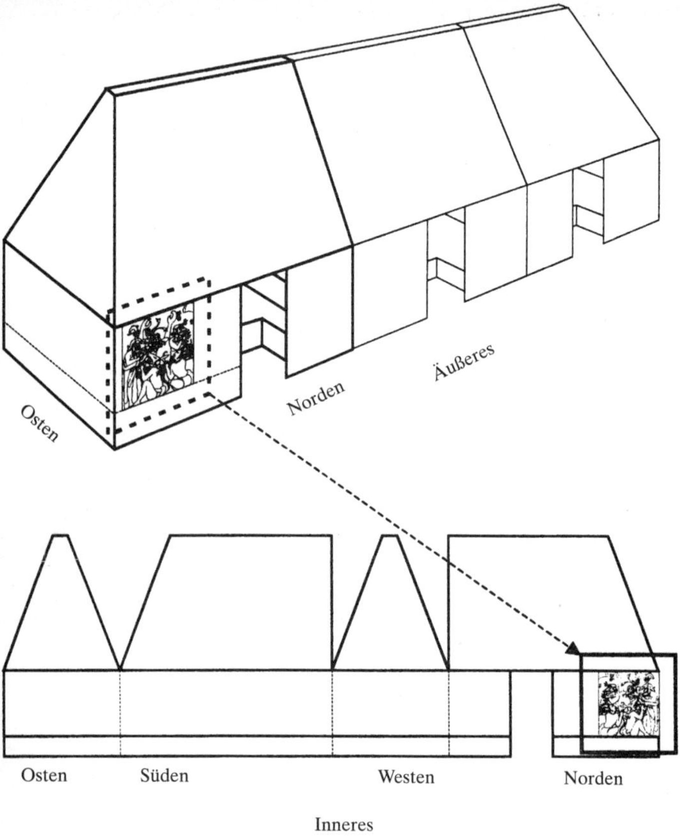

Abb. 35 Der Tempel von Bonampak. Jede Wandfläche und jede Decke in den drei Räumen des Tempels ist mit leuchtenden Wandgemälden geschmückt. (Der Ausschnitt im gestrichelten Kasten wird in diesem Kapitel entschlüsselt.)

Gemeinsam mit seiner Frau, einer Lacandon-Indianerin, lebte er in den Wäldern von Chiapas das Leben eines Emigranten. Bei zwei Gelegenheiten in aufeinanderfolgenden Jahren hatte Frey, jedesmal im Februar, bemerkt, wie die Lacandonen ihre Tragetaschen mit Räucherwerk bepackten, ihre Tuniken mit roten Punkten bemalten und für mehrere Tage im Wald verschwanden, um ihre jährliche Pilgerfahrt in den Dschungel anzutreten.

Sein beharrliches Nachfragen führte schließlich dazu, daß sie ihm den Grund für ihre Reise enthüllten. Sie führte an einen geheiligten Ort, zu dem Fremde und Frauen nicht zugelassen waren und der unberührt im Wald lag. Nachdem er ihr Vertrauen gewonnen hatte, wurde er schließlich zur Teilnahme an den rituellen Räucherwerkverbrennungen in den Tempelanlagen eingeladen. Dort sah er zum ersten Mal die Wandmalereien.

Im gleichen Jahr stieß ein anderer Forscher namens Giles Healey während der Recherchen für einen Dokumentarfilm über die Lacandon-Indianer auf Bonampak. Er untersuchte den Tempel und fand farbenfroh gestaltete Fresken, die durch Kalksteinablagerungen auf den Wänden etwas beeinträchtigt waren. Seine Berichte sorgten dafür, daß der Ort erstmals von einer breiteren Öffentlichkeit wahrgenommen wurde.

Die Geheimnisse der Wandmalereien

Es gibt viele Wandmalereien im Inneren des »Tempels der Malereien«, und wir werden nur einen kleinen Ausschnitt von der Nordwand des ersten Zimmers entschlüsseln. Der offiziellen Interpretation zufolge zeigt die Darstellung eine *Gruppe von Tänzern in fantastischen Verkleidungen – eine Krabbe inklusive Scheren, einen Kaiman sowie Meeresungeheuer –, die eine Art Zeremonie begehen,* ungefähr in der Zeit zwischen 500 und 800 n. Chr. (Diese Interpretation folgt der orthodoxen Sichtweise, daß die Maya weniger intelligent waren als wir.)

Nach der Entschlüsselung der Grabplatte von Palenque und der Mosaikmaske hatte ich gelernt, nach »Entschlüsselungs-Epizentren« Ausschau zu halten – Hinweisen darauf, daß ein bestimmtes Design einen entschlüsselbaren Transformator darstellen könnte. Beim Wandgemälde von Bonampak kristallisierte sich schnell ein typisches Epizentrum heraus. Es bestand aus einem Kreuz in einem Kreis, ein Symbol, das einem Querschnitt der solaren Magnetfelder gleicht. Mit Hilfe derselben Technik wie vorher begann ich also mit der Entschlüsselung des Wandgemäldes von Bonampak.

Bevor wir jedoch fortfahren, müssen wir noch einmal zur Mythologie der Maya zurückkehren, die uns mit den nötigen Informationen versorgt, um die Deutung des zusammengesetzten Designs zu erleichtern.

Abb. 36 Wandgemälde aus dem ersten Raum des Tempels der Malereien, Bonampak. ▷

Abb. 37 Ein Kreuz in einem Kreis bildet eines der herausstechendsten Merkmale des Wandgemäldes.

Xipe Totec

Xipe Totec war der erste Sohn des ursprünglichen göttlichen Paares, Ometeotl (Hunab-Ku). Seine Farbe war rot, und er repräsentierte den östlichen Himmelsquadranten. Er wurde mit dem Feuer assoziiert und trug, wie Xiuhtechutli, der Gott des Feuers (auf Erden) »zwei Stöcke«, die er aneinanderrieb, um Feuer zu entfachen.

Sein ursprünglicher Name war Tlatlauhqui Tezcatlipoca (Roter Rauchender Spiegel), und er wurde von den Tlaxcaltecas und den Huejocinas unter dem Namen Camaxtle angebetet. Er war auch eine Gottheit von Zapotlan Xalisco, und in Mittelamerika eher unter dem Namen Xipe Totec bekannt: »Gott der Gehäuteten« oder »der eine Extra-Haut hat« oder aber »der von der Vorhaut«. Dieser Name bezog sich auf seine Verbindung zur Zeit, zum Frühling und zur Wiedergeburt, zum Sprießen der neuen Blätter an den Bäumen, zum Häuten der Schlange und damit zu einem neuen Zyklus von Fruchtbarkeit, Hoffnung und Erneuerung.

Es hat den Anschein, als ob die positive Bedeutung Xipe Totecs bei den Azteken und den späteren Völkern verlorenging und sie seinen Symbolismus nur noch als das Häuten menschlicher Zeremonialopfer bei lebendigem Leibe interpretierten.

Jede Gottheit Mittelamerikas kann anhand der ihr zugeordneten Attribute identifiziert werden. Xipe Totec trug die Haut eines gehäuteten Menschenopfers. Sie hing lose an seinem Körper wie ein weiter Mantel, und die Hautärmel waren über seine Arme gestreift. Oftmals hingen die Hände des Opfers wie Handschuhe von seinen Handgelen-

Abb. 38 Darstellung von Xipe Totec, dem Gott der Gehäuteten, aus dem Kodex Borbonic 14. Hier trägt er die Haut eines gehäuteten Opfers, dessen Hände wie Handschuhe von seinen Handgelenken hängen. Er war der Gott des Frühlings und der Wiedergeburt. Eine seiner Verkörperungen war Camaxtle, der Gott der Jagd. Zu Ehren Xipe Totecs und allem, was er repräsentierte, wurden Scheinkriege abgehalten. Die Teilnehmer trugen hautähnliche Kleidungsstücke, während andere durch ihre Kleidung die jeweilige Jahreszeit repräsentierten. Der Frühling stellte den Sieger dar, während der Winter verschwand. Nach der gespielten Schlacht folgte eine Tour durch die Häuser des Dorfes, wobei im Namen Xipe Totecs gesammelt wurde, nicht unähnlich unserem Fest zu Epiphanias oder dem amerikanischen Thanksgiving.

ken herab. Auf dem Kopf trug er eine Kappe mit Quasten, und er soll langes geflochtenes Haar und goldene Ohrenkappen getragen haben. Er trug außerdem einen grünen, knielangen Rock und wurde oft mit einem Kelch in Form einer Mohnkapsel abgebildet, in dem er den Samen der Fruchtbarkeit und Erneuerung beförderte.

Camaxtle

Camaxtle stellte eine Verkörperung von Xipe Totec dar und war der Gott der Jagd. Die Bedeutung seines Namens wurde mit »der Reithosen trägt« übersetzt. Die Legende berichtet davon, wie Camaxtle nach der Flut, im Jahre 1 Tecpatl, in den achten Himmel aufstieg und dort vier Männer und eine Frau schuf, deren Aufgabe darin bestand, Nahrung für die Sonne zu finden. Doch sobald sie erschaffen waren, fielen sie ins Wasser, starben und kehrten zurück in den Himmel.

Als er sah, daß sein erster Versuch fehlgeschlagen war, schlug Camaxtle seinen großen Stab gegen einen Felsen im achten Himmel, und sofort entsprangen ihm 400 Otomi Chicimecas, Vorfahren der Mixteken. Er appellierte an die höheren Gottheiten, den Otomi Chicimecas zu gestatten, die Erde zu besuchen, damit sie die Barbaren töten und sie der Sonne als Nahrung darbieten könnten. Die Götter gewährten Camaxtle seinen Wunsch und sandten die Wesen auf die Erde, wo sie auf den Ästen von Bäumen landeten und von Adlern gefüttert wurden. Die Eingeborenen, betrunken von zuviel Agavenschnaps, entdeckten sie, holten sie aus den Bäumen und töteten alle von ihnen, bis auf Ximue, Mimich und Camaxtle selbst, der die Gruppe als Chichimeca verkleidet begleitet hatte.

Im Jahre 4 Tecaptl wurde ein lautes Geräusch am Himmel vernommen, und ein zweiköpfiger Hirsch fiel hinab. Camaxtle fing ihn und überließ ihn den Menschen von Cuitlahuac als Gott, die ihn mit Kaninchen, Schlangen und Schmetterlingen fütterten. Der Hirsch sollte den Menschen übermenschliche Verteidigungskräfte verleihen, und im Jahre 8 Tecpatl 47 gewann Camaxtle den Krieg, den er gegen einen Nachbarstamm begonnen hatte, wegen des Glücks und der zusätzlichen Kraft, die er durch den Hirsch erhalten hatte. Doch der Krieg dauerte bis zum Jahr 1 Acatl 66, als Camaxtle den zweiköpfigen Hirsch und seine Kraft verlor und als Resultat davon schließlich besiegt wurde. Danach traf er seine Frau Chimalma, die ihm fünf Söhne gebar.

Eine Holzplastik von Camaxtle im Museum für Völkerkunde in Mexiko City zeigt ihn mit langem Haar und einem großen Kopfschmuck. Er trägt Armringe, einen Jagdbogen und drei gekreuzte Pfeile. Unter einem Arm hält er eine Tasche aus Kaninchenfellen. In der anderen Hand trägt er einen Korb mit Nahrung. Er trägt Reithosen und Sandalen, und sein Körper ist mit weißen Streifen bemalt.

Die Tlaxcaltecas ehrten den Gott der Jagd am 17. November, dem ersten Tag des Monats Quecholli. Sie kleideten sich zu diesem Anlaß neu ein und jagten in den Wäldern, Bergen und Seen nach Jaguar, Kaninchen, Hirsch, Wildschwein und anderen Tieren. Diejenigen, die Erfolg bei der Jagd hatten, paradierten mit schwarzen Ringen um Augen und Mund durch die Stadt. Sie trugen Kopfschmuck aus Adlerfedern, und ihre Beine waren mit Mustern aus weißem Ton bemalt. Auf diese Jagd folgten acht Tage Schlemmerei und Tanz.

Chimalma

Chimalma (»die einen Schild trägt«) war die Frau von Camaxtle. Sie soll einen *chalchihuitl* (einen kostbaren Jadestein) geschluckt haben und schwanger geworden sein, ohne daß der Stein ihr Inneres berührt hätte.

Eine andere Darstellung von Chimalma, aus der Sicht der Geschichtsforscherin Ignacia Bernal, besagt, daß sie die zweite Frau Mixcoatls war, des Mannes, der für die Eroberung des Tales von Mexiko verantwortlich war. Er begegnete ihr während einer seiner militärischen Exkursionen nach Morelos. Sie trat hinaus, um ihn zu begrüßen, und legte Schild, Pfeile und Köcher auf den Boden. Ohne Rock und Tunika stand sie nackt und beschämt vor ihm. Als er sie sah, feuerte Mixcoatl seine Pfeile auf sie, gerade als sie ihren Kopf senkte. Der erste flog über ihren Kopf, der zweite streifte ihre Rippen, den dritten fing sie mit der Hand, und der vierte flog zwischen ihren Beinen hindurch. Mixcoatl wandte sich ab und ging weg, und gleichzeitig floh Chimalma und versteckte sich in einer Höhle.

Nachdem er weitere Pfeile geholt hatte, kehrte Mixcoatl zurück, konnte Chimalma jedoch nirgendwo finden und mißhandelte statt dessen die anderen Frauen des Dorfes Cuernavaca, bis diese sich bereit erklärten, nach ihr zu suchen.

Auch Mixcoatl suchte nach ihr. Sie trat schließlich aus der Höhle und stellte sich ihm in den Weg, wieder nackt, mit über der Brust gekreuzten Armen. Wieder legte sie ihren

Schild auf den Boden. Wieder feuerte Mixcoatl seine Pfeile ab, ohne sie zu treffen. Dann bemächtigte er sich ihrer, schlief mit ihr, und sie empfing.

Mixcoatl wurde später von einem seiner Hauptmänner ermordet, der den Thron von Cuthuacan einnahm. Chimalma flüchtete nach Tepoxtlan, wo sie Ce Acatl Topilzin Quetzalcoatl gebar, der zum König von Tula wurde.

Die Entschlüsselung des Wandgemäldes

(Siehe Farbtafeln in der Mitte des Buches)

Szene 1 (Tafel 37). Plaziert man das solare Epizentrum direkt auf das transparente Faksimile und dreht die beiden, ergibt sich ein zusammengesetztes Bild, das eine menschliche Figur in einem grüngestreiften Rock zeigt.

Die Brust besteht aus dem doppelköpfigen Hirsch von Camaxtle. Die Gestalt trägt zwei Stöcke, die ihre Verbindung zum Feuer darstellen, und über dem Kopf befindet sich ein mohnkapselförmiger Kelch, in dem die Saat der Fruchtbarkeit und Erneuerung enthalten ist – allesamt Symbole von Xipe Totec, Gott der Gehäuteten und der Vorhaut, der ebenso mit dem Feuer wie mit Camaxtle, dem Gott der Jagd, identifiziert wurde.

Szene 2 (Tafel 38). Die Geburt von Xipe Totec. Hier betreuen zwei Hebammen die Mutter von Camaxtle, während diese ihrem Sohn das Leben schenkt. Der Kopf von Camaxtle, dem doppelköpfigen Hirsch, wird hier durch den sichtbar werdenden Kopf mit den beiden Hirschgeweihen oder Hörnern im unteren Teil repräsentiert. Der große Hirschkopf füllt das gesamte Bild darüber aus. Der Kopf selbst ist mit dem Skelett eines zweiten Hirschkopfes geschmückt. Der Hirsch leckt den Kopf der Frau in den Wehen und tröstet sie während des schmerzhaften Geburtsvorganges.

Szene 3 (Tafel 39). Der junge (verspielte) Xipe Totec. Der junge Xipe Totec auf diesem Bild läßt seine Hände und Arme schwingen und befindet sich dabei in einer auf den Kopf gestellten Hockposition. Das Zeichen des Hirsches ist auf seinem unteren Rücken erkennbar, während seine Quastenhaube und sein geflochtenes Haar seinen Bewegungen folgen.

Szene 4 (Tafel 40). Der Gott der Gehäuteten und Gott der Vorhaut. Auf diesem Bild wird Xipe Totec als Gott der Vorhaut gezeigt. Die zweite von ihm getragene Haut und sein enormer Penis im Vordergrund bestätigen dies.

Szene 5 (Tafel 41). Der junge Xipe Totec. Hier ist der jugendliche Xipe Totec zu erkennen, wie er den Flammen jenes Feuers entsteigt, mit dem er assoziiert wird, mit einer zweiten Haut, die er um Körper und Arme gehüllt trägt. Wir sehen, wie die Hände der zweiten Haut von seinen Handgelenken hängen. Mit Hilfe seiner beiden Stöcke, die auf den doppelköpfigen Hirsch (Camaxtle) zeigen, entzieht er sich den Flammen.

Szene 6a (Tafel 42). Jagdszenen – der Hirsch. Das Fest zu Ehren Camaxtles verlangte nach der Jagd eines Hirsches und anderer Tiere. Der Hirsch auf dieser Abbildung ist von zwei Hirschköpfen flankiert, die bestätigen, daß Camaxtle, der Gott der Jagd (eine Verkörperung von Xipe Totec), im Mittelpunkt des Bildes steht.

Szenen 6b und 6c (Tafel 43 und 44) zeigen das Schwein und den Jaguar.

Szene 7 (Tafel 45). Chimalma, die Frau von Camaxtle und Mixcoatl. Camaxtle heiratete Chimalma, die Frau mit dem Schild. Sie gebar ihm fünf Söhne und soll nach dem Verschlucken einer Jadeperle schwanger geworden sein, die nie das Innere ihres Körpers berührte. Hier sehen wir die schwangere Chimalma, sitzend, die Knie gespreizt, wie sie sich einen Schild vor die Brust hält.

Szene 8 (Tafel 46). Chimalma heiratete auch den Krieger Mixcoatl. Mixcoatl begegnete ihr im Wald. Sie war unbekleidet und stand beschämt mit vor der Brust gekreuzten Armen vor ihm. Er schoß Pfeile auf sie ab. Der erste flog direkt über ihren Kopf. Diese Szene stellt den Augenblick der Begegnung dar. Mixcoatls riesiger gesenkter Kopf dominiert im Vordergrund, wobei die Augen den Betrachter anstarren, während Chimalma sich mit nacktem Körper im Hintergrund aufhält. Mit gekreuzten Armen und Händen bedeckt sie ihre Brüste. Der gesenkte Kopf Mixcoatls bezieht sich auf den Pfeil, der Chimalma verfehlte, als sie ihren Kopf senkte.

Szene 9 (Tafel 47). Xipe Totec gibt als Camaxtle seinen ersten Vorhang. Diese vorletzte Szene zeigt einen Darsteller, der auf jeder Seite seines Halses zwei Stöcke trägt. Er trägt einen grünen Rock, das Symbol von Xipe Totec, und hat Hirschläufe, was zeigt, daß es sich hier um Camaxtle und Xipe Totec handelt.

Szene 10 (Tafel 48). Der letzte Vorhang für Xipe Totec und Camaxtle. In dieser letzten Szene der epizentrischen Serie verbeugt sich Camaxtle (mit den beiden Stöcken an jeder Seite seines Halses). Er hat Hirschläufe und trägt den grünen Rock von Xipe Totec. Seine Verbeugung deutet das Ende der Vorstellung an. Die beiden Hirsche im Publikum applaudieren frenetisch.

Die Geschichte von Xipe Totec und Camaxtle ist nur eine der in den Wandgemälden von Bonampak enthaltenen Geschichten. Es gibt noch viele andere. Dieses Wandgemälde beweist, daß die Malereien der Maya, genau wie ihre Skulpturen (die Grabplatte von Palenque), ihr Schmuck (die Mosaikmaske und die Halskette) und ihre Architektur geheime Botschaften über ihre Geschichte und ihre alten Bräuche beinhalten. Das widerlegt die Ansicht, daß es sich bei den Maya um ein gewalttätiges und barbarisches Volk gehandelt habe. Vor der Entdeckung der Wandmalereien von Bonampak im Jahre 1946 war die Wissenschaft der Ansicht gewesen, daß es sich bei ihnen um ein passives und friedliches Volk gehandelt habe. Doch die Darstellungen der Schlachtszenen überzeugten die Wissenschaft schließlich davon, daß die Maya wesentlich kriegerischer und barbarisch gewesen seien, ähnlich wie die späteren Azteken.

Die Entschlüsselung einer Szene des Wandgemäldes läßt allerdings bezweifeln, ob es sich bei den angeblichen

Abb. 39 Darstellung einer kriegerischen Begegnung auf einem Wandgemälde im Tempel von Bonampak. Nach den Ergebnissen der Decodierung im ersten Raum des Tempels ist es unwahrscheinlich, daß die Szene tatsächlich eine kriegerische Handlung zum Gegenstand hat.

Schlachtendarstellungen tatsächlich um die Abbildung kriegerischer Tätigkeiten handelt. Es scheint, daß die ältere Auffassung von den Maya als einer friedlichen Rasse doch eher der Wahrheit entspricht.

Wie wir im Verlauf des vorangegangenen Kapitels gesehen haben, war es das Popol Vuh, das heilige Buch der Maya, das zuerst auf die in den Schätzen des Volkes verborgenen Geheimnisse hinwies, indem es von der vor Suchern und Forschern verborgenen Originalversion sprach. Weiterhin wird dort erwähnt, daß das Buch von den frühen Maya in Stein codiert wurde – dem Stein von Naczit (Quetzalcoatl).

Für die Dauer von 1250 Jahren war die Gruft von König Pacal den Blicken der Forscher entzogen. Selbst heute noch geben die Inhalte der Gruft und der Pyramide Rätsel auf, die ohne die hier dargestellten Informationen selbst von Wissenschaftlern nicht lösbar sind. Es wird klar, daß es den Maya gelungen ist, ihre Geheimnisse erfolgreich vor Suchern und Forschern zu verbergen.

All diese Hinweise veranlaßten mich, die verblüffende Grabplatte mit ihren fehlenden Ecken noch einmal unter die Lupe zu nehmen. War dies der Stein von Naczit, der Stein von Quetzalcoatl, dem höchsten Gott der Maya?

Wer war der Mann in der Gruft?

Für den nächsten Hinweis wenden wir uns wieder an die heiligen Schriften der Maya.

KAPITEL 8

Alte Länder und neue Erkenntnisse

Die Kodizes von Paris, Dresden und Madrid

In dem Versuch, allen »heidnischen Glauben« auszurotten, ging die spanische Kirche um das Jahr 1547 daran, alle Spuren der indianischen Kultur zu zerstören. Der erste Erzbischof von Mexiko, Juan de Zumarraga, rühmte sich, in seiner Amtszeit 500 Tempelanlagen der einheimischen Indianer mit 20 000 Götzenbildern und zahllosen Büchern vernichtet zu haben, unter anderem auch den gesamten Bestand von Gemälden und Büchern, die an der Hochschule für Malerei in Tetzuco ausgestellt waren.

Diego de Landa, ein weiterer spanischer Bischof, machte es sich mit fanatischem Eifer zur Aufgabe, die friedliche Spiritualität der Maya zu verdammen, zusammen mit der ihrer Nachfolger, den militanten Tolteken und den blutdürstigen Azteken. In der südlich von Merida gelegenen Stadt Maní im Nordteil Yucatáns übergab de Landa in einer einzigen Nacht die schriftlichen Überlieferungen der Maya einem Scheiterhaufen. Die Zusammenstellung dieser Sammlungen auf Rindenbastpapier hatte Jahre, ihre Pflege Generationen in Anspruch genommen, und in wenigen Stunden waren sie in Rauch und Asche aufgegangen.

Der spanische Priester José de Acosta bemerkte später:

Für einen Lehrer der christlichen Doktrin sah all dies wie Hexerei und Schwarze Magie aus, und die Bücher wurden verbrannt. Danach bereuten es allerdings nicht nur die Indianer, sondern auch die Spanier, die begierig auf die Auslotung der Geheimnisse des Landes waren. Dasselbe geschah auch mit anderen Dingen, und da unsere Leute alles als Aberglauben abtaten, verloren sie viele alte und geheime Aufzeichnungen, aus denen sie hätten Nutzen ziehen können.

Von nun an kam alles Wissen über die Maya aus drei wie durch ein Wunder verbliebenen Büchern, dem Pariser Kodex, dem Dresdner Kodex und dem Madrider Kodex.

Der Pariser Kodex war auch als *Codex Peresianus* bekannt, eine Bezeichnung, die auf den Rand eines seiner Blätter gekritzelt worden war. Er wurde 1859 in einem Papierkorb in der Bücherei von Paris von Leon de Rosny, einem Botaniker und Japanologen, gefunden. Dieses elfseitige Dokument liefert einen kurzen Abriß der Geschichte der Maya.

Der umfangreichere Dresdner Kodex tauchte im Jahr 1939 auf, als ein Unbekannter das Manuskript an Johann Christian Goetze, den Leiter der Bibliothek von Dresden, übergab, der es an den Bibliothekar Ernst Forstemann weiterreichte. Nach Jahren intensiver Forschung gelangte Forstemann zu dem Schluß, daß sich das Buch im wesentlichen mit den Zeitzyklen der Maya befaßte, mit den 144000, 7200, 360 und 20 Tage langen Perioden. Er entdeckte auch das häufige Auftauchen des Maya-Symbols für die Null und die

»Superzahl« der Venus, 1366560. Damit gelang es ihm, den Beginn des Maya-Kalenders auf das Jahr 3113 v. Chr. zu datieren. Auf anderen Seiten des Manuskriptes wurden Prophezeiungen und Zeremonien ebenso abgehandelt wie Sonnenfinsternisse und Geschichten über Quetzalcoatl.

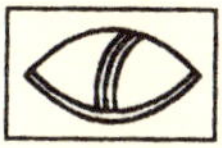

Abb. 40 Das Zeichen der Maya für die Null, nach Forstemann.

1864 machte der französische Forscher und Journalist Charles Etienne Brasseur de Bourbourg in Madrid die Bekanntschaft des Paläontologieprofessors an der Universität von Madrid, Jean de Tro y Ortolano, der ihm ein altes Familiendokument zeigte, welches unter dem Namen *Codex Troano* bekannt war. Drei Jahre später wurden diese 70 Seiten von Leon de Rosny als der fehlende Teil eines weiteren 42seitigen Kodexes mit dem Namen *Cortesianus* identifiziert, der in der spanischen Stadt Estremadura gefunden wurde. Zusammen wurden diese beiden Teile als Madrider Kodex oder *Codex Tro-Cortesianus* bekannt.

Bevor er 1845 nach Amerika abreiste, hatte Bourbourg in Rom Theologie studiert. Seine anschließende Ordination als Priester und sein neuer Titel, Abbé Brasseur de Bourbourg, gestatteten ihm Einblick in Aufzeichnungen, die ihm sonst nicht zugänglich gewesen wären. In Guatemala stieß er zum ersten Mal auf die Annalen der Cakchiquels und das Popol Vuh, die er im Jahre 1861 beide ins Französische übersetzte. Dadurch gewann er Zugang zum Archiv von Joseph M. A. Aubin, Professor an der Ecole Supérieure de Paris, wo er ausreichend Informationen vorfand, um ein vierbändiges Werk mit dem Titel *Histoire des Nations Civilisées du Mexique et de l'Amerique Centrale* zu verfassen, die bisher umfassendste Darstellung der Geschichte Mittelamerikas.

Sein nächster Erfolg bestand in der Übersetzung von *Relación de las Cosas de Yucatán* von Bischof de Landa, der mit dem Buch versucht hatte, seine kolonialen Exzesse zu vertuschen.

Das versunkene Land Mu

Den Forschungen Bourbourgs folgten die Studien des Sohnes eines französischen Marinekommandanten, Augustus Le Plongeon. Jahre der Nachforschungen über die Maya und das Leben auf der Halbinsel Yucatán hatten ihn davon überzeugt, daß die Maya Mesmerismus, Hellsichtigkeit und »magische Spiegel« eingesetzt hatten, um die Zukunft vorherzusagen. Seine Vorstellungen wurden von orthodoxen Archäologen jedoch abgelehnt und verlacht.

Le Plongeon war außerdem der Ansicht, daß die Maya von Mittelamerika aus nach Westen gesegelt waren, im Pazifikraum gesiedelt und Zivilisationen gegründet hatten und von dort über den Indischen Ozean und durch den Persischen Golf weiter nach Ägypten gezogen waren. Um seine Theorie zu belegen, verglich er Architektur, Schreibkunst und Glaubensüberzeugungen der Maya und der alten Ägypter, die alle auf einen Sonnenkult hinausliefen. Seiner

Meinung nach waren mehrere Seiten des Codex Troano der mythologischen Insel Mu gewidmet:

Im sechsten Jahr Kan und im elften Muluc, im Monat Zac, ereigneten sich furchtbare Erdbeben, die ohne Unterbrechungen bis zum dreizehnten Chuen andauerten. Das Land der Hügel und des Lehms, »das Land von Mu«, wurde geopfert. Nachdem es zweimal in die Höhe gehoben wurde, verschwand es plötzlich im Laufe der Nacht, während vulkanische Kräfte andauernd das Bassin erschütterten. Abgeschnitten wie es war, hob und senkte sich das Land dadurch mehrere Male und an unterschiedlichen Stellen. Schließlich brach die Oberfläche auf, und die zehn Länder wurden in Stücke gerissen. Unfähig, der seismischen Gewalt zu widerstehen, versanken sie mit ihren vierundsechzig Millionen Bewohnern, achttausendundsechzig Jahre vor der Niederschrift dieses Buches.

Der Engländer James Churchward unterstützte Le Plongeons These. Basierend auf seiner Lektüre des *Codex Troano* war er selbst der Überzeugung, daß das versunkene Land Mu sich im Pazifik befunden hätte. Churchwards Ansicht wurde durch eine Entdeckung gestützt, die er Jahre zuvor in seiner Eigenschaft als britischer Geheimdienstoffizier und Mitglied der Lanzenreiter von Bengalen in einem tibetischen Kloster in Brahmaputtra gemacht hatte. Dort war er auf uralte Naacal-Steinmalereien gestoßen. Ein sprachkundiger Priester vor Ort bezeichnete sie als die ursprüngliche Sprache der Menschheit, in der die Geologie, Geschichte, Religion und die letzte Katastrophe der Bewohner von Mu aufgezeichnet worden waren, als sie vom Pazifik gekommen waren.

Churchward glaubte, daß Mu einmal siebenundzwan-

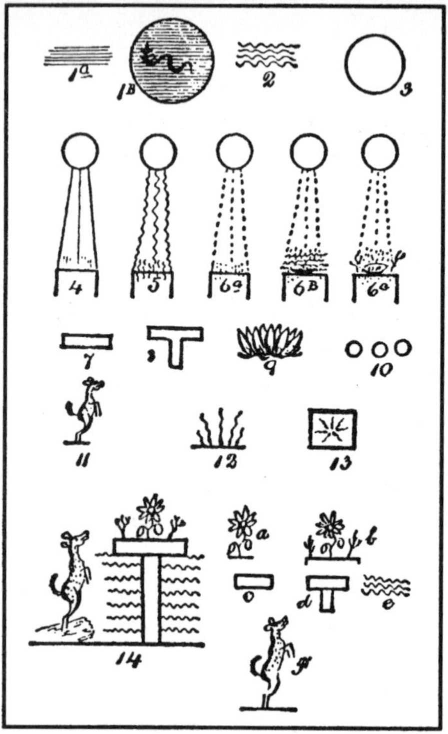

Abb. 41 Eine von Churchwards Darstellungen der Naacal-Tafeln. Dargestellt sind die Schöpfung der Erde, die durch Überhitzung der Landmassen ausgelösten Erdbeben, das Freiwerden unterirdischer Gase und das Versinken des Landes.

zigtausend Quadratkilometer gemessen hatte und daß die Bevölkerung über eine Technik verfügte, deren Komplexität die unsere weit in den Schatten stellte. Sie waren dem Geheimnis der Anti-Schwerkraft auf die Spur gekommen,

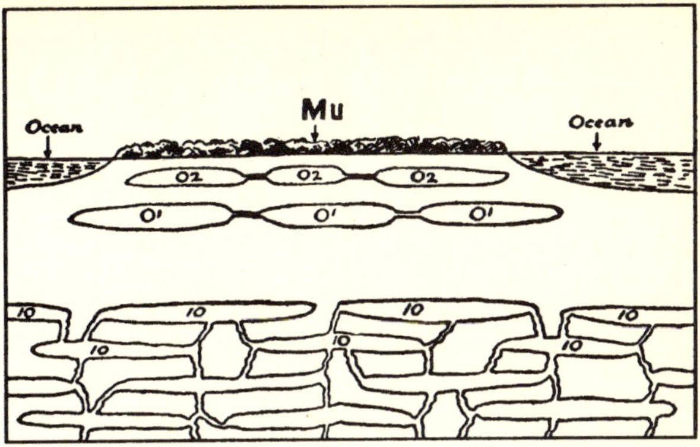

Abb. 42 Darstellung der Theorie Churchwards, nach der die Freisetzung unterirdischer Gase zum Versinken des Landes Mu führte; unter dem Gestein eingeschlossene Gasvorräte dehnen sich unter Hitzeeinfluß aus und brechen durch die Oberfläche, wodurch die Landmasse sich auflöst und unter der Meeresoberfläche verschwindet.

was es ihnen ermöglichte, riesige Gegenstände zu bewegen und kolossale Bauwerke zu errichten.

Seiner Ansicht nach ging aus den Inschriften des Steins hervor, daß die Landmasse von Mu sich aufgrund verstärkter Sonneneinstrahlung erhitzt hatte, was zur Freisetzung unterirdischer Gase und schließlich zum Untergang des Landes geführt hatte.

Derartige Darstellungen wurden durch die späteren Forschungsergebnisse des amerikanischen Mineralogen William Niven gestützt, der in den 20er Jahren im Tal von Mexiko bei Ausgrabungsarbeiten Tausende von Mineralproben gesammelt und zahlreiche Zeichnungen auf Tafeln

Abb. 43 Einige der von Niven in der Ebene von Mexiko gefundenen Muster. Churchward hatte entsprechende Muster nach seinen eigenen Angaben bereits früher auf Tafeln in einem indischen Kloster gefunden.

entdeckt hatte. Anhand von Nivens Darstellung dieser Tafeln gelangte Churchward zu dem Schluß, daß die Bewohner von Mu etwa 10000 v. Chr. die Ebenen von Mexiko bevölkert hatten. Er ging sogar so weit, zu behaupten, daß sie eine Kolonie von Mu waren, die entsandt worden war, um die heiligen Schriften der Mu bis nach Südostasien, Indien und Tibet zu verbreiten.

Churchward vertiefte sich zunehmend in diese Forschungen und veröffentlichte 1930 *The Lost Continent of Mu*, 1931 *The Lost Children of Mu*, 1933 *Sacred Symbols of Mu* und im Jahre 1934 *Cosmic Forces as they Were taught in*

Abb. 44 Der Ringelschwanz-Maki ist das bekannteste Mitglied der Familie der Lemuren, deren Verbreitung unter Wissenschaftlern des neunzehnten Jahrhunderts für Aufruhr sorgte. Verwandt mit dem Menschen und den Affen, leben die Lemuren vorwiegend auf Madagaskar, können aber auch in Afrika, Indien und dem malaiischen Archipel angetroffen werden.

Mu. Diese Bücher machten ihn zur führenden Autorität auf diesem Gebiet.

Der Name Mu stammt von dem deutschen Naturforscher Ernst Haeckel, der in den siebziger Jahren des neunzehnten Jahrhunderts versucht hatte, das Rätsel der Lemuren zu lösen, Halbaffen, die in Madagaskar, Afrika und Indien gleichermaßen vorkommen, obwohl diese Orte durch weite Wassermassen voneinander getrennt sind.

Wenn der Evolutionsforscher Charles Darwin recht hatte, so schloß Haeckel, dann hätte sich der Lemur nur an einem dieser Orte entwickeln können. Deshalb mußten diese Teile der Erde einmal durch eine Landmasse verbunden gewesen sein, die mitsamt ihren Bewohnern, den ersten

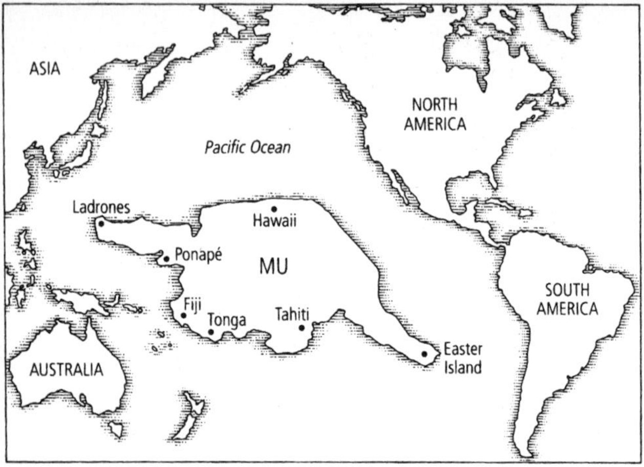

Abb. 45 Churchward war der Ansicht, daß es sich bei den Inseln des Pazifiks um die letzten Überreste eines einstmals großen Landes handelt, dem er den Namen Mu gab.

Menschen oder »Le-Mu-rianern«, in den Wellen des Indischen Ozeans versunken war. Der im ersten Kapitel erwähnte Alfred Wegener löste mit seiner Kontinentalverschiebungstheorie schließlich das Rätsel der Verbreitung der Lemuren, indem er darauf hinwies, daß die betreffenden Länder nicht etwa durch eine Landbrücke miteinander verbunden waren, sondern alle zur gleichen Landmasse, Pangaea-Land (siehe Abb. 1), gehört hatten.

Die Vorstellung von einer Flutkatastrophe, die die frühesten Vorfahren des Menschen ausgelöscht hatte, paßte in Churchwards Überzeugungen. So übernahm er den Namen »Mu«, um seine eigenen Vorstellungen zu beschreiben. Er war der Ansicht, daß dieses ursprüngliche Land im We-

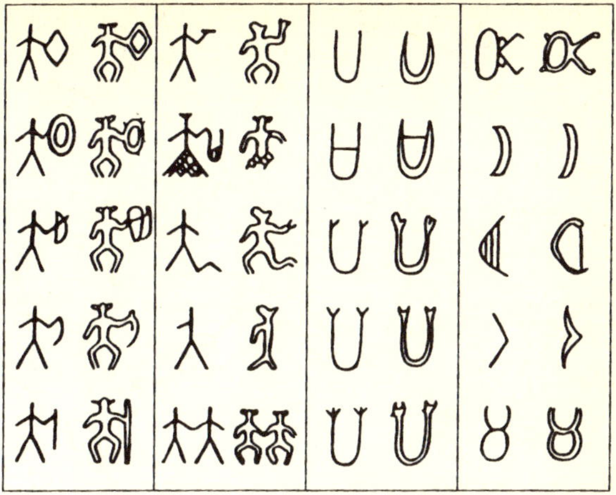

Abb. 46 Vergleich der Inschriften aus dem Indus-Tal (linke Spalten) mit Schriften von den Osterinseln (rechte Spalten).

sten lag – im Gegensatz zu der üblichen Theorie, daß der Kontinent von Atlantis im Atlantischen Ozean der Geburtsort der menschlichen Rasse gewesen sei.

Anhand der Tafeln von Naacal und Niven gelangte Churchward zu dem Schluß, daß das versunkene Mu sich im Pazifischen Ozean von den Ladronen im Westen (Inselgruppe Mikronesiens, heute Marianen) bis zu den Osterinseln im Osten und von Hawaii im Norden bis Tonga im Süden erstreckt hatte. Seiner Ansicht nach sind diese Inseln die letzten Überreste einer einstmals hochstehenden Zivilisation, die vor zwölftausend Jahren in den Fluten versank: »Es war ein Garten Eden, voller bunter Vögel und üppiger Vegetation, in dem die zehn Stämme friedlich zusammen-

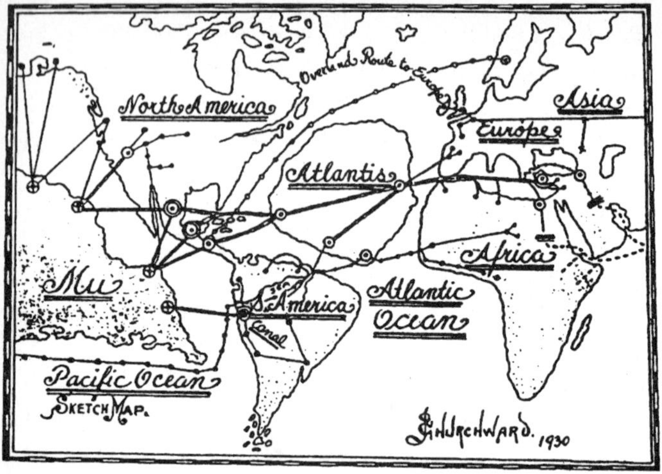

Abb. 47 Von Mu ausgehende Kommunikationsrouten (nach Churchward).

lebten, die braunen, die weißen und die gelben. Sie erbauten prächtige Steintempel, überquerten die Ozeane und hinterließen überall ihre Inschriften.« (Churchward, *The Lost Continent of Mu.)*

Churchward verglich alte Schriften von den Osterinseln mit einigen im Indus-Tal in Indien gefundenen Manuskripten und fand erstaunliche Übereinstimmungen. Außerdem wies er Übereinstimmungen in Schriftstücken aus Griechenland, Babylonien, Persien und Chaldäa nach, die seiner Meinung nach alle ihren Ursprung im Land Mu hatten.

Die von Churchward in Tibet aufgezeichneten Naacal-Tafeln gaben Auskunft, daß Atlantis nur eine Kolonie von Mu war, im Osten lag und sich von Amerika im Westen bis zum Mittelmeerraum erstreckte. Es verfügte über ein globales Kommunikationsnetzwerk, dessen Zentrum sich in Mu befand und das Yucatán, Atlantis, Ägypten, Indien und Asien umfaßte. Den Tafeln zufolge wurde der ägyptische Gott Osiris ungefähr 20000 v. Chr. in Atlantis geboren und in Mu ausgebildet. Nach seiner Rückkehr nach Atlantis wurde er zum Priester und lehrte eine Religion der Liebe und der Einfachheit.

Thot, der Gott der Schreiber und des Wissens, schenkte der Menschheit die Kunst des Hieroglyphenschreibens und brachte diese Religion 4000 Jahre später nach Ägypten. Sie tauchte später in den Lehren von Moses im alten Testament auf und noch später in den Lehren von Jesus. Churchward war der Überzeugung, daß die Urväter von Unterägypten aus Mu stammten, während die von Oberägypten über Atlantis aus Yucatán gekommen waren.

Eine weiße Rasse, die für die Kolonialisierung des indischen Subkontinents verantwortlich gewesen sein soll, stammt demnach »aus dem Osten« und kam 13000 v. Chr. aus einem Gebiet in der Nähe der Pazifischen Inseln nach Babylon. Mit sich brachten sie ihre in Keilschrift verfaßten Texte, die Ähnlichkeiten mit den tibetischen Tafeln aufwiesen. Das alte indische Buch der Veden stammt ebenfalls aus Mu und gelangte über Naacal in Tibet zu den alten Brahmanen in Indien.

In seinem Buch *Mysteries of the Mexican Pyramids* kommentiert Peter Tomkins:

Churchward behauptete, daß die Tafeln von Naacal, die man ihm in Tibet gezeigt hatte, religiösen Inhalts waren und eine Kosmologie höchster Ordnung beschrieben. Bei den Urhebern der Tafeln handelte es sich keinesfalls um eine primitive Zivilisation, selbst wenn

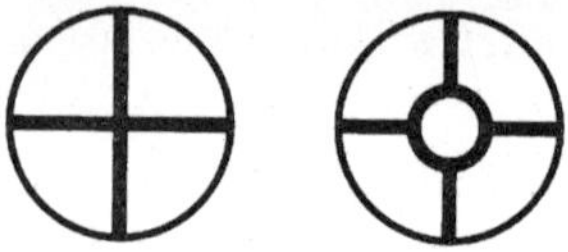

Die vier Kräfte im Absoluten

Von den vier Kräften ausgehende Strahlen

Abb. 48 Alte kosmologische Symbole auf den Tafeln von Naacal, die Churchward mit denen Nivens aus dem Tal von Mexiko verglich.

sie teilweise handwerklich primitiv erscheinen. Seiner Interpretation zufolge verfügten die Hersteller der Tafeln über ein bemerkenswertes Wissen über die »Energien« des Kosmos. Die Tafeln waren das Resultat profunder wissenschaftlicher Studien, »deren Bedeutung der heutigen Wissenschaft erst zu dämmern beginnt und die von der modernen Menschheit bisher weder verstanden noch gemeistert wurden«.

Vergleichen Sie einmal diese kosmologischen Symbole mit den Abbildungen in Anhang I, wo der magnetische Aufbau der Sonne und die Solarwinde schematisch dargestellt sind.

Churchward ging zu Recht davon aus, daß die Symbole für die Sonne standen und daß die Sonne wiederum für Gott als Schöpfer stand. Die Tafeln berichten davon, daß das Universum »zu Anbeginn« aus reiner »Seelen«- oder »Geist«-Energie bestand, daß dem Menschen bei seiner Erschaffung kosmische Kräfte verliehen wurden, die unter der Kontrolle der Seele stehen, und daß die Seele nach dem Tod des Körpers diesen verläßt und die kosmische Energie zu ihrem Schöpfer zurückträgt. Diese Lehre betont die Liebe zum Schöpfer als himmlischem Vater.

Unsere Untersuchung wird bald zum gleichen Schluß gelangen wie Churchward, allerdings auf einem völlig anderen Weg, der das Wissen um die entschlüsselten Inhalte der Grabplatte von Palenque mit modernem wissenschaftlichem Verständnis und alten religiösen Lehren aus aller Welt verbindet, um zu einem allgemeinen Verständnis der Bedeutung des Lebens zu gelangen.

Im ersten Teil dieses Buches sprach ich über die Evolution unseres Planeten und darüber, welche kausalen Mechanismen uns ein Verständnis für das regelmäßige Auftreten von Katastrophen erlauben. Danach erfuhren wir, daß die Maya bereits über dieses Wissen verfügten. Churchward ist der Ansicht, daß diese Geheimnisse über Generationen hinweg von den Bewohnern von Mu weitergegeben wurden. Nimmt man aber regelmäßige Katastrophen und, in Übereinstimmung mit Velikovsky, eine dabei jeweils auftretende »kollektive Amnesie« an, dann ist dieses Weitergeben auf relativ kurze Zeitabschnitte von etwa 5000 Jahren beschränkt. So wird also regelmäßig die intellektuelle Evolution des Menschen einschneidend unterbrochen.

Auch andere Forscher haben sich bereits die Frage gestellt, woher das »Superwissen« der Ägypter und der Maya stammte. Doch daß dieses Wissen in Mu lebendig war, heißt noch nicht, daß es unbedingt aus Mu stammte. Daß es Berge gibt, heißt nicht unbedingt, daß sie durch Ablagerungen über Millionen Jahre entstanden sind – vielmehr erhoben sie sich durch geotektonische Faltungen und Erhebungen. So verlief auch die intellektuelle Entwicklung der Menschheit nicht gleichmäßig und geradlinig, sondern wurde offensichtlich mehrfach »von außen« beeinflußt.

Die ersten Götter

Im ersten Band von *The Amazing Lid of Palenque* erfahren wir, daß die Toten unterschiedliche Bestimmungsorte haben (in der Geschichte von den Paradiesen) und daß es eine zyklisch auftretende Form physikalischer Zerstörung gibt (in der Geschichte von den vier Zeitaltern). Wir erfahren, wie es zu dieser Zerstörung kommt: Durch Unfruchtbarkeitszyklen, die von Vorgängen auf der Sonne ausgelöst werden, erhöht sich die Mutationsrate bei Neugeborenen, durch Mini-Eiszeiten entsteht Dürre, und durch die Polverschiebungen entstehen Anpassungen an Erdkruste und Erdachse als eine Reaktion auf Veränderungen im Magnetfeld der Sonne.

Im zweiten Band (siehe auch Kapitel 5 und die Farbtafeln 9-24) erfahren wir, daß es eine Wahl gibt zwischen der Reinigung der Seele durch das Opfer oder der Reise durch

Unterwelt und Fegefeuer, bevor der Mensch wieder auf der Erde geboren wird. Wir erfahren, daß es einen besseren und einen schlechteren Aufenthaltsort als die Erde gibt und daß jeder von uns von einem Gott abstammt, der sich selbst zusammen mit dem Universum geschaffen hat. Daß ich mit Ihnen identisch bin und Sie mit mir, daß der Tag so sicher zur Nacht wird wie die Nacht zum Tag, und daß das Leben auf den Tod folgt wie der Tod auf das Leben.

Hinweise im Tempel der Inschriften deuten darauf hin, daß es sich bei dem Mann in der Gruft nicht um einen gewöhnlichen Menschen gehandelt hat, und von der Mosaikmaske erfahren wir, daß er imstande war, Leben zu geben und zu nehmen. Wir erfahren, daß die Pyramide der Maya ein Zahlensystem enthält und daß die Dauer des Zyklus der Sonnenflecken auf der Grabplatte ebenso verschlüsselt ist wie auch in der Pyramide. Durch ihre Verwendung von Jade bewiesen uns die Maya, daß sie mehr vom Wirken des Universums verstanden als wir. Ihre Kunst und ihr Codesystem deuten darauf hin, daß der Verstand des Priesterkönigs Pacal dem seiner Zeitgenossen und sogar dem des modernen Menschen weit überlegen war. Als er starb, wurde er durch Reinigung und Opfertod eins mit dem höchsten Gott, was uns zu der Frage veranlaßt: »Wer war dieser Mann, der diese immer noch lebendigen Wunder hinterließ?«

Viele Kulturen berichten von ähnlichen spirituellen Lehrern. Auch Jesus soll »Wunder« vollbracht haben. Er ging auf dem Wasser, heilte durch Handauflegen und speiste an einem Tag 5000 Menschen aus einem einzigen Brotkorb. Er sprach von einem Gott, der nicht von dieser Erde sei, und predigte Reinigung durch Liebe und Opferbereitschaft, die zu einer Wiedergeburt nach dem Tode und ewigem Leben führen würden. Den Berichten zufolge erhob er sich nach seinem Tode und fuhr von einem Berg »gen Himmel«.

Nach unserer Zeitrechnung geschah dies im Jahre Null, vor zweitausend Jahren. Es heißt, daß dieser Mann durch eine unbefleckte Empfängnis, ohne die Hilfe eines biologischen Vaters, das Licht der Welt erblickt habe. Er soll der Sohn Gottes gewesen sein.

Fünfhundert Jahre zuvor berichtet die indische Bhagavadgita (»Das Lied Gottes«) von einem Mann namens Krishna, der von sich behauptete, jenen lebenden Gott zu vertreten, der das Universum erschaffen hatte. Auch er war in der Lage, Wunder zu vollbringen, und sagte zu seinem Schützling Arjuna auf dem Schlachtfeld von Kurekshetra: »Wann immer die Spiritualität nachläßt und der Materialismus sich breitmacht, dann, o Arjuna, reinkarniere ich mich ... In jedem Zeitalter werde ich wiedergeboren ... Wer die göttliche Wahrheit meiner Geburt und meines Lebens erkennt, wird nicht wiedergeboren, und wenn er seinen Körper verläßt, wird er eins mit mir.«

Diese Lehrer von »außerhalb« oder »anderswo« haben in der Vergangenheit die Zivilisationen besucht und immer wieder ihr Superwissen zu den Menschen von Mu, Atlantis, Ägypten oder Palenque gebracht und ihnen damit ermöglicht, blühende Kulturen aufzubauen. Vieles deutet darauf hin, daß sie einzig zu dem Zweck kamen, um uns höhere spirituelle Prinzipien und wissenschaftliche Ordnungen zu lehren.

Ich habe mich entschlossen, diese Besucher als die ersten Götter oder Supergötter zu bezeichnen, weil sie ihr Superwissen zu den Menschen brachten und weil sie nicht von diesem Planeten stammten. Daß diese unterschiedlichen Besucher miteinander »verwandt« sind, wurde mir während der Decodierung der Mosaikmaske von Palenque klar. War es bloßer Zufall, daß das zusammengesetzte Bild von Xinhtechutli, dem Gott des Ostens, kirchlichen Darstellungen von Jesus Christus ähnelt? Handelte es sich um bloßen Zufall, daß die Figur mit den gekreuzten Beinen, die Nase und Mund des christusähnlichen Gesichtes bedecken, dem betenden Buddha aus Indien ähnelt?

Und weshalb fehlte in der Gruft von Pacal die Zahl 666?

In der Apokalypse ist von einer Offenbarung des heiligen Johannes die Rede, die den Weltuntergang und eine globale Zerstörung prophezeit.

Noch streiten die Gelehrten über die wahre Bedeutung dieses Buches, das zugleich seltsam und mysteriös erscheint. In Kapitel 13 erfahren wir von einem Tier, das aus dem Meer emporsteigt. Das Tier hat sieben Häupter und zehn Hörner und »auf seinen Häuptern lästerliche Namen«. Weiter heißt es: »Hier ist Weisheit! Wer Verstand hat, der überlege die Zahl des Tieres, denn es ist die Zahl eines Menschen, und seine Zahl ist sechshundertundsechsundsechzig ...« (666).

Nachdem wir das intellektuelle Spiel der Maya im Tempel der Inschriften einmal verstanden hatten, haben wir angefangen zu zählen. Wir zählten 11111, 22222, 33333, 44444, 55555, 66 ... die Zahl des Tieres, der Blasphemie, fehlt im Tempel der Inschriften in Palenque. Dann begannen wir die Perlen an der Halskette Pacals zu zählen (siehe Kapitel 4). Erst jetzt tauchte die Zahl 666 auf. Nicht als solche, sondern als Teil der Zahl 13, die in drei Abschnitten der Halskette vorkam. Dann erschienen auch die Zahlen 777 und 888 in der Kette.

In der Offenbarung ist weiterhin die Rede von einem Engel, der kam, um die »Diener Gottes zu versiegeln«:

Und ich sah einen weiteren Engel, der vom Osten hinabstieg und das Siegel des leibhaftigen Gottes trug. Und er rief mit lauter Stimme zu den vier Engeln, die gekommen waren, der Erde und der See Schaden zuzufügen: »Bringt keinen Schaden über die Erde und über die See und über die Bäume, bevor wir die Diener unseres Gottes an ihren Stirnen versiegelt haben.« Und ich hörte die Zahl derer, die versiegelt wurden; und es wurden versiegelt einhundertundvierundvierzigtausend des Stammes der Kinder von Israel. (Offenbarung 7, 3-4)

Der Text fährt fort: »Und es wurde befohlen, daß sie keinen Grashalm auf der Erde krümmen sollten wie auch kein anderes Gewächs und keinen Baum, sondern nur jene, die nicht das Siegel Gottes auf ihrer Stirn trugen ...« (Off. 9, 4).

Betrachten Sie noch einmal Szene 4: Der physische Tod von König Pacal (siehe Abb. 49). Schauen Sie sich noch einmal seine Stirn an, und Sie sehen die Zahl 144000.

Wie alle kombinierten Szenen besteht auch diese aus zwei Hälften, die auf jeder Seite der Mittellinie der Zeichnung reflektiert werden. Deshalb ist es nicht möglich, die Zahl 144000 von rechts nach links oder von links nach rechts vollständig zu lesen. Statt dessen ist die Zahl 1440 von links nach rechts geschrieben, und das Spiegelbild von 1440 kann von rechts nach links gelesen werden. Die beiden fehlenden Nullen (in der Schreibweise der Maya ein Oval mit drei Linien) sind über der Zahl abgebildet.

Allem Anschein nach hatte der Mann in der Gruft von Palenque viel mit den anderen ersten Göttern wie Jesus,

Abb. 49 Der körperliche Tod Pacals, Szene 4, zeigt die Zahl 144000 auf der Stirn Pacals.

Krishna und Buddha gemein und überbrachte die gleiche Botschaft und das gleiche Superwissen, das den intellektuellen Aufstieg der Menschheit seit Anbeginn der Geschichte so nachhaltig beeinflußt hat.

TEIL II

KAPITEL 9

Die ersten Götter

DIE WUNDERTÄTER

500-420 v. Chr.
BUDDHA
Buddhismus
Asien
Buch: Das Dhammapada
Ableitung:
brahmanische Bücher

703-743 n. Chr.
PACAL
Lehre von Quetzalcoatl
Mittelamerika
Buch: Popol Vuh
Maya-Transformatoren

Zeit →

1700 v. Chr.
Heilige Dreiheit: { Brahma, Vishnu KRISHNA, Shiva }
Brahmanismus
Indien & Ceylon
Bücher: Veden, Mahabharata,
Bhagavadgita

6 v. Chr. - 26 n. Chr.
JESUS
Christentum
Europa und Naher Osten
Buch: Die Bibel
Ableitung: Jüdische Schriften

Abb. 50

Viele Menschen lieben die Berichte und Überlieferungen davon, daß ein spiritueller Führer unter ihnen weilte und das Wort Gottes verbreitete, während andere, wie die Juden, die Ankunft ihres Messias erwarten, so wie es in ihren heiligen Schriften prophezeit wird. Sie glauben, daß eine

»superintelligente Energie« für die Erschaffung des Universums verantwortlich ist und daß der Grund für die Anwesenheit spiritueller Lehrer auf der Erde darin bestand, die Menschheit durch esoterisches Wissen zu erleuchten und jahrhundertealte existentielle Fragen zu beantworten, wie zum Beispiel, weshalb wir geboren werden und weshalb wir sterben müssen.

Ihre Lehren gehen davon aus, daß der Mensch mehr ist als nur ein Körper aus Fleisch und Knochen, ein Produkt chemischer Verbindungen und genetischen Materials, das von zwei ähnlichen biologischen Wesen gespendet wurde. Sie gehen davon aus, daß jedes menschliche Lebewesen in ein lebendiges »Energiefeld« eingebettet ist, wodurch das Individuum weit mehr ist als die Summe der Teile seines Körpers, und daß der »physische« und der »spirituelle« Teil gemeinsam das »Wesen« bilden.

Die biologische Seite des Wesens besitzt eine Persönlichkeit, die sich im Laufe der Zeit verändert, altert und auf ihre Umgebung reagiert. Die spirituelle Energie, die den biologischen Teil umhüllt, ist nach diesen Lehren unveränderlich und wird durch die Zeit nicht beeinflußt. Die Seele altert nicht, sie bewegt sich lediglich weiter, um einen Körper oder ein lebloses Objekt mit Leben zu erfüllen. Dies ist die »Individualität« und Teil der kreativen Energie des Universums.

Eltern sehen ihre Kinder als von ihnen stammend, doch obwohl dies für den Körper zutreffen mag, ist die Seele doch eine alte Seele, ein winziges Stück Gottes. Deshalb sehen alle Kinder einer Familie einander ähnlich – sie sind Klone ihrer biologischen Eltern –, aber sie unterscheiden sich in ihren Verhaltensweisen (auch von ihren biologischen Eltern): Jedes Kind ist individuell und anders.

Das Superwissen der heiligen Lehrer besagt, daß die Seele sich in der materiellen Welt einen Körper wählt, um sich selbst zu reinigen, ihr Energieniveau anzuheben und, vorausgesetzt, dies gelingt ihr zu Lebzeiten, nach ihrem physischen Tod zu ihrem Schöpfer zurückzukehren, um für alle Ewigkeit in seligem Frieden zu ruhen. Wenn es der Seele nicht gelingt, zu Lebzeiten eine vollkommene Reinigung zu erzielen, wird sie für eine weitere Lebenszeit wiedergeboren – reinkarniert.

Doch die Mehrheit der Menschen ist von dieser Ansicht nicht überzeugt, vor allem, weil diese Erklärung nicht in der Lage ist, grundsätzliche Fragen zu beantworten wie: »Wenn es einen Gott gibt und die Seele Teil Gottes ist, weshalb muß sie dann gereinigt werden?« und »Wenn Gott vollkommen ist, weshalb hat er die Seelen nicht ebenfalls vollkommen und rein erschaffen?« Das sind nur die ersten Stolpersteine. Die Lehrer erklären auch, daß wir Opfer bringen müssen, um Reinigung zu erlangen. Das hat sich noch nie als wirksame Motivation bewährt. Würden wir ewig leben, wäre dieser Gedanke vielleicht annehmbarer, doch die zeitliche Begrenzung unserer Lebensspanne trägt dazu bei, daß die meisten Menschen sich Zeit ihres Lebens vorwiegend mit den Anforderungen des Alltags beschäftigen.

Jeder der großen Lehrer übermittelte den Menschen auf der Erde im wesentlichen die gleiche Botschaft, auch wenn sie manchmal unterschiedliche Aspekte betonten. Aber die Maya gehen mit Quetzalcoatl weiter als alle anderen Traditionen, da sie das Prinzip der Reinigung durch die Darbringung von Menschenopfern realisieren wollen. Auch sie glaubten an eine universelle, ordnende Schöpferkraft: Jeder von uns ist Teil dieser Energie. Die Maya besaßen noch eine weitergehende philosophische Erkenntnis, die eine Erklärung für die vermeintliche Irrationalität der oben beschriebenen Lehre bietet. Sie erklärten, daß der Tag zur Nacht und die Nacht zum Tag wird. Das scheint auf den ersten Blick nicht sonderlich bemerkenswert, denkt man diese Vorstellung jedoch weiter, dann wird das Gute irgendwann zum Schlechten, und das Schlechte wird zum Guten.

Hierzu sind vielleicht ein paar erklärende Worte vonnöten. Der Ausdruck »der schlimmste Tag meines Lebens« ruft alle möglichen Gefühle hervor. Das erste ist Furcht davor, daß dieser Tag sich jemals wiederholen könnte; dann aber auch Dankbarkeit und Erleichterung darüber, daß wir den Tag unbeschadet überlebt haben. Wieviel glücklicher sind wir heute als an diesem schrecklichen Tag!

Ähnliches gilt, wenn wir uns an den schönsten Tag unseres Lebens erinnern. Wir denken daran, wie wunderbar es doch war, und fühlen uns miserabel, weil wir uns heute nicht so gut fühlen. Wir sehen hier, wie Schlechtes gut wird und Gutes schlecht wird. Glück verwandelt sich in Unglück und umgekehrt; der Tag wird zur Nacht und die Nacht wird zum Tag; auf Sonnenschein folgt Regen, genauso sicher, wie auf Regen der Sonnenschein folgt.

Ein Opfer mag zunächst als Strafe erscheinen, schwierig und quälend. Das zieht wenig Anhänger an. In der Bhagavadgita, dem heiligen Buch der Hindu, erklärt Krishna folgendes:

Höre von den drei Arten des Vergnügens. Das eine erhöht sich täglich und erlöst einen aus dem Elend, es erscheint zunächst wie Gift, wirkt dann aber wie Nektar – dieses Vergnügen ist rein, denn es entstammt der Weisheit. Jenes, das zunächst wie Nektar wirkt, weil die Sinne in den Objekten ihrer Begierde schwelgen, wirkt später wie Gift – dieses Vergnügen entstammt der Leidenschaft. Das Vergnügen, das von Anfang bis zum Ende lediglich die Sinne betäubt, entstammt der Trägheit, Lethargie und Torheit – die Quelle dieses Vergnügens ist die Unwissenheit.

Wir werden später noch untersuchen, auf welche Weise die physische und die spirituelle Welt vereint werden können, um dadurch ein besseres Verständnis für unsere Anwesenheit auf der Erde und unsere Aufgabe im Leben zu erzielen. Zunächst wollen wir einen Blick auf die außergewöhnlichen Lehrer werfen, die uns durch die Jahrhunderte immer wieder die gleiche Botschaft übermittelten. Schauen wir uns diese vier ersten Götter einmal genauer an.

Brahmanismus und Hinduismus

Um das Jahr 1500 v. Chr. drangen die Indo-Arier von Nordwesten nach Indien vor und eroberten das Tal des Indus. Im Verlauf der nächsten tausend Jahre drangen sie weiter südostwärts ins Tal des Ganges in Nordindien vor und etablierten Sanskrit, eine uralte indoeuropäische Sprache, sowie ihre Kultur in großen Teilen Indiens.

Die heiligen Bücher der Brahmanen, die Veden, zählen zu den ältesten Schriftdokumenten überhaupt. Eines von ihnen, Rigveda, das Buch der Hymnen, umfaßt zehn Bände, die zwischen 1200 v. Chr. und 800 v. Chr. verfaßt wurden und 1017 Hymnen enthalten. Da sich die Bücher nicht auf frühere

Quellen beziehen, wird angenommen, daß sie ursprünglich kurz nach der Zeit der Frühfassung des Alten Testamentes entstanden. Vieles wurde lange Zeit mündlich überliefert, bis 500 v. Chr. die Gesetze von Manu erscheinen. (Diese bildeten, vereinfacht gesagt, eine Aufstellung und Zusammenfassung des brahmanischen Gedankenguts.)

Die Veden (Göttliches Wissen, Atem des Schöpfers) waren das Werk der Arier vor ihrem Eindringen in Indien. Sie waren von Generation zu Generation überliefert worden und inspirierten eine Linie von heiligen Männern, die als Rishis bekannt sind. Zuerst existierten nur die vier Veden, umfangreich und inhaltlich ausgesprochen technischer Natur. Für alle, denen dieses Niveau unverständlich blieb, wurde das Mahabharata geschrieben, das die berühmte Bhagavadgita enthält. Später folgte der Vedanta Sutra, eine Zusammenfassung allen vedischen Wissens. Dieser wurde schließlich noch einmal unter dem Titel Srimad Bhagavatam vereinfacht.

Obwohl die brahmanischen Veden uralt sind, erscheinen sie vollkommen ausgereift, und es gilt als sicher, daß ihnen eine lange Phase des Wachstums und der Reife vorausging. Sie berichten von einem Pantheon von 33 Göttern, die um 1500 v. Chr. auftauchten, um die Wahrnehmung des Brahma zu verkörpern, der die Naturkräfte anbetete. Diese Götter konnten durch Gebet, Anbetung und Handlungen erreicht und beeinflußt werden. Einige von ihnen repräsentierten Vorfahren, die durch tugendhafte Taten oder als Geschenk des Feuergottes Agni Unsterblichkeit erlangt hatten.

Manchmal bekriegten die Götter einander, wie im Pantheon der Maya, und sie verfügten über die Macht, die

Sterblichen zu belohnen oder zu bestrafen. Die Götter des Himmels und der Erde, Mutter und Vater der Götter, waren Dyaus und Prithivi, die den Rest des vedischen Pantheons erschaffen hatten, Himmel gegen Erde setzten und allgemein für die Aufrechterhaltung der kosmischen Ordnung verantwortlich waren.

Brahma (der heilige Geist) stellte zusammen mit Vishnu (der Sohn) und Shiva (der Vater) die Aspekte der göttlichen Dreiheit dar. Die wunderschöne Göttin Satarupa war zur Hälfte aus Brahmas eigenem Selbst geschaffen, und er verfiel der Schönheit seiner eigenen Tochter. Seine Augen folgten jeder ihrer Bewegungen, was zur Abbildung von Brahma mit vier Köpfen führte, die in vier Richtungen schauen.

Aditi war die archaische Muttergottheit, die Gemahlin Brahmas, die ihm sechs Nachkommen gebar, unter ihnen die Söhne Mitra und Varuna, die Götter des Tages und der Nacht, die der Legende nach mit einer Kutsche durch den Himmel flogen und alles auf Erden und im Himmel zu sehen bekamen.

Zwei Söhne von Dyaus und Prithivi waren Indra und Agni. Indra war der Gott des Wetters (Regen) und der Beschützer des östlichen Himmelsquadranten, während Agni der Gott des Opferfeuers war, im Wald geboren als Lebenskraft der Bäume und Pflanzen, der dann erschien, wenn Holz aneinander gerieben wurde, wie Xiuhtechutli und Xipe Totec bei den Maya. Seine Farbe im südöstlichen Teil des Himmels ist ebenfalls Rot.

Surya und Savitri personifizierten die Sonne in unterschiedlichen Phasen, während Soma die vergöttlichte Personifizierung eines heiligen Getränks (einer halluzinogenen Droge) war und den Beschützer des Nordhimmels darstellte. Das Trinken von Soma bewirkte, daß die Götter für die Dauer von tausend Jahren unsterblich waren.

Ushas war die wunderschöne Göttin der Morgendämmerung, beschrieben als »sie, die die Schlafenden mit einem freudigen Lächeln weckt«, eine Göttin des Himmels, deren Liebhaber die Sonne war. Dies ist eine Parallele zur Sichtweise der Maya, die Venus als die Göttin der Morgendämmerung betrachteten, die der Sonne niemals von der Seite weicht.

Vishnu, einer der drei Schöpfungsgötter, taucht wesentlich früher auf als die anderen, ungefähr 1700 v. Chr. Den Überlieferungen nach hat er sich zehnmal reinkarniert, als Matsya, Kurma, Varcha, Narashima, Vamana, Parasuma, Rama, Krishna, Buddha und Kalki. Er ist der Bewahrer der Welt, der die Geschichte durch Zeit und Karma (das kosmische Gesetz von Ursache und Wirkung) im Laufe seiner vielen Inkarnationen lenkte. Er wird mit zahlreichen Köpfen und vier Armen abgebildet, in denen er verschiedene Gegenstände hält, darunter die Schale einer Trompetenschnecke und eine Gebetsmühle (die Trompetenschnecke war auch ein Kennzeichen Quetzalcoatls, der höchsten Maya-Gottheit) sowie einen Diskus, das Zepter des Herrschers und eine Lotosblüte. Außerdem trägt er den heiligen Stein Kausrabha um den Hals.

Das Konzept der Unsterblichkeit und des Weiterlebens nach dem Tod taucht erst im neunten und zehnten Buch des Rigveda auf. Der Himmel war denen sicher, die sich opferten, die in der Schlacht gefallen waren und die »freizügig tausendfach schenkten«. Im zehnten Buch des Rigveda wird derjenige, der seinen Anbeter verletzt, in die unterste

Dunkelheit verbannt, während Soma im neunten Buch die Verhaßten und Ungläubigen in den Abgrund schleudert.

Die 121. Hymne des zehnten Buches des Rigveda gleicht auf erstaunliche Weise den Darstellungen der Schöpfung im Popol Vuh:

Am Anfang erhob sich die Quelle des Goldenen Lichtes – er war der Gott über alle Schöpfung. Er schuf die Erde und den Himmel; wer ist der Gott, dem wir unser Opfer darbieten sollen?
Er, der Leben schenkt, er, der Kraft spendet, dessen Segen die strahlendsten Götter begehren; dessen Schatten die Unsterblichkeit ist, dessen Schatten der Tod ist. Er, der dank seiner Kraft der einzige König der atmenden und erwachenden Welt ist. Er, der über alle Menschen und Tiere herrscht. Er, dessen Kraft die verschneiten Berge, das Meer und der ferne Fluß rühmen.

Damit haben wir auch in den ältesten vedischen Texten eine Reihe von Gottheiten, die ähnlich wie bei den Maya mit den Naturkräften gleichgesetzt werden.

Krishna

Bei Krishna handelt es sich um die achte Inkarnation Vishnus, den zweiten Aspekt der dreifachen Gottheit (Brahma, Vishnu und Shiva), geboren durch eine unbefleckte Empfängnis, als seine Mutter Devaki von Vishnu »überschattet« wurde. Seine Geburt in Mathura, am Ufer des Yamuna, wurde durch das Auftauchen eines hellen Sterns am Himmel angekündigt. Der Name Krishna hat seine Wurzeln im Sanskrit und bedeutet »aufgetragen« oder »der Gesalbte«.

Wie auch Pacal, Jesus und Buddha lehrte Krishna, daß die Reinigung der Seele durch Opfer zu erreichen sei, durch Abstinenz von der flüchtigen Welt der Illusion; daß die Qualitäten des Körpers – Unwissenheit, Reinheit und Leidenschaft – den Geist in Fesseln legen und die Unterscheidung von richtig und falsch verhindern. Er lehrte außerdem, daß die geläuterten Seelen sich nach ihrem Tod mit Gott im Himmel vereinigen, während die Unreinen wieder auf die Erde zurückkehren müssen, um erneut ihr Heil zu suchen.

Wie Jesus, so soll auch Krishna an einem Baum getötet und wieder auferstanden sein.

Krishnas Lehren sind in der Bhagavadgita enthalten, einem Teil des epischen Mahabharata, wo er dem Krieger und Königssohn Arjuna auf dem Schlachtfeld von Kurukshetra einen Pfad spirituellen Heils weist.

Die alte Geschichte beginnt mit dem blinden König Dhrtarashtra, der viele Kilometer vom Schlachtfeld entfernt in seinem Palast sitzt, während sich die Heere seines Sohnes und seines Neffen (die Pandavas) gegenüberstehen. Der König ist besorgt über den Ausgang der Schlacht, denn Kurukshetra ist ein heiliger Ort, der den frommen Pandavas eher einen Sieg gewährleisten könnte als seinem eigenen Sohn.

Er ruft seinen Sekretär Sanjaya, der über hellsichtige Fähigkeiten verfügt, um sich die Ereignisse auf dem Schlachtfeld schildern zu lassen. Sanjaya beschreibt dem König, wie sich die beiden Armeen zum Angriff gegenüberstehen, als plötzlich den Führer der Pandavas, den Bogenschützen Arjuna, bei dem Gedanken daran, seine Verwandten töten zu müssen, große Zweifel überkommen (wie

Abb. 51 Sanjaya erzählt dem König von den Ereignissen auf dem fernen Schlachtfeld von Kurukshetra.

oft in solch traumatischen Momenten stoppt oder verlangsamt sich der Fluß der Zeit): »Lieber würde ich mit der Brotrinde eines Bettlers vorliebnehmen, als diese meine Lehrer zu töten ...«

Da tritt Krishna auf, eine Inkarnation der höchsten Gottheit, des Schöpfers der Erde, und begleitet Arjuna auf seinem Kampfwagen, der sich zwischen den beiden Armeen befindet. Krishna beschreibt Arjuna seine wahre Auf-

Abb. 52 Der verzweifelte Arjuna (stehend), begleitet von Krishna, seinem spirituellen Führer und dem Schöpfer des Universums: »Mein ganzer Körper zittert ... der Bogen entgleitet meiner Hand ...«

gabe im Leben und den Grund für seine Anwesenheit auf dem Schlachtfeld. Im Verlauf dieses Gespräches erklärt Krishna ihm die Bedeutung von Leben und Tod und den Sinn des Universums. Das ist der Anfang der Bhagavadgita.

Arjunas Schwierigkeiten resultieren aus einer »Illusion« (Maya). Er setzt seine Verwandten mit ihren Körpern gleich und meint durch ihren Tod auch ihre Essenz zu zerstören. Krishna erklärt den Unterschied zwischen Körper und Seele. Der Körper stellt lediglich eine vorübergehende Heimstatt für die Seele dar. Vor und nach ihrer derzeitigen Inkarnation bewohnt die Seele noch viele andere Körper: »So wie die Seele in diesem Körper Kindheit, Jugend und Alter erfährt, so wandert sie schließlich weiter in einen anderen Körper. Die Weisen haben darüber keine Illusionen …«

Der folgende Ratschlag ist gleichzeitig tief philosophisch und pragmatisch:

Wenn der Mensch die Objekte seiner Sinne betrachtet (alles, was ihn in der physischen Welt anzieht), entwickelt er eine Bindung zu ihnen (Begierde). Das führt zu Frustration (denn niemals können wir alles besitzen, was wir begehren). Frustration führt zu Ärger, Ärger zu Wahnvorstellungen und Wahnvorstellungen zur Selbstzerstörung…

In einer der aufschlußreichsten Passagen erklärt Krishna, daß er sich immer dann auf der Erde reinkarniert, wenn seine Anwesenheit vonnöten ist: »Wenn die Spiritualität verfällt und der Materialismus vorherrscht, reinkarniere ich mich ...«

Dabei bezieht sich Krishna auf sein ursprüngliches Selbst (Vishnu) und auf seine zehn irdischen Reinkarnationen. Zum ersten Mal begegnen wir hier seiner neunten Reinkarnation, Buddha, der um das Jahr 430 v. Chr. den Buddhismus in Indien begründete. Buddha soll um das Jahr 496 v. Chr. bei Kapilavastu in der Nähe von Gorakhpur geboren worden und um 419 v. Chr. in Kusinagara gestorben sein. Ihm werden wir uns später noch detallierter zuwenden.

Zum ersten Mal wird hier ein Gott erwähnt, der die Erde zweimal besucht, einmal als Krishna auf dem Schlachtfeld, das andere Mal als Buddha. Natürlich schließt der frühe Zeitpunkt der Niederschrift dieser Literatur die Erwähnung von Christus und Pacal aus. Trotzdem finden wir an dieser Stelle den ersten Hinweis auf den erneuten Besuch eines Lehrers, der zur Erde kommt, um dort den Sinn des Lebens zu erklären.

Die Gita erklärt weiter, daß alle Kreaturen auf der Erde gleich behandelt werden sollten, da das wirkliche Selbst nicht die körperlich wahrnehmbare Präsenz eines Wesens ausmacht, sondern ein Teil »Gottes«, der schöpferischen Energie ist.

Unsere schlimmsten Feinde, so hat es den Anschein, sind unsere fünf Sinne, und diese werden folgendermaßen beschrieben: Die Veden vergleichen den menschlichen Körper mit einem Wagen, der von fünf Pferden gezogen wird, die die fünf Sinne repräsentieren – Auge, Nase, Ohr, Tastsinn und Geschmack (siehe Farbtafel 49). Die Zügel des Wagens stehen für den Verstand. Der Kutscher ist die Vernunft und der Fahrgast der Geist (die Seele). So gilt es mit Hilfe der Vernunft die Sinne und den Verstand zu kontrollieren, weil diese einen sonst wie wilde Pferde in den Ruin ziehen würden und die Seele Schaden nehmen könnte. Wir müssen lernen, unsere Sinne zu zügeln, so wie eine Schildkröte den Kopf in den Panzer zurückzieht, und alle Handlungen zu vermeiden, da es für diese nur drei mögliche Resultate gibt – gut oder schlecht oder teilweise gut und teilweise schlecht (hier taucht wieder die Philosophie der Maya auf, daß gut zu schlecht und schlecht zu gut wird, deshalb zeitigen alle Handlungen Konsequenzen und sollten aus diesem Grund vermieden werden). Wo sie unvermeidbar sind, weil zum Beispiel einer Pflicht Genüge getan werden muß, sollten die Früchte der Handlung aufgegeben werden. Dadurch hinterläßt die lebende Seele »keine Spur«, was bedeutet, daß dem Sein keine Handlung und somit keine Reaktion folgt – kein Karma und kein Leiden.

Dies ist besonders für westliche Gemüter ein schwierig zu fassendes Konzept, einmal verstanden, führt es jedoch schließlich zur Erleuchtung.

Krishna beschreibt die drei Qualitäten, die die menschliche Natur ausmachen, als Reinheit, Leidenschaft und Unwissenheit. Jedes Wesen ist im Laufe seines Lebens mehr oder weniger von einer dieser Qualitäten »kontrolliert«. Überwiegt im Augenblick des Todes die Reinheit, so wandert die Seele in reine, himmlische Bereiche weiter, um eine Zeit vollständigen und wunschlosen Glücks zu erfahren, bevor sie wieder auf die Erde zurückkehrt, um sich mit »nützlichen Aktivitäten« zu beschäftigen. Überwiegt die Leidenschaft, reinkarniert sich die Seele unter denen, die Aktivität lieben. Ist Unwissenheit die vorherrschende Qualität, kehrt die Seele entsprechend dem erreichten Bewußtseinszustand in eine »unwissende« Bauchhöhle zurück. Hat die Seele zum Beispiel das Bewußtsein eines Hundes erlangt, wird sie auch als Hund wiederkehren.

Auf den ersten Blick scheint die Suche nach Reinheit als ein ehrenhaftes Unterfangen. Aber eben doch ein Unterfangen und damit eine Handlung, die Reaktionen, das heißt Karma und damit Leiden nach sich zieht. Nur wenn es der

Seele gelingt, diese Qualitäten vollständig zu transzendieren, kann sie dem durch Karma verursachten Leid auf der körperlichen, irdischen Ebene entkommen. Dies gelingt nur durch das Aufgeben der Begierden und eine vorbehaltlose Liebe zur schöpferischen Kraft in ihrer göttlichen Form wie auch in ihrer fragmentierten Form als Lebewesen.

Krishna fährt fort: »Denke immer an mich (Krishna), diene nur mir und ehre mich. So wirst du ohne Umwege zu mir gelangen. Das verspreche ich dir als meinem teuren Freund. Gib auf alle Religionen und gib dich mir hin. Ich werde dich vor allen sündigen Reaktionen schützen. So hast du nichts zu fürchten ...«.

Der Sekretär Sanjaya setzt seine Unterhaltung mit dem König fort und verleiht seinen Befürchtungen Ausdruck, indem er darauf hinweist, daß die Pandavas vom Glück verfolgt sind.

Der Krieger Arjuna siegt in der Schlacht, und weil er seine Pflicht ohne einen Wunsch nach persönlichem Vorteil und ohne Furcht erfüllte, wird er kein Karma erfahren.

Karma

Den Anhängern östlicher Glaubenslehren ist der Begriff des Karmas vertraut, nicht jedoch den meisten Bewohnern der westlichen Hemisphäre. Es handelt sich dabei um das kosmische Gesetz von Ursache und Wirkung. In der physikalischen Welt folgt auf jede Aktion eine gleichwertige Reaktion. Unter spirituellen Gesichtspunkten handelt es sich beim Karma um ein fundamentales Gesetz, welches gute Handlungen gegen schlechte aufwiegt. Alle Verfehlungen gegen einen anderen Menschen ziehen gleiches gegen den

Handelnden nach sich. Die Seele leidet für alle schlechten Taten des Körpers und der Persönlichkeit, und dieses Leiden der Seele wird mit in die nächste Inkarnation in dieser Welt genommen. Die Seele leidet unter den Verfehlungen ihrer früheren Leben und kommt andererseits auch in den Genuß der guten Taten in ihrer Vergangenheit; deshalb erteilte Krishna den Rat, alle Handlungen zu vermeiden.

Das Konzept der Reinkarnation kann die scheinbaren Ungerechtigkeiten des Lebens erklären: weshalb manche Menschen ohne sichtbaren Verdienst reich, gesund und privilegiert geboren werden, während andere arm und krank zur Welt kommen. Auch die unterschiedlichen Ebenen menschlicher Entwicklung, wie spezielle Talente und Fähigkeiten, können damit ohne Schwierigkeiten erklärt werden.

Die drei Welten und die vier Zeitalter

Das hinduistische Existenzmodell basiert auf den frühen brahmanischen Veden und definiert das Selbst als einen individuellen Teil der göttlichen Energie, der zwischen der physischen und der spirituellen Welt wandert. Die freie Wahl stellt den entscheidenden Faktor bei der zu erreichenden Stufe der Reinigung dar und bestimmt dadurch das eigentliche Ziel der befreiten Seele.

Für den Hindu existieren drei Welten: die Welt Gottes, die physische Welt und die Welt der Seele. Zusammen folgen sie einem 5000jährigen Zyklus von Schöpfung und Zerstörung. Diese Zeitspanne unterteilt sich in vier gleich lange Zeitabschnitte, und mit dem Fortschreiten des Zyklus verringert sich entsprechend einem natürlichen Ablauf die Spiritualität auf Erden.

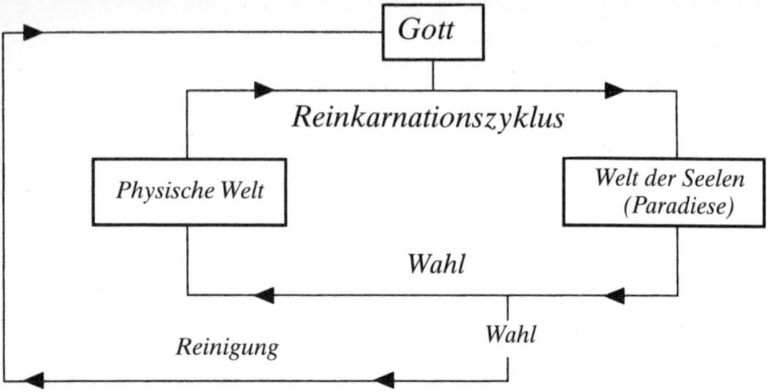

Abb. 53 Die drei Welten.

Am Anfang war das göttliche Paar aus der Welt der Seele hinabgestiegen und hatte menschliche Form angenommen. Die Welt war unverschmutzt und wunderschön, das Goldene Zeitalter, der Himmel auf Erden, hatte begonnen. Traurigkeit gab es noch nicht. Das göttliche Paar pflanzte sich fort und bevölkerte seine Heimstatt, und sie genossen die Ernte und die Früchte, die das Land hervorbrachte. Nach 1250 Jahren war die Bevölkerung gewachsen, und das Land konnte nicht mehr alle ernähren. Einige wanderten ab. Die Trennung der großen Familie führte zu Traurigkeit, und zum ersten Mal im Laufe des Zyklus tauchten Tränen auf.

Das Silberne Zeitalter brach an und sorgte für die verstreuten Völker, wenn auch nicht auf ganz so himmlische Weise wie das Goldene Zeitalter. Gegen Ende des Silbernen Zeitalters hatten die verstreuten Völker ihre Wurzeln und ihre Herkunft vergessen und sahen sich selbst als unterschiedliche Stämme und Familien. Jeder Stamm ent-

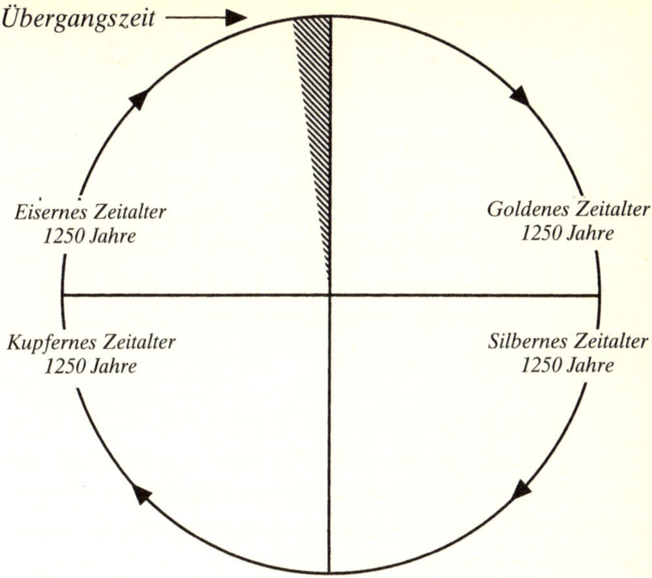

Abb. 54 *Die vier Zeitalter auf Erden.*

wickelte andere Interessen als der benachbarte, ihre Differenzen wuchsen, und als das Kupferne Zeitalter anbrach, ersetzte der Handel das Schenken. Güter wurden gegen Geld getauscht. Die wachsende Bevölkerung verlangte nach größeren Nahrungsmengen, und so wurden zum ersten Mal Tiere getötet, das Land bekam Eigentümer, wurde eingezäunt und bewirtschaftet.

Im Verlauf des Kupfernen Zeitalters nahmen Verschmutzung und Konflikte zu, und innerhalb von 1250 Jahren war die Erde überzogen von Sünde, während sich die

Güter in den Händen der Reichen sammelten. Menschen stahlen, Ehen wurden geschieden, Völker nahmen die Waffen gegeneinander auf, Technologie und Wissenschaft wurden zum Übel. Dies ist das Eiserne Zeitalter.

Die Schriften (Rigveda, Brahmanas, Mahabharata) behaupten, daß das gegenwärtige Eiserne Zeitalter (das Zeitalter der Göttin Kali) mit dem Tode Krishnas begann. Den Prophezeiungen zufolge soll er auf einem weißen Pferd als Gott Kalki wiederkehren, um den Weg zur kosmischen Erneuerung zu ebnen, nachdem der Planet während eines vergleichsweise kurzen Übergangszeitalters durch Feuer und Fluten zerstört wurde (siehe Farbtafel 50).

Am Ende jedes kosmischen Zyklus, zwischen dem Untergang des einen und der Schöpfung des nächsten Zeitalters, schläft Vishnu auf Ananta, der Schlange der Unendlichkeit, während er gleichzeitig in Form des Garudavogels die Lüfte durchmißt. Durch diese Verbindung von Vogel und Schlange beweist er das Ausmaß seiner Macht.

Wir werden sehen, daß Buddha mit Hilfe der Schlange Mucalinda zur Erleuchtung gelangte. Den Schriften der Christen zufolge war der Sündenfall von Adam und Eva auf die Versuchung durch eine Schlange zurückzuführen. Quetzalcoatl (Pacal) erschien als gefiederte Schlange.

Buddhismus

Der Untergang des Brahmanismus um 500 v. Chr. war im wesentlichen eine Folge zunehmender Desillusionierung unter den gebildeten Brahmanen, die glaubten, daß die vedischen Gottheiten größtenteils Ausgeburten peotischer

Imagination seien. Sie maßen ihnen keinerlei Bedeutung für die Realität zu und gingen davon aus, daß diese Götter aus einer gemeinsamen Quelle stammten, einer einzigen kreativen Energie.

Damit begann die Entwicklung einer theologischen Literatur. Die Upanishaden und Puranas wurden zur Grundlage der hinduistischen Bücher (Mahabharata, Bhagavadgita, Vedanta Sutra und Srimad Bhagavatam). Diese späteren Hindu-Werke lehrten die Existenz eines einzigen Gottes und die Unsterblichkeit der Seele, und obwohl sie noch tief in Mythen und Aberglauben wurzelten, sollte dieses neue System 800 Jahre später, nach der Entwicklung und dem Abklingen des Buddhismus, erneut Bedeutung bekommen.

Buddha glaubte, daß die individuelle Seele sich bereits in Vorbereitung auf das nächste Leben reinigen konnte, während sie noch unter den Taten aus ihrem Vorleben litt. Dieser Glaube gestattete es Angehörigen aller Kasten, sich um die eigene Erlösung zu bemühen und sich im nächsten Leben höher auf der Leiter wiederzufinden, wenn sie es wollten.

Von 430 v. Chr. bis 400 n. Chr. triumphierte der Buddhismus als Retter der Menschheit, aber um 500 n. Chr. ersetzte ihn der Hinduismus, eine Mischung aus Brahmanismus und Buddhismus. Die Buddhisten waren gezwungen, das Land zu verlassen, und flüchteten nach China und Asien.

Die genauen Daten von Buddhas Leben sind nicht bekannt. Der allgemeine Konsens plaziert ihn im fünften Jahrhundert v. Chr. und sein Todesdatum zwischen 420 und 400 v. Chr. In Sri Lanka gefundene Aufzeichnungen deuten darauf hin, daß er in Kapilavastu geboren wurde, zwischen den Bergen des nepalesischen Himalaja und dem Fluß Rapti im Nordosten von Oudh. In dieser fruchtbaren Gegend baute der arische Stamm der Sakyas (»die Mächtigen«) Reis an und unterhielt engen Kontakt mit den benachbarten Kosala (Oudh) im Südwesten, von denen sie später absorbiert wurden.

Die Aufzeichnungen über Buddha aus Sri Lanka (verfaßt in Pali, der heiligen Sprache der Buddhisten, einer frühen Abwandlung des Sanskrit) sprechen vom Gründer ihrer Religion als »dem Erleuchteten« (Buddha) oder »dem Erhabenen« (Bhagava) und davon, daß ein »großer Lehrer, Buddha, Erlösung und Befreiung gepredigt habe ...«

Allem Anschein nach hat er geheiratet und einen Sohn namens Rahula gezeugt, der zu einem seiner Schüler wurde. Später, im Alter von 29 Jahren, verließ Buddha sein Heim und wurde unter dem Namen Gautama zu einem wandernden Asketen. Als tief empfindender, philanthropischer Philosoph reflektierte er über das Altern, körperliche Schwäche und Verfall sowie die Schrecken von Krankheit und Tod und stellte diese Leiden einer unvollkommenen Welt der Idee eines perfekten Schöpfers gegenüber; das daraus resultierende Paradox sollte durch die Verbreitung seines eigenen erleuchteten Verständnisses aufgelöst werden.

Andere Überlieferungen berichten von seinem Abschied: »Der asketische Gautama verließ sein Heim, noch jung an Jahren und in der Blüte seiner jugendlichen Kraft, in der ersten Frische des Lebens. Gegen den Willen seiner Eltern und obwohl sie weinten und Tränen vergossen, ließ der asketische Gautama sein Haar und seinen Bart scheren und legte die gelben Gewänder an.«

Auf der Suche nach Erleuchtung, Freiheit und Erlösung reiste er sieben Jahre und wandte sich nacheinander an zwei bekannte Lehrer. Unbefriedigt verließ er sie wieder und reiste durch das Königreich von Maghada, bis er in der Stadt Uruvela ankam. In den nahe gelegenen Wäldern verbrachte er mehrere Jahre in strengster Disziplin und unterdrückte seine Begierden und Wünsche, in der Hoffnung, dadurch spirituelle Erleuchtung zu erlangen. Fasten, das Anhalten des Atems und andere Kasteiungen führten jedoch nicht zu dem gewünschten Erfolg, und um diese Zeit verließen ihn fünf seiner Reisegefährten.

Unter einem Bodhi-Baum (Baum des Wissens) sitzend, meditierte er schließlich für die Dauer von fünf Wochen, wobei er von einem schweren Unwetter gestört wurde. Zu diesem Zeitpunkt besucht ihn die Schlange Mucalinda, die sich um ihn legt und ihren Schild schützend wie ein Dach über Gautama hält. (Vergleichen Sie hierzu Krishnas Verbindung zu Ananta, der Schlange der Unendlichkeit, und den Sündenfall von Adam und Eva aufgrund der Versuchung der Schlange; Quetzalcoatl war als die gefiederte Schlange bekannt. Das Symbol des Baumes wird ebenfalls mit Krishna in Verbindung gebracht – er soll auf einem Baum gestorben sein; Jesus starb am Kreuz; das Kreuz ist das zentrale Motiv der Grabplatte von Palenque, dargestellt in Form des Säuglingsbaumes mit 100000 Brustwarzen.) Nach fünf Wochen hatte er aufeinanderfolgende Zustände der Entrückung erfahren, bis er erleuchtet wurde und Klarheit über die Reise der Seele und die vier edlen Wahrheiten gewonnen hatte:

1. Alles Dasein ist unablässigem Leiden unterworfen.

Abb. 55 Sitzender Buddha.

2. Die Ursache des Leidens ist Verlangen und Verhaftetsein.
3. Durch Auslöschung des Verlangens und des Verhaftetseins wird das Leiden aufgehoben.
4. Der Weg zur Aufhebung des Leidens ist der edle, achtfache Pfad.

Buddha war zum »Erwachten« geworden. Er hatte den Zustand der Erleuchtung erreicht.

Als ich dies verstanden und gesehen hatte, wurde meine Seele von den Übeln des Verlangens erlöst, erlöst auch von den Übeln meiner früheren Existenzen, von den Übeln des Irrtums, von den Übeln der Unwissenheit. Mit der Erlösung erwachte das Wissen der Erlösung; vorbei das Wiedergeborenwerden, vollendet der heilige Pfad, die Pflicht erfüllt, brauchte ich nicht wieder in diese Welt zurückzukehren; das wußte ich ...

(G.T. Bettany, *The World's Religions*)

Einen Monat lang, wie die alten Schriften sagen, hielt er sich in der Nähe des Baumes auf. Er fastete und genoß die Freude, die mit seiner Erlösung gekommen war. Dann überwand er die Versuchung, augenblicklich ins Nirvana einzutreten, statt der Welt seine Lehren zu verkünden.

Auf seinem Weg traf er einen Brahmanen, der ihm den Titel »Brahmane« streitig machen wollte, und Buddha erklärte, daß der wahre Brahmane alles Böse aus sich entfernt, seinen Geist gereinigt und sich selbst besiegt hätte.

Nach seiner Rückkehr predigte er in Benares seinen ehemaligen Gefährten die Lehre des »edlen, achtfachen Pfades«, des Mittelwegs zwischen Kasteiung und Ausschweifung, der zu innerem Frieden, Weisheit, Erleuchtung und schließlich ins Nirvana führen sollte:

1. Rechter Glaube
2. Rechter Vorsatz
3. Rechtes Sprechen
4. Rechtes Handeln
5. Rechtes Leben
6. Rechte Anstrengung

7. Rechtes Denken
8. Rechte Aufmerksamkeit

Der folgende Abschnitt gibt ein Beispiel für die frühen Lehren des Meisters. Er erklärt hier die Natur des Leidens:

Geburt bedeutet Leiden; Alter bedeutet Leiden; Sterben bedeutet Leiden; mit Ungeliebtem vereinigt zu werden bedeutet Leiden; von Geliebtem getrennt zu werden bedeutet Leiden; das Gewünschte nicht zu erreichen bedeutet Leiden; am Leben zu hängen bedeutet Leiden.
Dies, o Mönche, ist die heilige Wahrheit über den Ursprung des Leidens: der Durst nach dem Dasein ist es, der von Geburt zu Geburt führt, gemeinsam mit Lust und Verlangen, die hier und dort befriedigt werden; der Durst nach Vergnügen, der Durst nach Dasein, der Durst nach Macht ...
Dies, o Mönche, ist die heilige Wahrheit über das Ende des Leidens, das Ende des Durstes durch völlige Auslöschung der Wünsche: sie loslassen, sie gehen lassen, sich von ihnen trennen, ihnen keinen Raum geben ...

(Predigt vor den Mönchen in Benares)

Anschließend erklärte er den achtfachen Pfad, durch den er die Buddhaschaft in dieser Welt und der Welt der Götter erreicht hatte. Von nun an würde er nicht wiedergeboren werden. Er, der in Reinheit wandelte, würde alles Leid beenden.

Wie alle ersten Götter reiste und predigte Buddha mit seinen Anhängern und Schülern. Die fünf Asketen von Benares waren die ersten, die zum Buddhismus konvertierten, und bald begannen sich ihnen andere anzuschließen.

Farbtafel 26 (oben)
Zusammengefügtes Transparent der Mosaikmaske. Der Fledermausgott wird sichtbar, eine von vielen Darstellungen.

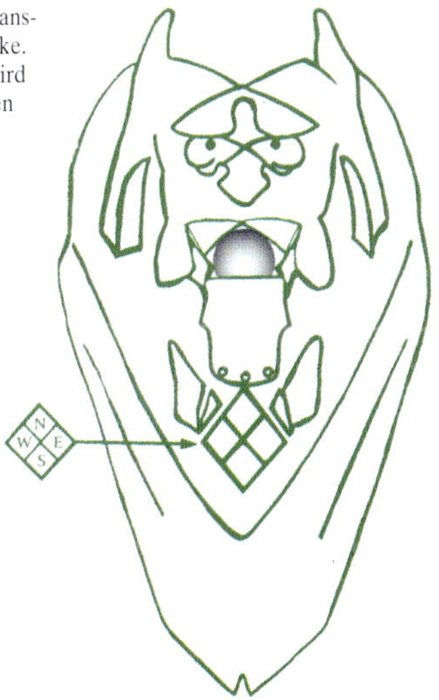

Farbtafel 27 (unten)
Der Fledermausgott, skizzierte Darstellung.

Farbtafel 28 (oben)
Der geflügelte Mann.

Farbtafel 29 (unten)
Der geflügelte Mann,
skizzierte Darstellung.

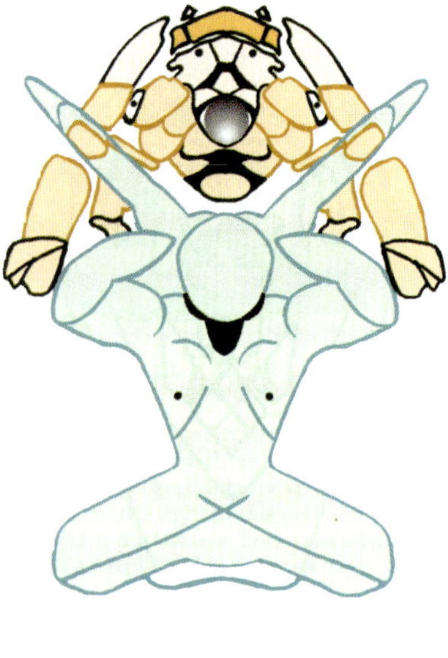

Farbtafel 30 (oben)
Die geflügelte Schlange.

Farbtafel 31 (unten)
Die geflügelte Schlange, skizzierte Darstellung.

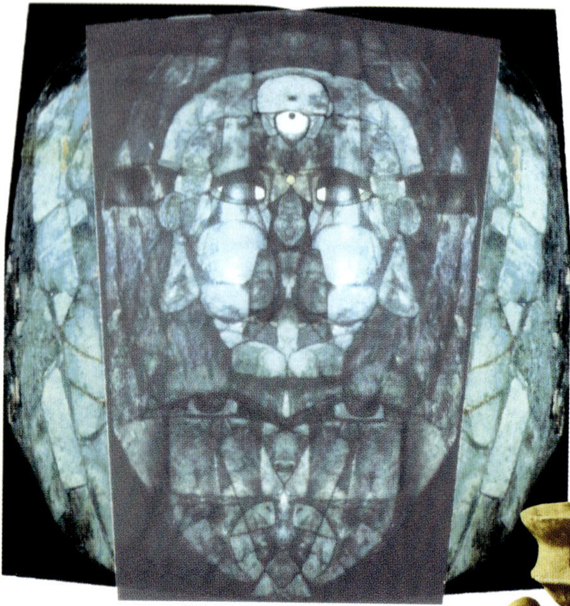

Farbtafel 32 (links)
Der Gott des Ostens

Farbtafel 33 (oben)
Statue von Xiuhtechutli, dem Gott des Ostens.

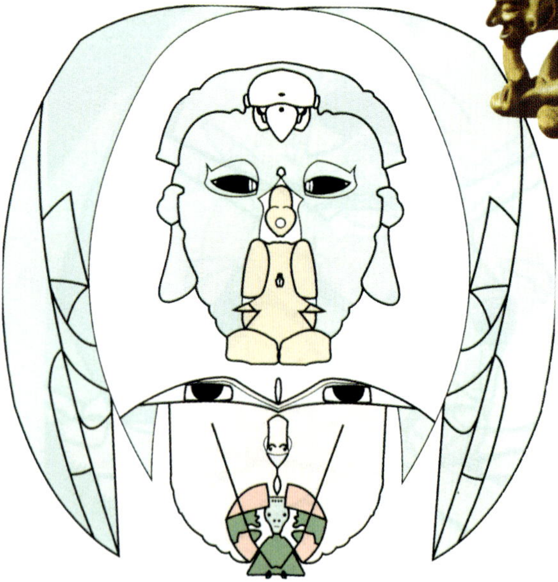

Farbtafel 34 (links)
Der Gott des Ostens, skizzierte Darstellung.

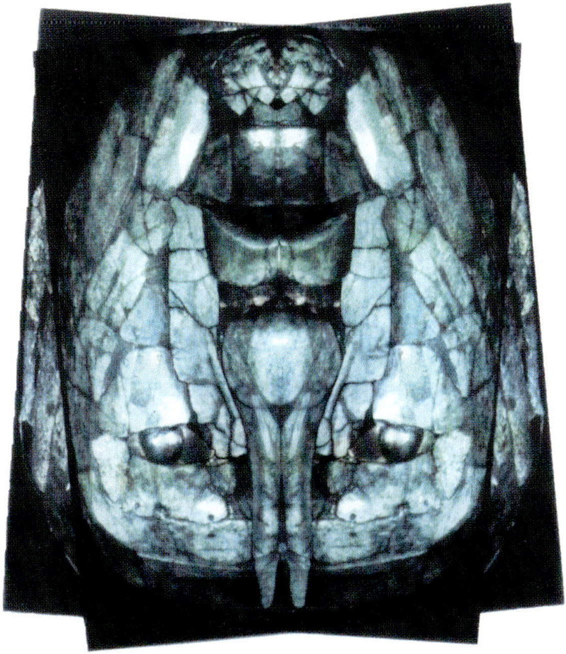

Farbtafel 35 (oben) Der geflügelte Mann.

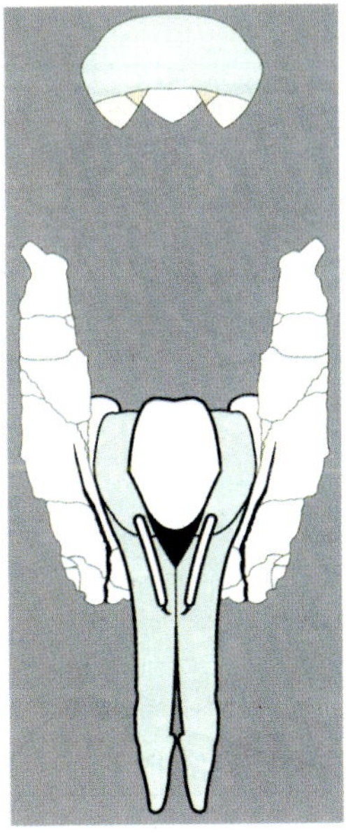

Farbtafel 36 (links) Der geflügelte Mann, skizzierte Darstellung.

Farbtafel 37 Das Wandgemälde von Bonampak, Szene 1: Xipe Totec war wie auch Xiuhtechutli der Gott des Menschenopfers, des Feuers und des Ostens.

Farbtafel 38 Das Wandgemälde von Bonampak, Szene 2: Die Geburt von Xipe Totec.

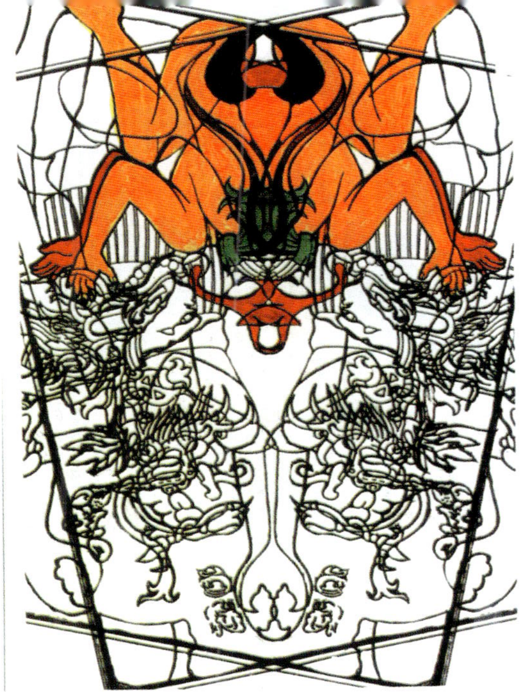

Farbtafel 39
Das Wandgemälde von Bonampak, Szene 3: Der junge (verspielte) Xipe Totec.

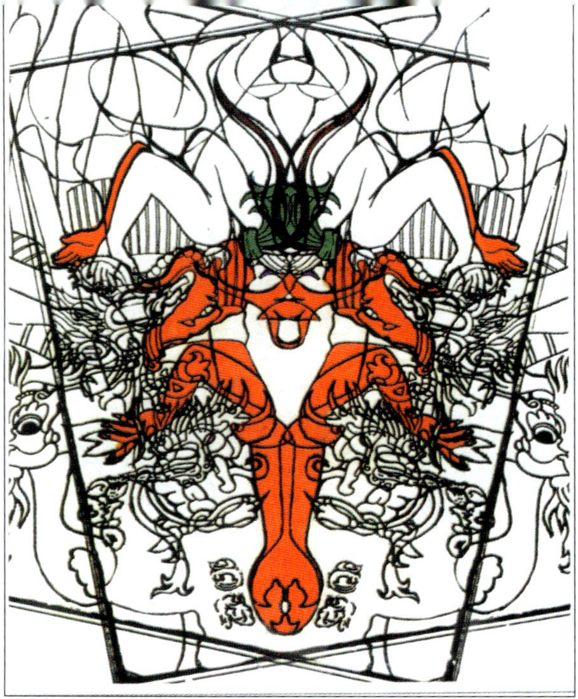

Farbtafel 40
Das Wandgemälde von Bonampak, Szene 4: Der Herr der Gehäuteten, Herr der Vorhaut.

Farbtafel 41
Das Wandgemälde von Bonampak, Szene 5: Der junge Xipe Totec.

Farbtafel 42
Das Wandgemälde von Bonampak, Szene 6a - die Jagdszenen: Der Hirsch.

Farbtafel 43
Das Wandgemälde von Bonampak, Szene 6b: Das Schwein.

Farbtafel 44
Das Wandgemälde von Bonampak, Szene 6c: Der Jaguar.

Farbtafel 45
Das Wandgemälde von Bonampak, Szene 7: Chimalma, Frau von Camaxtle und Mixcoatl.

Farbtafel 46
Das Wandgemälde von Bonampak, Szene 5: Der junge Xipe Totec.

Farbtafel 47
Das Wandgemälde von Bonampak, Szene 9: Xipe Totec als Camaxtle; der erste Vorhang.

Farbtafel 48
Das Wandgemälde von Bonampak, Szene 10: Der letzte Vorhang; als Camaxtle verbeugt sich Xipe Totec vor dem Publikum (den beiden Hirschen), die ihm am Ende der Vorstellung applaudieren.

Farbtafel 49 (links)
Die fünf Sinne
Alte brahmanische Texte verwenden die Analogie eines unruhigen Pferdegespanns, um die fünf Sinne zu beschreiben. Die Vernunft (der Fahrer) muß die Zügel (Verstand) benutzen, um die Sinne (Pferde) zu kontrollieren. Dadurch gewährleistet er eine friedliche Fahrt für seinen Passagier, die Seele. Die Symbole der Sinne, Auge, Nase, Ohr, Hand und Mund, hängen an den Pferdehälsen.

Farbtafel 50 (unten)
Miniatur aus Rajasthan (17. Jahrhundert)
Zwischen den kosmischen Zyklen ruht sich Vishnu auf der Schlange der Unendlichkeit aus, mit dem Garudavogel über sich. Der Garuda war ein Sonnengott, ein Träger der Göttlichkeit, der halb Mensch, halb Adler war.

Sie wurden von ihrem Meister initiiert und verbreiteten selbst das Wort vom neuen Weg: »Geht hinaus, meine Schüler, und reist von Ort zu Ort zum Wohlergehen vieler Menschen, in Erbarmen für die Welt, zum Segen, zum Wohlergehen und zur Freude der Götter und der Menschen...«, klang es in ihren Herzen, während sie sich auf den Weg machten.

Nach Uruvela zurückgekehrt, bekehrte Buddha eine Gruppe von Asketen und ihren Führer Kassapa, nachdem er eine Anzahl von »Wundern« vollbracht hatte, wie die Schriften sagen. Die gesamte Gruppe zog nach Rajagaha, der Hauptstadt von Magadha, und bekehrte dort den König, Bimbissara. Die adlige Jugend von Magadha begrüßte die Botschaft der Neuankömmlinge mit großem Enthusiasmus, so daß man in der Bevölkerung murmelte, die Asketen seien gekommen, um ihre Kinder zu stehlen und ihre Frauen zu Witwen zu machen.

Das öffentliche Leben Buddhas orientierte sich an den indischen Jahreszeiten. Die drei Regenmonate brachten eine Zeit der Ruhe und des Rückzugs in der Nähe der Städte, wo er sich mit seinen Schülern aufhielt. Den Rest des Jahres reiste er mit ihnen durch die Königreiche von Kosola und Magadha. Er hielt sich aber fern vom westlichen Hindustan, wo der Brahmanismus seine Hochburg hatte.

In der Nähe von Rajagha und Savatthi erhielten Buddha und seine Gefolgsleute schöne Gärten, wo sie sich treffen, gemeinsam wohnen, meditieren und Mahlzeiten einnehmen konnten. Hier gab es grüne Haine und Teiche, in denen der Lotos blühte. Ähnliche Gärten, wenn auch kleiner, gab es auch in anderen Gegenden.

Fremde kamen aus fernen Ländern, um Buddhas Lehren anzuhören, während er mit seinen Bettelmönchen durch die Straßen zog. Freiwillig hatten sie sich die Köpfe geschoren und gelbe Roben angelegt, hatten ihr Eigentum und ihre Familien aufgegeben und sich einem keuschen Leben verpflichtet.

In bezug auf Frauen vertrat Buddha in mancher Hinsicht liberalere Auffassungen als die Brahmanen, die ihre Frauen als Untergebene betrachteten und auf die Ausübung entsprechender Tätigkeiten beschränkten. Und während die buddhistische Doktrin keine intimen Beziehungen zu Frauen gestattete, so konnten sie doch Laienstatus erreichen und streng getrennt von den Männern wie Nonnen leben. Zusätzliche Erfahrungen veränderten jedoch bald Buddhas Ansichten. Gemeinsam mit seinen Schülern überzeugte ihn seine Pflegemutter bald darauf, daß auch Frauen dem achtfachen Pfad folgen konnten, auch wenn Frauen immer noch strengen Regeln unterlagen, die sie den männlichen Buddhisten unterordneten.

Es galt als großes Opfer, sich der buddhistischen Doktrin unterzuordnen, als ein noch größeres, die Mönchsrobe zu nehmen; die höchste Belohnung bestand in der Erlösung und dem Wissen, nicht mehr auf die Erde zurückkehren zu müssen.

Buddha sagt dazu:

Von Zeit zu Zeit wird ein überragender Lehrer auf der Erde geboren, um die schwachen Sterblichen zu führen, ein vollkommen Erleuchteter, ein gesegneter Buddha, der das Wissen in sich trägt um das Universum, um die Götter und Menschen und der sein Wissen mit anderen teilt. Er verkündet die Wahrheit dem Buchstaben und dem Geiste nach, so wunderbar in ihrem Ursprung, wunderbar in ihrer Entfaltung, wunderbar in ihrer Erfüllung. Er zeigt das höhere Leben in all seiner Reinheit und Vollkommenheit.

Das Schicksal und die Parabel von der Henne

Wie beim Brahmanismus und im Christentum finden sich auch in den buddhistischen Lehren zahlreiche Parabeln. Buddha glaubte, daß das Schicksal zur Erlösung führen würde, wo es nur die Gelegenheit dazu erhielt. Dies wird durch die Parabel von der Henne illustriert:

Genau wie eine Henne mit acht, zehn oder zwölf Eiern, die sie ordentlich bebrütet hat, den Wunsch verspüren mag: 'Wie schön wäre es, wenn meine kleinen Küken ihre Eierschalen mit den Spitzen ihrer Krallen oder ihren Schnäbeln durchbrechen würden und an das sichere Tageslicht kämen.' Und dabei werden doch die kleinen Hühner ganz sicher die Eierschale mit den Spitzen ihrer Krallen oder ihren Schnäbeln durchbrechen und an das sichere Licht des Tages kommen. Genauso sicher wird ein Mensch mit Entschlossenheit in das Licht treten, nach höherer Weisheit streben und die höchste Gewißheit erlangen. Die Lektion besteht darin, daß das Resultat ganz sicher ist, gleichgültig, wie viele Zweifel die Henne oder der Gläubige haben mögen.

(H. Oldenberg, Sacred Books of the East XI)

Über die Jahrhunderte hat sich die Form der Parabel als effektive Kommunikationsform erwiesen, um ein Maximum an Information auf kleinstem Raum zu transportieren. Sie verdankt ihren Erfolg der Wort-Bild-Assoziation, die die Geschichte bei ihren Zuhörern auslöst, und der Tatsache, daß der menschliche Verstand mit Bildern leichter umgehen kann als mit Worten. Bilder scheinen sich im Verstand festzusetzen, während Worte hin und her geistern. Daher ist es nicht verwunderlich, daß bedeutende Lehrer sich der Parabel oder, wie Pacal, der Bilder bedienten, um ihre Weisheit zu übermitteln. Denn während Wissen gelehrt werden kann, muß Weisheit absorbiert werden. Parabel oder Bild lassen weniger Raum für Zweideutigkeiten oder Mißverständnisse.

Und so sagte Buddha: »Ich werde euch eine Parabel geben, denn der Weise kann mit Hilfe einer Parabel die Bedeutung des Gesagten verstehen.« Seine eigenen Predigten wurden mit der Arbeit eines Arztes verglichen, der giftige Pfeile aus den Wunden zieht und Gegengifte einsetzt. Wie die Lotosblüte auf dem See ihre Wurzeln im tiefen Schlamm hat, so bleibt ein Buddha unberührt vom Leben.

Was uns zu Buddhas Tod bringt. Dies wird im »Buch des großen Ablebens« beschrieben, das einem Evangelium vergleichbar ist. Das Buch aus unbekannter Quelle erschien etwa hundert Jahre nach Buddhas Tod, gegen Ende des vierten Jahrhunderts vor Christi, und legt Buddhas Alter zur Zeit seines Todes bei achtzig Jahren fest. Es berichtet von seiner letzten Reise von Rajagaha, der Hauptstadt Magadhas, nach Pataliputta, der zukünftigen Hauptstadt, deren Aufstieg er prophezeit. Auf dieser Reise wird er Opfer einer schweren Krankheit, die er unterdrückt, in der Hoffnung, seinem Orden eine letzte Ansprache halten zu können. Er erklärt Ananda, daß er nichts für sich behalten habe und die Bruderschaft nicht länger leiten möchte, weil er alt und krank sei: »Meine Reise nähert sich dem Ende. Meine Tage sind gezählt, ich werde bald achtzig Jahre alt. Wie ein ausgeleierter Karren läßt sich Ananda nur mit besonderer Fürsorge weiterbewegen, und so kann auch der Körper des Erleuchteten nur mit viel zusätzlicher Pflege am Leben erhalten werden ...« Er rät seinen Leuten, nach innen zu schauen und nicht auf andere, vor allem aber offen und wißbegierig zu sein.

In der Szene seiner letzten Versuchung erscheint ihm der Verführer Mara in einer Vision und erklärt ihm, daß es an der Zeit sei zu sterben, da er alles erreicht habe, daß er aber noch drei Monate leben dürfe.

Buddha entschloß sich statt dessen zu sterben, und als er das Recht weiterzuleben zurückgewiesen hatte, erhob sich ein mächtiges Erdbeben, und Donner fuhr aus dem Himmel. Als Buddha dies sah, brach er spontan in eine Lobeshymne aus und faßte die Summe seiner Lehren noch einmal für seine Schüler zusammen:

Meine Zeit ist nun gekommen, mein Leben nähert sich dem Ende:
Ich verlasse euch, nun gehe ich, ganz allein auf mich gestellt!
Bleibt aufrecht nun, o meine Brüder! Heilig und aufmerksam!
Bleibt fest entschlossen! Und schaut nach euren eigenen Herzen!
Wer nicht verzagt, sondern an dieser Wahrheit und diesem Gesetz festhält,
Wird die See des Lebens überqueren und dem Leid ein Ende bereiten.

Unter großen Schmerzen erreichte er wenige Tage später Kusinagara, wo er ohne ein Wort der Klage verschied. Seine letzten Worte an seine Schüler lauteten: »Und seht, meine Brüder, ich gemahne euch daran, daß alles Zusammengesetzte seiner Beschaffenheit nach dem Verfall anheimgegeben ist. Arbeitet mit Eifer an eurer Erlösung…« Darauf folgten weitere Erdbeben und heftiger Donner.

Sein Begräbnis wurde in Kusinagara mit königlichen Ehren zelebriert. Sein Körper wurde in fünfhundert Lagen Baumwolle und neue Stoffe gewickelt und in zwei Eisengefäße eingeschlossen, bevor er schließlich auf einem Scheiterhaufen aus Dufthölzern verbrannt wurde. Der Überlieferung nach blieben weder Ruß noch Asche zurück, lediglich seine Knochen, die in acht Teile aufgeteilt und an verschiedene Gruppen verteilt wurden, die sie unter Erdhügeln begruben.

Jesus von Nazareth

Praktisch alles, was wir über Jesus wissen, stammt aus den Evangelien (griechisch für »gute Botschaften«), die seine Anhänger Matthäus, Markus, Lukas und Johannes nach seinem Tode aufzeichneten und die die Grundlage für das Neue Testament der Bibel bilden. Es existieren noch weitere, weniger bekannte Texte, von denen eines das Thomas-Evangelium ist, welches zu Beginn des zweiten Jahrhunderts geschrieben worden sein soll.

Bereits 63 v. Chr. dehnte sich das römische Kaiserreich im Osten bis nach Palästina aus, ein Gebiet, das ungefähr 12000 Quadratkilometer umfaßte und dessen Bevölkerung aus etwa einer Million Juden bestand. Sie wurden zu widerwilligen Bettgefährten der mächtigen römischen Armee und sahen sich starkem finanziellen Druck ausgesetzt, um die römischen Straßen, Brücken, Aquädukte und Gebäude zu finanzieren.

Ungefähr 57 Jahre später ordnete Kaiser Augustus aus steuerlichen Gründen eine Volkszählung an, weshalb sich die zukünftigen Eltern von Jesus auf die Reise nach Bethlehem machten. Seine Mutter Maria war unverheiratet, jedoch mit Josef verlobt, als sie durch eine unbefleckte Empfängnis schwanger wurde. Visionen und Träume überzeugten die Eltern davon, daß das Kind auf die Welt kommen und von ihnen aufgezogen werden solle. Sie erfüllten die göttliche Anordnung und heirateten.

Jesus erblickte das Licht der Welt in einem ärmlichen Stall am Ende der Reise nach Bethlehem, auf der sie einem hell leuchtenden Stern gefolgt waren. Dieses Zeichen tauchte auch bei den anderen ersten Göttern auf. Buddha erschien zuerst als heller Stern im Bauch seiner Mutter, und Quetzalcoatl war als der hellste Stern am Himmel bekannt, als der Zwillingsstern (Planet) Venus.

Die Geburt von Jesus erfüllte viele Prophezeiungen aus dem Alten Testament, aus den Tagen von Moses. Jesus wuchs als Sohn eines Zimmermannes auf und verbrachte seine ersten Lebensjahre im Exil in Ägypten, auf der Flucht vor dem despotischen König Herodes.

Nach allen Darstellungen handelte es sich bei Jesus um ein bemerkenswertes Kind, mit einer Vorliebe für die jüdischen Lehren, von den mündlichen Überlieferungen der Hebräer aus der Wüste bis zu den Gesetzen des Mose und den Geschichten der Patriarchen, die schließlich zu den ersten fünf Büchern des Alten Testaments wurden, auch als Tora oder Pentateuch bekannt (sie gelten als die Kernschriften des jüdischen Glaubens). Wir nehmen an, daß er sich mit zunehmendem Alter mehr und mehr mit diesen Dingen beschäftigte, auch wenn sich über sein Leben zwischen dem zwölften und dreißigsten Lebensjahr keine detaillierten Angaben finden.

Sein Leben als Lehrer scheint nach seiner Begegnung mit seinem Vorgänger Johannes dem Täufer begonnen zu haben.

Nach dem Lukas-Evangelium begann er sein Wirken, als er ungefähr dreißig Jahre alt war. Er erwarb schnell eine Gefolgschaft von Schülern und zog nach Galiläa, wo er in Kapernaum, einer kleinen jüdischen Stadt am See von Genesareth zwischen Damaskus und Alexandria mit etwa fünftausend Einwohnern, erneut zu lehren begann. Er bezog sich auf die Gesetze von Moses, auf das Alte Testament und die Zehn Gebote und wurde als ungewöhnlicher Lehrer bekannt. Die Leute waren verblüfft, denn er lehrte nicht nach den Schriften, sondern wie jemand, der Autorität besaß und wußte, wovon er sprach.

Ganz eindeutig bezogen sich seine Lehren auf die Zehn Gebote, die Gott im Alten Testament dem Moses gegeben hatte und die auch die Grundlage für den christlichen Glauben bilden:

Und Gott sprach diese Worte und sagte:
Du sollst neben mir keine anderen Götter haben.
Du sollst dich nicht vor anderen Göttern niederwerfen und dich nicht verpflichten, ihnen zu dienen.
Du sollst den Namen des Herrn, deines Gottes, nicht mißbrauchen.
Gedenke des Sabbats und halte ihn heilig.
Ehre deinen Vater und deine Mutter.
Du sollst nicht töten.
Du sollst nicht die Ehe brechen.

Du sollst nicht stehlen.
Du sollst nicht falsch gegen deinen Nächsten aussagen.
Du sollst nicht nach dem Besitz deines Nächsten verlangen.

Das christliche Ethos steht für Liebe, Mitgefühl und Nächstenliebe und hebt die ganze Menschheit auf die Ebene von Brüdern und Schwestern, die einen einzigen Vater haben, nämlich Gott. Diese Liebe ist aber nicht sentimentaler Art, und auch nicht wie die Liebe zweier Brüder, die bereit sind, füreinander in den Tod zu gehen. Sie geht vielmehr weit darüber hinaus. Jesus liebte auch jene, die vollkommen anders waren als er, selbst die Bösen und die Übeltäter, und schaffte so ein neues Ideal: »Ein neues Gebot gebe ich euch: Liebet einander! Wie ich euch geliebt habe, so sollt auch ihr einander lieben« (Johannes 13,34). Eine Liebe, die imstande war, im Angesicht von Undankbarkeit, bösen Machenschaften und der Zurückweisung Gottes zu überleben. Diese Liebe sollte spontan allen zuteil werden, auch wenn sie nichts getan hatten, um sie zu verdienen, all jenen, die auch nur einen Funken Gutes in sich trugen. »Und wer hat das nicht?« fragte Jesus, denn er ging davon aus, daß der Vater aller nicht wollte, daß eines seiner Kinder zugrunde gehen sollte.

Seine Auffassung war die von Gott als einem unsichtbaren Vater, der alles sah und über die Handlungen seiner Kinder wachte, ihre Gedanken und Taten. Keine andere Religion hatte den Vater seinen Kindern so nahe gebracht, gleichgültig, ob sie gut, schlecht oder undankbar waren.

Der Glaube an einen Tag des Jüngsten Gerichtes, an dem die Seele nach ihren Taten während ihres Lebens beurteilt wird, ist vielleicht das lehrreichste Merkmal der christlichen Religion. Der Weg zur Erlösung war spiritueller Natur, verlangte wenig zeremoniellen Aufwand, keine Zahlungen und keine täglichen Aufgaben. Sünden wurden vergeben, und Vergebung konnte die Seele von der Last der Schuld befreien, wobei Reinigung durch innere Aufrichtigkeit erreicht wurde. Aufrichtigkeit in Gedanken und Handlungen war wichtiger als »gute Taten«.

Die Parabeln

Häufig wählte Jesus für seine Lehren die Form der Parabel – Geschichten, die auf einer buchstäblichen und einer übertragenen Ebene Bedeutung hatten. Meist formten sie Allegorien, die ein Bild im Bewußtsein des Zuhörers hervorriefen, wie wir es auch bei Buddha und Pacal bereits gesehen haben.

Die Parabel sollte den Zuhörer dazu bringen, über die tieferliegenden Hintergründe einer Geschichte nachzudenken und sich zu einer Veränderung inspirieren zu lassen. Bei Matthäus 13,18-23 erklärt Jesus, wie unterschiedlich Menschen auf das Wort Gottes reagieren: »Immer wenn ein Mensch das Wort vom Reich hört und es nicht versteht, kommt der Böse und nimmt alles weg, was diesem Menschen ins Herz gesät wurde; hier ist der Samen auf den Weg gefallen. Auf felsigen Boden ist der Samen bei dem gefallen, der das Wort hört und sofort freudig aufnimmt, aber keine Wurzeln hat, sondern unbeständig ist; sobald er um des Wortes willen bedrängt oder verfolgt wird, kommt er zu Fall. In die Dornen ist der Samen bei dem gefallen, der das Wort zwar hört, aber dann ersticken es die Sorgen dieser Welt und der trügerische Reichtum und es bringt keine Frucht. Auf gutem

Boden ist der Samen bei dem gesät, der das Wort hört und es auch versteht; er bringt dann Frucht, hundertfach oder sechzigfach oder dreißigfach.« Die Botschaft bestand darin, daß derjenige, der Gottes Wort akzeptierte, erstaunliche Resultate erzielen konnte.

Der bedeutende rabbinische Theologe Moses Maimonides kommentiert dazu: »Immer wenn Sie in unseren Schriften eine Geschichte finden, die gegen den gesunden Menschenverstand und gegen die Logik zu verstoßen scheint, können Sie sicher sein, daß sie eine profunde Allegorie enthält, hinter der eine tiefe Wahrheit verborgen liegt; und je größer die Absurdität des Wortes, desto tiefer ist die Weisheit des Geistes.« (G. Hodson, *Hidden Wisdom in the Holy Bible*)

Christus gibt in der Offenbarung des Johannes offen zu, daß einiges Wissen mit voller Absicht verschlüsselt sei: »Wer Ohren hat, der höre, was der Geist den Gemeinden sagt.« Zu seinen Jüngern sagt er im Evangelium des Lukas: »Euch ist es gegeben, die Geheimnisse des Reiches Gottes zu erkennen. Zu den anderen Menschen aber wird nur in Gleichnissen geredet; denn sie sollen sehen und doch nicht sehen, hören und doch nicht verstehen.« (Lukas 8,8-10)

Der Grund für solche Geheimhaltung wird bei Matthäus (7,6) deutlich: »Gebt das Heilige nicht den Hunden, und werft eure Perlen nicht den Schweinen vor, denn sie könnten sie mit ihren Füßen zertreten und sich umwenden und euch zerreißen.«

Bestimmtes Wissen ist in jeder Religion vor den Augen ungenügend vorbereiteter Menschen verschlossen, denn es könnte für sie selbst und andere zerstörerisch wirken.

An dieser Stelle sollten wir uns vielleicht noch einmal die Frage stellen, weshalb Pacal sich entschied, sein heiliges

Wissen durch die Maya-Transformatoren zu »verhüllen«. Sollte es vor den Archäologen und Grabräubern versteckt werden? Oder verborgen vor den Suchern und Forschern, wie es im Popol Vuh beschrieben ist?

Ein weiterer Grund für den rasch sich verbreitenden Ruhm Jesu bestand in seiner Fähigkeit, Kranke mit seinen Händen oder einfach durch seinen Willen zu heilen.

Wie die anderen ersten Götter vollbrachte auch Jesus gewisse im Neuen Testament beschriebene Wunder. Er überwand scheinbar die Naturgesetze und erreichte dadurch schier übermenschliche Resultate. Gleichzeitig schien er einen tiefen Einblick in die Grundlagen der Natur und den Einfluß des Geistes auf die Materie zu besitzen. Derartige Erkenntnisse waren nicht von dieser Welt.

Jesu Wundertaten

Es gibt zahlreiche dokumentierte Überlieferungen der von Jesus vollbrachten Wunder. Bei einigen davon handelte es sich um wohltätige Aktionen, bei denen er Menschen mit Nahrungsmitteln versorgte, wie in Kana in Galiläa, wo er bei einem Hochzeitsfest Wasser in Wein verwandelte (Johannes 2,1-11).

Am Ufer des Sees Genesareth half er bedürftigen Fischern: »Das taten sie, und sie fingen eine so große Menge Fische, daß ihre Netze zu reißen drohten« (Lukas 5,1-11).

Als er vom Tod seines guten Freundes, Johannes dem Täufer, hörte, wanderte Christus in die Wüste, gefolgt von einer großen Menschenmenge. Als die Nacht sich senkte, beschlossen seine Anhänger, die Menge fortzuschicken, damit sie essen konnten, aber Jesus sagte:

'Sie brauchen nicht wegzugehen. Gebt ihr ihnen zu essen!' Sie sagten zu ihm:'Wir haben nur fünf Brote und zwei Fische bei uns.' Darauf antwortete er: 'Bringt sie her!' Dann ordnete er an, die Leute sollten sich ins Gras setzen. Und er nahm die fünf Brote und die zwei Fische, blickte zum Himmel auf, sprach den Lobpreis, brach die Brote und gab sie den Jüngern; die Jünger aber gaben sie den Leuten und alle aßen und wurden satt. Als die Jünger die übriggebliebenen Brotstücke einsammelten, wurden zwölf Körbe voll. Es waren etwa fünftausend Männer, die an dem Mahl teilnahmen, dazu noch Frauen und Kinder. (Matthäus 14,13-21)

In der gleichen Nacht sahen die Jünger, wie er auf dem Wasser wandelte und seinen Jünger Petrus aufforderte, es ihm gleichzutun. Doch Petrus begann unterzugehen und rief: »Herr, rette mich.« Da streckte Jesus seine Hand nach ihm aus und sagte zu ihm: »Du Kleingläubiger, warum hast du gezweifelt?« Und als sie ins Boot gestiegen waren, legte sich der Wind. Die Jünger im Boot aber fielen vor Jesus nieder und sagten: »Wahrhaftig, du bist Gottes Sohn.« (Matthäus 14,23-44)

Weitere Wunder waren die Krankenheilungen, und auch diese waren zahlreich und sind gut dokumentiert: In Kapernaum heilte Jesus die Mutter von Petrus' Ehefrau von einem Fieber (Markus 1,30-31) und machte einen Leprakranken gesund. Er holte den Sohn einer Witwe von den Toten zurück und »heilte Menschen von ihren Krankheiten und Leiden, befreite sie von bösen Geistern und schenkte vielen Blinden das Augenlicht« (Lukas 7,18-23). Viele weitere Wunder folgten in Nain, Gadara, Dekapolis, Bethesda, Tabor und Jerusalem.

Bei den Galatern (6,7) lesen wir: »Laßt euch nicht täuschen; Gott läßt sich nicht zum Narren halten; denn was ein Mann sät, wird er auch ernten.« Diese Bemerkung deutet auf den Begriff des Karmas hin: Für alle Sünden muß gezahlt werden. Jede Handlung hat ihr gleichwertiges Gegenstück und zieht eine entsprechende Reaktion nach sich. Wer Liebe schenkt, wird Liebe ernten, und wer haßerfüllt auftritt, wird Haß erfahren. Wenn wir dies glauben, müssen wir das Konzept der Reinkarnation in unsere Betrachtungsweise einbeziehen, denn es ist offensichtlich, daß nicht jeder schlechte Mensch im Laufe dieses Lebens für seine Untaten büßen muß, sondern seine Strafe in einem anderen Leben erhalten wird.

Im Neuen Testament findet das Konzept der Reinkarnation bei mehreren Anlässen Erwähnung, besonders im Zusammenhang mit der Abstammung Johannes des Täufers: Matthäus meint, er sei die Reinkarnation des alttestamentarischen Propheten Elias (Matthäus 11,11-15). An späterer Stelle fragen die Jünger Jesus:

'Warum sagen denn die Schriftgelehrten, zuerst müsse Elias kommen?' Er gab zur Antwort: 'Ja, Elias kommt, und er wird alles wiederherstellen. Ich sage euch aber: Elias ist schon gekommen, doch sie haben ihn nicht erkannt, sondern mit ihm gemacht, was sie wollten. Ebenso wird auch der Menschensohn durch sie leiden müssen.' Da verstanden die Jünger, daß er von Johannes dem Täufer sprach. (Matthäus 17,10-13)

Im Johannesevangelium behauptet Jesus: »Und niemand ist in den Himmel aufgestiegen außer dem, der vom Himmel herabgestiegen ist: der Menschensohn« (Johannes 3,13), und unterstützt damit die Idee einer vorherigen Existenz. Obwohl das Konzept der Reinkarnation heutzutage kaum in christlichen Gottesdiensten erwähnt wird, war es innerhalb der frühchristlichen Kirche weit verbreitet. Frühe Kirchenväter wie Origenes und Clemens von Alexandria galten als Unterstützer der Reinkarnationslehre. In seinem Werk Contra Celsum schreibt Origenes:

Ist es nicht sinnvoll, daß Seelen entsprechend ihren Verdiensten und Taten aus den Vorleben einen neuen Körper erhalten und jene, die mit ihrem alten nur Gutes verrichteten, einen besseren erhalten als die anderen? Die Seele legt einen einstmals notwendigen Körper ab, der in seinem jetzigen Zustand nicht mehr brauchbar ist, und wechselt ihn gegen einen neuen ein.

Gregor, der Bischof von Nyssa, schrieb ungefähr 350 n. Chr.: »Es ist absolut notwendig, daß die Seele geheilt und gereinigt wird, und wenn es während dieser Lebenszeit auf Erden nicht gelingt, dann muß es während zukünftiger Leben geschehen.«

Mit der zunehmenden Popularität von Jesus verbreitete sich für ihn die Bezeichnung »König der Juden«. Doch war es der jüdische Klerus selbst, der dagegen Einspruch erhob, weil er nicht mit ihrer Vorstellung vom Messias (dem Gesalbten), dessen Ankunft im Alten Testament prophezeit wurde, übereinstimmte. Schließlich handelte es sich bei ihm lediglich um den Sohn eines Zimmermanns aus ärmlichen Verhältnissen, der in einem Schafstall geboren worden war und kein Recht hatte, sich als König auszurufen. Wie, so

Abb. 56 Römische Soldaten bereiten Jesus für die Hinrichtung vor.

fragten sie sich, konnte dieser Mann es wagen, sich als Sohn Gottes zu bezeichnen? Das war Blasphemie.

Die Römer hatten anscheinend wenig gegen Jesus oder seine Lehre, ihnen ging es vorwiegend um die Aufrechterhaltung von Gesetz und Ordnung sowie um den ungehinderten Einzug der Steuern. Trotzdem gelang es seinen

Widersachern, ihn mittels einer Verschwörung in eine Falle zu locken und ihn vor den Hohen Rat (ein einundsiebzigköpfiges jüdisches Hochgericht) zu stellen, wo er der Gotteslästerung für schuldig befunden und schließlich den Römern zur Bestrafung übergeben wurde. Die Römer waren sich unschlüssig, wie sie mit ihm verfahren sollten, und ließen von der Menge abstimmen, die die Kreuzigung forderte.

Nach seinem Tod wurde er in ein Grab gelegt, aus dem er, wie die heiligen Schriften sagen, nach drei Tagen wieder auferstand, um seinen Jüngern eine letzte Predigt zu halten, bevor er gen Himmel fuhr. Diese letzte Handlung göttlicher Rechtfertigung wurde zum Wendepunkt für alle, die die Geschichte von Jesus lasen. Es war klar, daß er gelitten hatte und am Kreuz gestorben war, um die Menschheit auf die Wege des Schöpfers aufmerksam zu machen. Der Akt der Wiederauferstehung war ein Symbol für das ewige Leben. Für all jene, die ihm folgten, würde Tod gleichbedeutend mit Wiedergeburt sein. Er bewies, daß das ewige Leben durch Opfer gewonnen und die Reinigung des Geistes durch Liebe und Vergebung erreicht wurde. Er reinigte die Welt von den Sünden, die durch die Schlange im Garten Eden gebracht worden waren. Einige behaupten, er sei der größte Mensch, der je gelebt hat.

Die Religionen der Welt

Nachdem wir einen ausführlicheren Blick auf die vier ersten Götter geworfen haben, werden wir kurz die anderen Weltreligionen betrachten, um festzustellen, ob auf andere Religionsstifter die gleichen Charakteristika zutreffen.

Wie wir gesehen haben, sind der Hinduismus und der Buddhismus im Brahmanismus verwurzelt. Buddha war die neunte Inkarnation Vishnus. Ebenso haben Christentum und Islam beide ihre Wurzeln im Judaismus. Der Islam, die Religion der Moslems, hat heute weltweit über 600 Millionen Anhänger und ist damit nach dem Christentum der am weitesten verbreitete Glaube.

Das heilige Buch des Islam, der Koran, schildert das Wirken des islamischen Propheten Mohammed, der 570 n. Chr. in Mekka, dem Zentrum der arabischen Welt, als Sohn der Koraischfamilie geboren wurde. Seine Lehren unterscheiden sich von den älteren Überlieferungen wie den Veden und der Tora dadurch, daß seine Eingebungen ihm in meditativen Trancezuständen kamen und von seinen Anhängern als Koran niedergeschrieben wurden. Er lebte nicht als Sohn Gottes oder als Gott wie Krishna, Buddha, Jesus und Pacal. Er war nur ein Botschafter.

Im Koran sind keine Berichte über irgendwelche Wunder Mohammeds verzeichnet, und seine Gefolgsleute haben ihm nur wenige, dafür aber um so unglaublichere Wunder zugeschrieben. Er hatte außerdem keine Verbindung zu den Symbolen der Schlange und des Vogels, wie Quetzalcoatl, Krishna, Christus und Buddha. Außerdem hatte er viele Frauen und war kein friedfertiger Lehrer, sondern focht viele Schlachten im Namen seiner Religion aus. Trotzdem waren seine Errungenschaften für den arabischen Raum nachhaltig und vielfältig.

Vor seinem Erscheinen herrschte die Götzenanbetung, ein Idol für jeden Tag des Jahres; ihnen wurden Menschenopfer gebracht und einige der Anbeter aßen

Menschenfleisch; Lust, Unzucht, Spielerei und Trunkenheit waren weit verbreitet.

Mohammeds Bemühungen führten zu einem Monotheismus, mit Betonung auf Wahrhaftigkeit, Gerechtigkeit, Freundlichkeit und Wohltätigkeit und dem Verbot von Alkoholgenuß und Ehebruch. Wie der Islam Mohammed sieht, wird im Koran selbst deutlich: »Mohammed ist ein Botschafter, wie die Botschafter, die vor ihm gewesen sind« (M. M. Pickfall, *The Meaning of the Glorious Koran).*

Das Konzept der Reinkarnation wird im Koran an mehreren Stellen angesprochen. In Sure (Kapitel) III 27 steht: »Du läßt die Nacht zum Tag werden, und den Tag zur Nacht. Und du läßt die Lebenden von den Toten auferstehen und die Toten von den Lebenden.« Und in Sure II 28 heißt es: »Und du warst tot, und er hat dir das Leben wiedergegeben. Und durch ihn wirst du sterben, und durch ihn wieder zum Leben erweckt werden, und am Ende wird er dich zu sich rufen.«

Sure II 286 beschäftigt sich mit dem Begriff des Karma: »Allah prüft keine Seele härter, als sie es ertragen kann. Und er läßt ihr nur zukommen, was sie verdient hat ...« Und in Kapitel 25 der Zahraf-Verse von Mekka steht: »So wie der Regen die vertrocknete Erde in Grün verwandelt und Früchte tragen läßt, so bringt Gott die Toten zurück ins Leben, damit ihr lernen werdet ...«

Es sollte noch erwähnt werden, daß die Reinkarnation, obwohl sie Teil der islamischen Lehre ist, kaum allgemein vermittelt wird. Die Betonung liegt eher auf einer »Reinheit des Handelns«, und es blieb den Sufis, dem mystischen Zweig des Islam, überlassen, das Prinzip der Reinkarnation weiterzuvermitteln.

Konfuzius lebte von 551 bis 479 v. Chr. und hat etwa 600 Millionen Anhänger unter den Chinesen. Er war jedoch eher ein Philosoph als ein religiöser Führer, deshalb kann auch der Konfuzianismus eher als Philosophie und weniger als Religion betrachtet werden. Er selbst hielt sich nicht für einen originären Denker, sondern etablierte vielmehr praktische Verhaltensregeln, an denen sich die Menschen von Kindheit an orientieren konnten.

Im Alter von 34 Jahren traf er auf Lao-tse, einen fünfundachtzigjährigen Philosophen, den Begründer des Taoismus, Verwalter des Staatsarchivs und Verfasser des Tao te king. Lao-tse fragte Konfuzius, ob er sich des Taos (des göttlichen Wegs) bewußt sei, und Konfuzius gab zurück, daß er seit vielen Jahren nach dem wahren Wissen suche. Darauf antwortete Lao-tse: »Dieses Wissen kann nicht erfaßt werden, indem man es verfolgt, es wird dein Herz betreten, wenn du ihm dort Raum gibst« (Lao-tses Gespräche mit Konfuzius in World Religions von G. T. Bettany). Lao-tse sagte auch:

Wenn die besten Menschen von der Existenz des Weges hören,
Gehen sie mit aller Ernsthaftigkeit daran, seine Länge zu erkunden.
Der mittelmäßige Mensch hört davon, geht auf die Reise
und läßt wieder ab...
Die vulgären Leute aber lachen brüllend, wenn sie
die Neuigkeit erfahren,
Und würden sie nicht brüllend lachen, dann wäre es nicht der Weg.
(Lao-tse, *Tao te king*)

Konfuzius verbreitete Weisheit mittels weiser Worte und nahm keine besondere Originalität für sich in Anspruch. Von seinen eigenen Lehren sagte er: »Ich bin nur ein Überbringer und kein Schöpfer«. Zum Thema Menschlichkeit befragt, antwortete er: »Liebe die Menschheit«; über den Umgang mit Fehlern: »Übe Nachsicht bei kleinen Fehlern«; über das Gute sagt er: »Besser als einer, der weiß, was richtig ist, ist einer, der liebt, was richtig ist«; über Gott: »Spricht der Himmel jemals? Die vier Jahreszeiten kommen und gehen, und alle Geschöpfe wachsen und gedeihen. Und ob der Himmel spricht!«

Diese Art zu lehren beeindruckte Lao-tse wenig. Im Anschluß an sein Treffen mit Konfuzius bemerkte er zu einem Besucher: »Diejenigen, über die ihr redet, sind tot, und ihre Knochen sind zu Staub verfallen; nur ihre Worte klingen noch nach ... Laßt ab von eurer stolzen Art und euren vielen Wünschen, eurem anzüglichen Verhalten und eigensinnigen Willen. Sie gereichen euch nicht zum Vorteil ...« Er stellte klar, daß der zeremonielle Aufwand, der Bezug auf alte Lehrer und das selbstgerechte Auftreten von Konfuzius wenig mit der ruhigen Rationalität seiner eigenen Lehren zu tun hatten, hinter denen er als Person immer zurücktrat.

Es gibt selbstverständlich noch zahllose andere, kleinere Religionen, die für ihre Anhänger von größter Bedeutung sind, doch können wir hier nicht auf alle eingehen.

Quetzalcoatl

Die Mosaikmaske von Palenque zeigt eindeutig, daß Pacal die gefiederte Schlange Quetzalcoatl war. Daran besteht kein Zweifel. Er hinterließ eine Reihe lebendiger Wunder, die Maya-Transformatoren. Von den Inschriften an seinem Tempel und den Knochen in seiner Gruft wissen wir, daß er zwischen 703 und 743 n. Chr. gelebt hat und im Alter von 40 Jahren starb. Es bleibt die Frage, woher das Wissen stammte, das den Bau des hochentwickelten Teotihuacan ungefähr neunhundert Jahre früher, gegen 200 v. Chr., ermöglichte.

Eine genaue Untersuchung aztekischer Überlieferungen zeigt, daß der Name Quetzalcoatl auch anderen großen Herrschern vor und nach der Zeit Pacals verliehen wurde. Die Azteken glaubten, daß Ce Acatl Topiltzin Quetzalcoatl (der Mann) im 10. Jh. n. Chr. ein Herrscher in der toltekischen Hauptstadt Tula (ungefähr 75 Kilometer vom heutigen Mexiko City entfernt) gewesen war. Ihren Aufzeichnungen zufolge sollte Quetzalcoatl im 16. Jahrhundert wiedergeboren werden. Der Herrscher aus dem 10. Jahrhundert wurde als »großgewachsen, hellhäutig und bärtig« beschrieben und war bekannt als weiser Lehrer, der in einem »kostbaren Haus aus Jade, Silber, Federn und weißen und roten Muschelschalen« lebte. Die Parallelen zu den Funden in der Gruft von Pacal im Tempel der Inschriften sind unübersehbar. Es bleibt die Frage, ob die historische Darstellung hier irrt oder ob Pacal tatsächlich 250 Jahre nach seinem Tod in Palenque in Tula reinkarnierte.

Es könnte auch sein, daß er sogar noch eine frühere Inkarnation in Teotihuacan hatte und daß es seine Lehren aus dieser frühen Zeit waren, die der mächtigen Stadt ihr fortgeschrittenes Wissen gespendet und ihre hohe Blütezeit ermöglicht hatten.

Ein Vergleich der ersten Götter

Schauen wir uns die ersten Götter im Hinblick auf ihre gemeinsamen Merkmale einmal etwas genauer an. Alle vier verkündeten die gleiche Botschaft, nämlich daß die Menschheit erschaffen worden sei, um »den Geist zu reinigen«, und daß ein Versagen in dieser Angelegenheit zu Wiedergeburt und Leid in kommenden Leben führen wird. Alle glaubten sie an das karmische Prinzip und an das Prinzip der Nächstenliebe. Alle Schulden müssen entweder in diesem oder im nächsten Leben abgezahlt werden. Wir können nicht andere verletzen und hoffen, damit davonzukommen.

Halten wir einen Moment inne und fragen: »Möchte uns da jemand etwas sagen?«

Je näher wir diese vier Lehrer in Augenschein nehmen, desto bemerkenswerter werden die Übereinstimmungen in ihren Lehren, wie die folgende Abbildung zeigt.

Abb. 57 Die Lehren der ersten Götter.

Die Lehren	Brahmanismus und Hinduismus	Buddhismus	Christentum	Lehren von Pacal (Quetzalcoatl)
Die ersten Götter	 Krishna ca. 1700 v. Chr.	 Buddha 500-420 v. Chr.	 Jesus 6 v. Chr. - 26 n. Chr.	 König Pacal 703-743 n. Chr.
Verkörperung des Schöpfers?	**Ja** Achte Inkarnation von Vishnu, einem Aspekt der göttlichen Dreiheit.	**Ja** Neunte Inkarnation Vishnus.	**Ja** Sohn Gottes in der heiligen Dreifaltigkeit.	**Ja** Der höchste Gott. Verkörperung der schöpferischen Kraft.
Unbefleckte Empfängnis?	**Ja**	**Ja**	**Ja**	**Ja**
Assoziation mit einem Stern?	**Ja** Ein heller Stern erschien am Himmel.	**Ja** Leuchtender Stern in der Bauchhöhle seiner Mutter.	**Ja** Ein leuchtender Stern erschien bei der Geburt am Himmel.	**Ja** Quetzalcoatl war auch der »Zwillingsstern Venus«, der leuchtendste Stern am Firmament.
Assoziation mit Licht?	**Ja** "Ich bin Licht" (Bhagavadgita). Auf Darstellungen von Licht umgeben.	**Ja** Lehrer der Erleuchtung; wurde zum "Erleuchteten".	**Ja** Gott ist Licht (Bibel). Wird mit Heiligenschein abgebildet.	**Ja** Bekannt als der Sonnengott in unterschiedlichen Formen.
Assoziation mit Vogel oder Schlange?	**Ja** Assoziiert mit dem Garuda, halb Mensch, halb Vogel, sowie mit der kosmischen Schlange Ananta	**Ja** Erreichte die Erleuchtung mit Hilfe der Schlange Maculinda.	**Ja** Vertreibung aus dem Paradies, Sündenfall der Menschheit durch Versuchung der Schlange.	**Ja** War Quetzalcoatl, die "gefiederte Schlange".
Assoziation mit Namen?	**Ja** »Krishna« bedeutet » der Erleuchtete« (Sanskrit) Seiner Lehre zufolge ist das Leben eine Illusion.	**Ja** Buddha ist die nächste Inkarnation von Krishna, »dem Gesalbten«. Seine Mutter hieß MAYA	**Ja** Christus bedeutet im Griechischen »der Gesalbte«.	**Ja** König der Maya. Nach seiner Lehre ist dieses Leben eine Illusion.
Wundertäter?	**Ja**	**Ja**	**Ja**	**Ja** Maya-Transformatoren sind lebendige Wunder.
Ähnliche Lehren?	**Ja**	**Ja**	**Ja**	**Ja**
(Liebe und Dienst an der Menschheit. Selbstkontrolle. Pflicht. Gott. Karma. Spiritualität der Menschheit. Reinigung der Seele durch Opfer. Unsterblichkeit der Seele)				
Geheimlehren (nur für Eingeweihte)?	**Ja** Parabeln und Allegorien für wahre Gläubige, unverständlich für Ungläubige.	**Ja** Parabeln und Allegorien.	**Ja** Parabeln und Allegorien.	**Ja** Maya-Transformatoren (verborgene Bilder, die Geschichten erzählen).

Die Lehren	Brahmanismus und Hinduismus	Buddhismus	Christentum	Lehren von Pacal (Quetzalcoatl)
Prophezeiung von Zerstörung und Untergang?	**Ja** Am Ende des Eisernen Zeitalters, ca. 2000 Jahre n. Chr. Reine Seelen werden im nächsten Goldenen Zeitalter auf die Erde zurückkehren.	**Ja** Bezog sich indirekt auf den hinduistischen Glauben an die vier Schöpfungszeitalter.	**Ja** Apokalypse. Die ersten werden die letzten und die letzten werden die ersten sein. Die Schwachen werden die Erde erben. 144000 werden nicht leiden. Sie tragen die Zahl 144000 auf der Stirn geschrieben.	**Ja** Welt wird zyklisch zerstört. Nächstes Zeitalter beginnt im Jahre 2012. Die Zahl 144000 erscheint bei dem entschlüsselten Transformator auf Pacals Stirn. Das numerische System der Maya bricht bei 144000 ab.
Glaube an Reinkarnation?	**Ja** Achte Inkarnation Vishnus. Ein Pantheon der Götter, die ihre Rollen wechseln.	**Ja** Neunte Inkarnation Vishnus.	**Ja** Wird anerkannt, aber nicht gelehrt.	**Ja** In der entschlüsselten Grabplatte von Palenque nachweisbar. Versinnbildlicht durch das Pantheon der Götter, die ihre Rolle wechseln.
Assoziation mit einem Baum?	**Ja** Soll auf einem Baum gestorben sein.	**Ja** Erleuchtung widerfuhr ihm unter dem Baum des Wissens.	**Ja** Starb am Kreuz mit einer Dornenkrone.	**Ja** Das Kreuz ist ein zentrales Merkmal der Grabplatte von Palenque. Der Säuglingsbaum wuchs im Paradies von Tamoanchan. Tote Säuglinge konnten am "Baum des Lebens" säugen und so die Kraft zur Reinkarnation gewinnen.
Leben nach dem Tod?	**Ja** Völlig gereinigte Seelen kehren zum Schöpfer zurück. Beinahe gereinigte Seelen reinkarnieren sich im nächsten Goldenen Zeitalter auf Erden. Unreine Seelen reinkarnieren sich während des nächsten Eisernen Zeitalters.	**Ja** Reine Seelen vereinen sich mit der Schöpferkraft des Universums. Die Alternative ist Reinkarnation und Leid.	**Ja** Gereinigte Seelen kehren zum Schöpfer zurück. Spricht von Seelen. die schon einmal auf der Erde gelebt haben (Elias). Unreine Seelen müssen leiden und ihre Sünden im Fegefeuer büßen	**Ja** Vollkommen gereinigte Seelen kehren zu Gott zurück. Andere reisen durch die Unterwelt, die Paradiese und das Fegefeuer, bevor sie sich auf der Erde reinkarnieren.
Wiederauferstehung oder Prophezeiung der Wiederkehr?	**Ja** Soll nach dem Tod wiederauferstanden sein. Wird als Gott Kalki am Ende des augenblicklichen Zeitalters wiederkehren.	**Ja** Keine Auferstehung: Wird sich jedoch, da mit Krishna identisch (der Vishnu ist), als Kalki reinkarnieren.	**Ja** Auferstehung von den Toten nach 3 Tagen. Prophezeite seine Wiederkehr.	**Ja** Reinkarniert als Ce Acatl Topiltzin Quetzalcoatl, der Herrscher von Tula im zehnten Jahrhundert.

Krishna, Buddha, Jesus und Pacal legten Zeugnis ab von einem anderen Weg, von einem allesliebenden Gott, von einem uns erwartenden Paradies und einem ewigen Leben. Durch ihre Wunder demonstrierten sie eine Superintelligenz, die sie mit jeder ihrer Inkarnationen zu uns auf die Erde bringen. Sie vermittelten uns spirituelle Einsichten und zeigten uns, daß wir erneut auf der Erde geboren werden und leiden müssen, wenn wir den einfachen Pfad wählen.

Gleichzeitig haben wir durch die Entschlüsselung der Werke der Maya davon erfahren, daß die Erde in periodischen Abständen zerstört und alles vernichtet wird. Vielleicht glauben wir nicht an die Wiedergeburt, aber wieder und wieder werden wir eines Besseren belehrt.

Worin besteht unsere Aufgabe hier? Worum geht es? Es gibt keinen Zweifel daran, daß unsere Aufgabe darin besteht, die physische, materielle Welt und die spirituelle Welt, von der die ersten Götter sprechen, miteinander in Einklang zu bringen. Auf der einen Seite haben wir die physische Zerstörung von Form und Materie, auf der anderen Seite spirituelle Erlösung.

Dabei taucht natürlich eine entscheidende Frage auf: Weshalb sollte ein angeblich wohlgesinnter Weltenschöpfer sich dafür entscheiden, seine Schöpfung alle paar tausend Jahre wieder zu zerstören? Welchen Zweck erfüllt das »Seelenrecycling«? Weshalb leben, altern und sterben wir alle, wenn wir doch nur wiedergeboren werden, um unsere Vorstellung ein ums andere Mal zu wiederholen?

KAPITEL 10

Leben, Tod und das Universum

Alle großen Religionen beschreiben den Schöpfer oder »Gott« als »Licht«. Gott könnte also auch mit elektromagnetischer Energie verglichen werden, einer Energieform, die sich als Licht manifestiert. Sie sind sich anscheinend auch darüber einig, daß Gott Liebe ist. Und wir erfahren, daß Gott den Menschen nach seinem eigenen Bild erschaffen hat. Der Mensch kann nur »durch Opfer wachsen« – der Mensch muß ein Stück von sich selbst opfern, ein Spermium oder ein Ovum, um sich fortzupflanzen. Ebenso muß ein Baum einen Apfel opfern, wenn ein neuer Baum wachsen soll.

Der einzige im Universum bekannte Wachstumsmechanismus ist daher das Opfer. Könnte es nicht einfach sein, daß Gott ein Stück seiner selbst opfern muß, bevor er in der Lage ist zu wachsen? Gott ist jedoch Energie, und wie Albert Einstein uns erinnert hat, kann Energie nicht zerstört werden, sie kann sich lediglich von einer Form in eine andere verwandeln.

Dieser Sachverhalt ist in der berühmten Gleichung $e = mc^2$ ausgedrückt, die bedeutet, daß Energie (e) in Masse (m) umgewandelt werden kann und Masse in Energie. Zerstören wir die Masse, wird eine große Menge Energie frei, die man in Relation zur Lichtgeschwindigkeit (c) berechnen kann. Wenn also ein schweres Element wie Uranium zerschmettert wird, ist das Resultat eine außergewöhnlich starke Explosion, eine Atomexplosion.

Ebenso kann Energie in Masse verwandelt werden, wenn sie komprimiert wird, zumindest im mathematischen Sinn. Das bedeutet, daß zu Anfang eine Energiequelle existierte, von der ein Teil zu Masse konvertiert werden mußte, um unser Universum zu erschaffen.

Wir haben gesehen, daß Biorhythmen und Fruchtbarkeitszyklen durch die Sonnenstrahlung gesteuert werden und daß die zyklische Aktivität der Sonnenflecken einen Mechanismus von zyklischen Katastrophen und Zerstörungen steuert, den die Maya bereits vor mehr als tausend Jahren auf der Grabplatte von Palenque codierten. Aber was noch wichtiger ist, die Grabplatte erzählt uns eine spirituelle Geschichte, wie die Seele durch Reinigung entweder eins mit dem Schöpfer werden kann oder wieder auf die Erde zurückkehren muß, um sich zu reinkarnieren.

Um eine Antwort darauf zu finden, was der Sinn des Lebens ist, müssen wir zunächst die physische und die spirituelle Welt miteinander verbinden. In der physischen Welt gibt es in periodischen Abständen immer wieder Zerstörung und Regeneration. In der spirituellen Welt finden wir entweder ewige Ruhe für die Seele oder eine Reinkarnation auf der Erde; dies sind die beiden Möglichkeiten, zwischen denen der Mensch wählen kann. Wir müssen uns fragen, weshalb diese Trennung der Welten überhaupt besteht. Weshalb sollte ein gütiger Gott in periodischen Abständen zerstören, was erschaffen wurde? Um diese Frage zu beantworten, müssen wir zur Natur des Schöpfers zurückgehen.

Der ursprüngliche Schöpfer war »Energie«, die in vielen Religionen als »Licht« oder »Gott der Schöpfer« bezeichnet wird und die als universelle Liebe oder das Gute im Universum betrachtet wird. Das einzig Bessere als Gott muß deshalb der Definition nach »mehr Gutes« sein. Deshalb muß das Ziel des ursprünglichen Schöpfers im Wachstum bestanden haben. Und der einzige Mechanismus, der Wachstum ermöglicht, ist der des Verlustes, des Opfers. Deshalb müssen wir an einem Punkt ansetzen, an dem der Schöpfer sich selbst opferte:

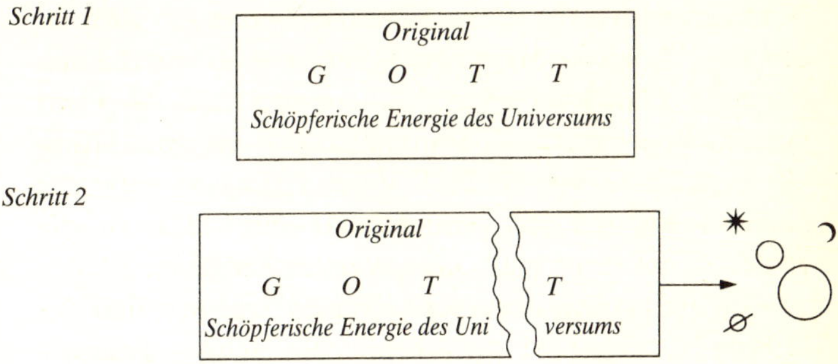

Abb. 58

Wenn die auf der rechten Seite dargestellte Energie wegbricht, wird sie durch den Prozeß, den moderne Wissenschaftler als den »Urknall« bezeichnen, in Masse umgewandelt – oder, wie Albert Einstein es ausdrückte: $e = mc^2$. Das physikalische Universum entsteht. Dies beinhaltet alles, von den Sternen und Planeten bis hin zu Felsen, Wolken usw.

Auf der einen Seite haben wir nun kreative Energie und auf der anderen Seite das materielle Universum, obwohl noch kein »Gotteswachstum« zu verzeichnen ist. Im Gegenteil, es ist deutlich zu sehen, daß sich die Menge der kreativen Energie zu diesem Zeitpunkt verringert hat.

Da wir jetzt eine materielle Welt haben, können wir nun auch das Konzept der »Zeit« anwenden. Zeit erlaubt es uns, Evolution zu erkennen. Durch den Prozeß der Evolution finden auf der Erde chemische Reaktionen statt, die zum Wachstum und zur steigenden Komplexität lebender Zellen führen. Diese Zellen sind in der Lage, elektrische Ladungen zu erzeugen, und je komplexer sie werden, desto größer werden diese Ladungen. Nach einer bestimmten Zeit genügt die Stärke dieser Ladungen, um ein weiteres Teilchen kreativer Energie anzuziehen und abzureißen. So gewinnt der Mensch im Laufe seiner physischen Evolution zu einem bestimmten Zeitpunkt dieses Prozesses eine Seele (siehe Anhang IV, 3).

Bevor wir mit der Entwicklung unseres Modells fortfahren, müssen wir einen wichtigen Unterschied zwischen der physischen und der metaphysischen Welt erkennen. Die Regeln der physischen Welt sind relativ simpel: Wenn ich eine Mark besitze und Sie ebenfalls, und wir tauschen miteinander, so besitzen wir hinterher jeder eine Mark. Dies scheint zu beweisen, daß es in der physischen Welt nichts umsonst gibt. Die metaphysische Welt ist anders: Wenn ich eine Idee habe und Sie ebenfalls, dann kann ich Ihnen meine Idee verraten und Sie mir Ihre. Dann haben wir beide zwei Ideen. Ohne extra Kosten haben wir beide unseren kreativen Reichtum vermehrt.

Im Lauf der Jahrhunderte haben alle messianischen Lehrer verlangt, daß wir unseren Nächsten lieben. Könnte es sein, daß ich durch Liebe zu meinem Nächsten meine

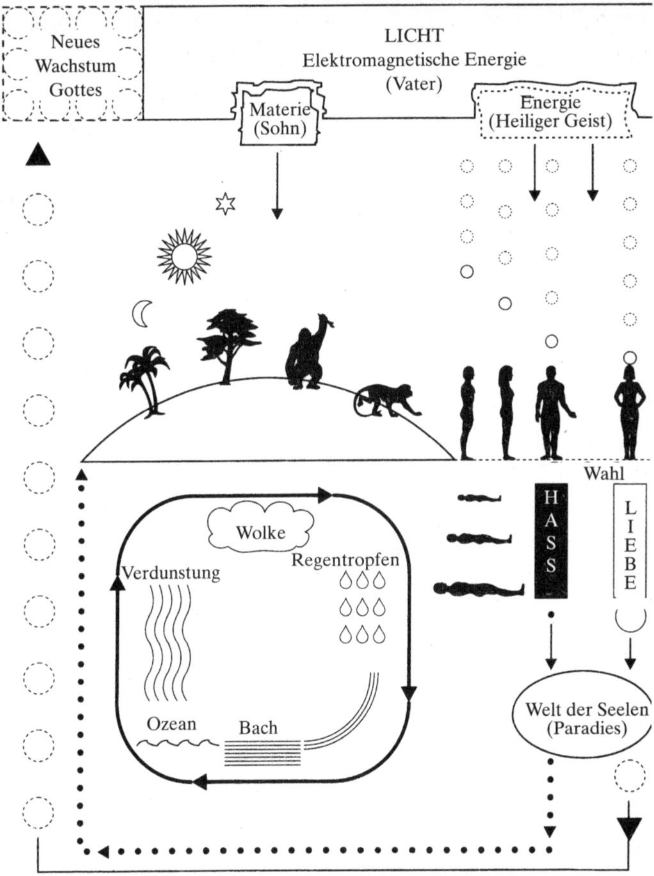

Die Reise der Seele ist vergleichbar mit der eines Regentropfens, der immer wieder Form annimmt. Reinigung erfolgt durch Liebe und Opfer. Gereinigte Seelen kehren zu ihrem Schöpfer zurück. Dadurch wächst der Schöpfer. Unreine Seelen kehren auf die Erde zurück und versuchen sich erneut zu reinigen.

Abb. 59 Zusammenfassung der Theorien zur Seele.

»Voltzahl«, meine emotionale Energie, verdoppeln kann? Und könnte es sein, daß diese kreative Energie nach ihrer Befreiung aus meinem toten Körper wieder zu ihrem Ursprung zurückkehrt, um damit den Wunsch des Schöpfers nach Wachstum zu befriedigen? Dadurch würde das göttliche Ziel des Wachstums mit physischer Zerstörung und der Rücknahme gereinigter Seelenenergie verbunden. Immer wenn physische Zerstörung stattfindet, kann die gereinigte Seele zu ihrem Schöpfer zurückkehren. Es ist also sinnvoll, die Welt periodisch zu zerstören, denn dadurch kann die universelle Liebesmenge anwachsen. Dies ist die Theorie der göttlichen Zusammenführung.

Wenn Liebe die Seele reinigt, dann muß Haß der Seele schaden und sollte nach dieser Theorie unter allen Umständen vermieden werden. Seelen, die ihre Reinheit (ihr Energieniveau) vermindert haben, müssen in ihrer nächsten Inkarnation auf die Erde zurückkehren und sich dort wegen ihrer geringeren Reinheit in einem beschädigten oder minderwertigen Körper (mit geringerem Energieniveau) reinkarnieren. So büßt die Seele für ihre Verstöße im vorherigen Leben, was absolut der Lehre vom Karma entspricht.

Diese Theorien von göttlicher Zusammenführung und iterativer (schrittweiser) spiritueller Erlösung vergleichen die Reise der Seele mit der eines Regentropfens, der als individuelle Einheit auf die Welt kommt. Später stirbt er, geht in einem Fluß auf, fließt in einen Strom und schließlich ins Meer, bevor er wieder aufsteigt, um als Regentropfen erneut zur Erde zu fallen. In der Welt der Spiritualität haben die seelischen Energien die Wahl, sich entweder zu reinigen und zu wachsen und damit zur schöpferischen Energie zurückzukehren oder aber sich nicht zu reinigen und ein weiteres Mal reinkarniert zu werden.

Die Zeit

Die Zeit scheint schneller zu vergehen, wenn wir guter Dinge oder sehr beschäftigt sind, und verlangsamt sich, wenn wir unglücklich oder gelangweilt sind. Daraus läßt sich leicht schließen, daß Zeit der subjektiven Einschätzung des menschlichen Verstandes unterliegt und keine eigenständige Größe bildet.

Die Zeit begann mit dem Urknall. Davor war alles elektromagnetische Energie. Lineare Zeit existierte nicht. Es gab keine Ereignisse, nichts passierte. Erst als die Energie zu Masse umgewandelt worden war, tauchten »Dinge« auf und Ereignisse trugen sich zu, eines nach dem anderen, oder eines vor dem anderen. In der spirituellen Welt existiert keine Zeit, nur in der materiellen Welt gibt es sie.

So überrascht es nicht, daß wir nicht in der Lage sind, die »Zeit« zu verstehen, es sei denn, wir blicken in den Spiegel und sehen dort, wie wir im Laufe der Jahre gealtert sind. Die Seele ändert sich nicht, sie fühlt das gleiche, ob sie acht oder achtzig ist: »Waffen können ihr nichts anhaben, Feuer kann sie nicht verbrennen, Wasser sie nicht nässen und der Wind sie nicht austrocknen ... sie ist ewig, alles durchdringend, sich niemals ändernd, unbezwinglich und älter als die Zeit«, schreibt die Bhagavadgita. Für die Seele gibt es keine Zeit.

Und doch rät uns der gesunde Menschenverstand, daß die meisten Dinge zeitkonform erledigt werden müssen.

Die Mutter gebärt die Tochter, und die Zeit sorgt dafür, daß die Tochter nicht die Mutter gebären kann – so scheint es jedenfalls. Wir können Mehl, Eier, Wasser, Zucker und Butter zusammenmischen und die Mischung für eine Stunde in den Ofen schieben, um einen Kuchen zu erhalten. Die Regeln der Zeit verbieten uns jedoch, die Zutaten getrennt voneinander in den Ofen zu schieben und sie hinterher zu einem Kuchen zusammenzurühren. So stehen die Dinge nun einmal in der materiellen Welt.

Aber wenn ich eine Tochter hätte, die zu dem Zeitpunkt schwanger wäre, wenn ich meinen Körper verlasse, was sollte meine Seele dann daran hindern, sich den Fötus in der Bauchhöhle meiner Tochter als neuen Körper zu erwählen und so zum Sohn meiner Tochter zu werden? In der Geistwelt existieren keine Begrenzungen. Das haben die Maya durch ihre Götter zu verdeutlichen versucht, die ihre eigene Großmutter gebaren (Coatlicue), oder durch Quetzalcoatl, der der Sohn von Ehecatl und seinem eigenen Sohn war, um nur zwei Beispiele zu nennen.

Wir haben gesehen, daß gereinigte Seelen, die nicht zu Gott zurückkehren, sich im nächsten Leben in einem besseren Körper reinkarnieren und dadurch ebenfalls von der Existenz der »Zeit« profitieren; höhere Seelenenergie scheint nach dem Tode schneller durch die Unterwelten zu gelangen und sich so zu einem früheren Zeitpunkt während des 5000jährigen Schöpfungszyklus zu reinkarnieren. Anstatt nach 5000 Jahren ins Eiserne Zeitalter, in die Hölle auf Erden, zurückzukehren, kann solch eine Seele nach 3750 Jahren im nächsten Kupfernen Zeitalter oder vielleicht sogar im Silbernen oder Goldenen Zeitalter auftauchen. Demgegenüber erhalten Seelen mit niedrigem Energieniveau nicht nur einen defekten Körper, sondern inkarnieren sich auch zu einem späteren oder schlechteren Zeitpunkt.

Zusammengefaßt ergeben diese Theorien das Modell auf Abb. 60, das die materielle und die spirituelle Seite des Lebens erklärt.

Auf der linken Seite erkennen wir, daß durch die Polverschiebungen periodisch auftretende Zerstörungen stattfinden, die für einen konstanten Nachschub an Körpern sorgen und so eine ständige Möglichkeit zur seelischen Reinigung und Wiedergeburt bieten. Auf der rechten Seite verbindet die Theorie der iterativen spirituellen Erlösung die Theorien von Reinkarnation und Karma. Sie entspricht dem karmischen Prinzip: Verantwortlichkeit für Handlungen in der Vergangenheit.

Vollkommen gereinigte Seelen kehren zu Gott, der kreativen Energie des Universums, zurück, da sie die Voraussetzungen für die göttliche Zusammenführung erfüllen – der göttliche Plan, der es Gott erlaubt zu wachsen.

Diese Betrachtungsweise der menschlichen Existenz befreit den Menschen von vielen quälenden intellektuellen Konzepten: Gott ist elektromagnetische Energie, die Verkörperung der Liebe; jeder von uns ist ebenfalls ein kleines Fragment dieser Energie. Lieben wir einander, muß sich auch die Menge der Liebe im Universum erhöhen, und während sie wächst, expandiert das Universum. Wir werden geboren, wir reinigen uns, wir sterben und das Universum dehnt sich aus. Wir sind das Universum. Ich bin Sie und Sie sind ich. Alles, was wir zu tun haben, ist, Gott zu lieben.

Diese Erkenntnis wird durch das Popol Vuh unterstützt, besonders durch die darin beschriebenen ersten Versuche Gottes, den Menschen zu erschaffen.

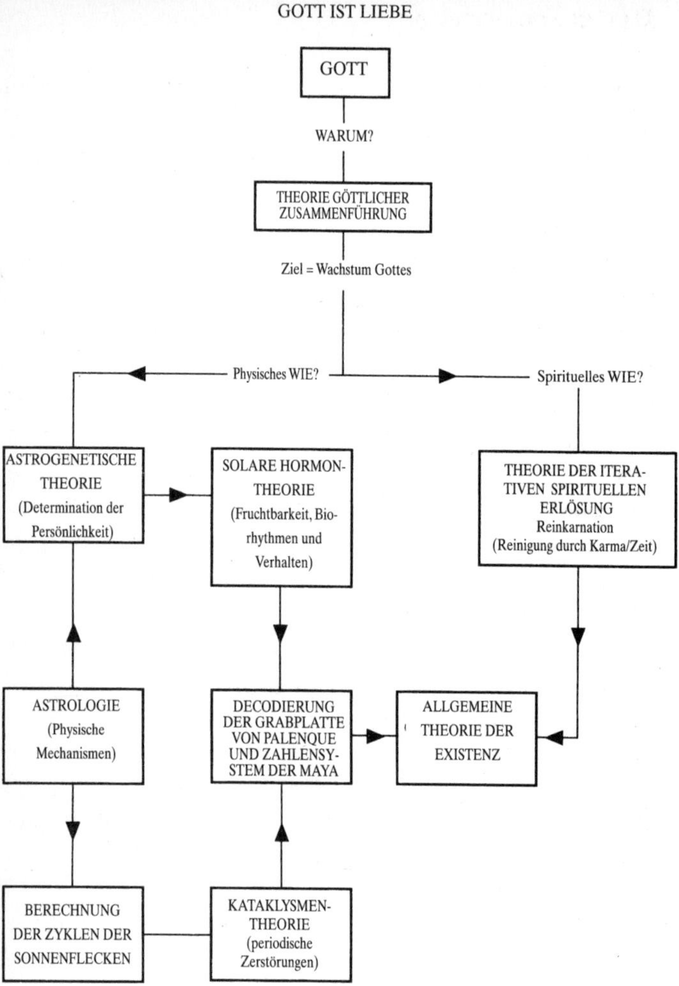

Abb. 60 Eine allgemeine Theorie der Existenz.

Der erste Versuch

Der erste Versuch zur Schöpfung der Menschheit schlägt fehl, und Gott erschafft statt dessen die Tiere. Nach der Erschaffung der Erde sagten die ersten »Erzeuger«:

»Nichts bewegt sich unter Bäumen und Lianen? Nichts als Schweigen? Von nun an soll jemand da sein, sie zu hüten.«
Das sagten sie, während sie überlegten und miteinander berieten. Und sogleich schufen sie das Wild und die Vögel. Und sie gaben einem jeglichen seine Stätte, dem Wild und den Vögeln.
»Du, Reh, wirst in den Niederungen der Flüsse und in den Schluchten schlafen. Im Gebüsch wirst du stehen und im Gras. *Im Wald sollst du dich fortpflanzen.* Auf vier Beinen wirst du dich aufrecht halten.«
Und wie es gesagt wurde, so geschah es.
Darauf wiesen sie den kleinen und großen Vögeln ihre Stätte an.
»Auf den Bäumen und in den Lianen werdet ihr Vögel wohnen, *dort werdet ihr eure Nester bauen, dort werdet ihr euch vermehren,* zwischen Zweigen und Lianen werdet ihr aufwachsen.«
So sprachen sie zu Wild und Vogelwelt. Und diese gehorchten und suchten ihre Stätten und Nester. So gaben die Erzeuger den Tieren der Erde ihre Wohnstatt. Und nachdem die Schöpfung der Vierfüßler und der Vögel beendet war, sprachen die Erzeuger also: »Redet, schreit, trillert, ruft! Redet alle, ein jegliches nach seiner Art ... Sprecht! *Ruft uns an! Verehrt uns!«*... So sprachen sie zum Reh, zu den Vögeln, zu Puma, Jaguar und Schlange ... Aber jene konnten nicht wie Menschen sprechen. Sie zischten, schrien und gackerten. Sie konnten kein Wort formen, und ein jegliches schrie nach seiner Art.
Als der Schöpfer und der Former sahen, daß jene nicht sprechen

konnten, sagten sie zueinander: *»Sie können uns nicht bei unserem Namen nennen, uns, ihre Former und Bildner.«*
Und die Erzeuger sagten zueiander: »Das ist nicht gut.«
Zu den Tieren sagten sie: »Wir werden euch ersetzen, da ihr nicht sprechen könnt. Wir haben unseren Sinn geändert. Eure Nahrung, euer Gras, eure Lager und eure Nester sollt ihr haben. *Ihr wart nicht fähig, uns anzubeten und anzurufen.* Darum werden wir andere schaffen, die uns willig sind. Das ist fortan euer Schicksal: euer Fleisch wird vertilgt werden.«

(*Popol Vuh*, S. 32-34)

Wie wir hier sehen, verlangten die Erzeuger im wesentlichen zwei Dinge von den Tieren: (1) sich zu vermehren und (2) sie anzubeten (zu lieben). Fehlt eines dieser Kriterien, sind die Voraussetzungen für eine göttliche Zusammenführung nicht gegeben. Sie ist auf einen ständigen Zufuhr von Körpern und eine Reinigung des Geistes durch Liebe angewiesen, ansonsten verliert die Schöpfung ihren Sinn.

Der zweite Versuch, Lehm

So galt es denn einen neuen Versuch, den Menschen zu schaffen und zu bilden. Der Schöpfer, der Former und die Erzeuger sagten: »Auf ein neues!... *Schaffen wir uns jene, die uns erhalten und ernähren. Was ist zu tun, daß man uns anrufe und erinnere auf der Erde?* Schon schufen wir unsere ersten Werke, unsere ersten Wesen. *Aber sie konnten uns nicht preisen und verehren.* Laßt uns denn ein Wesen schaffen, das gehorsam sei und ergeben *und uns nährt und erhält.«*
Darauf geschah die Schöpfung und Formung. Aus Erde, aus Lehm

machten sie des Menschen Fleisch. Aber sie sahen, daß es nicht gut war. Denn es schwand dahin, es war zu weich, es war ohne Bewegung und ohne Kraft, es fiel um, es war weich, es bewegte nicht den Kopf, das Haupt hing zur Seite, der Blick war verschleiert, er konnte nicht rückwärts blicken. Wohl sprach es, aber es hatte keine Vernunft. Bald weichten es die Wasser auf, und es sank dahin.
Und es sagten die Schöpfer und der Former: »Es zeigt sich, daß das nicht gehen *und sich nicht vermehren kann.* Hierüber müssen wir uns beraten ... Wie können wir unsere Anbeter, unsere Anrufer vollkommener erschaffen?« ... und sagten zu den Zauberern, die die Sonne neu aufgehen lassen und einschließen: »Es gilt eine neue Zusammenkunft. Es gilt die Mittel zu finden, daß der Mensch, den wir formen, der Mensch, den wir schaffen werden, *uns erhalte und nähre, daß er uns anrufe und unserer gedenke.«*

(*Popol Vuh,* S. 34-35)

Der dritte Versuch, Holz

Also versuchten sie es erneut und:

Sogleich wurden die Wesen aus Holz geschaffen. Sie glichen dem Menschen, sie sprachen wie Menschen, und sie bevölkerten die Erde. Sie lebten und bevölkerten die Erde, Söhne und Töchter hatten die Wesen aus Holz, aber sie hatten keine Seele, keinen Verstand, sie erinnerten sich nicht des Schöpfers und des Formers. Ziellos gingen sie herum, und auf allen vieren liefen sie.
Weil sie das Herz des Himmels nicht erinnerten, wurden sie verworfen... Es war nur ein Entwurf, ein Versuch zum Menschen.

Der vierte Versuch, Menschen

Dies sind die Namen der ersten Menschen, die geschaffen und geformt wurden: Waldjaguar, der erste. Der zweite Nachtjaguar. Nachtherr war der dritte. Und der vierte Mondjaguar.
Man sagt, daß jene erschaffen und geformt wurden, nicht Mutter hatten sie, nicht Vater, doch nannte man sie Männer... *Nur durch ein Wunder, durch Zauber wurden sie geschaffen und geformt ...*
Und da sie wie Menschen aussahen, waren sie Menschen. Sie sprachen, unterhielten sich, sahen und hörten, liefen und ergriffen Dinge. Es waren gute und schöne Menschen, und ihr Körper war der des Mannes.
Vernunft war ihnen gegeben. Sie schauten, und sogleich sahen sie in die Ferne; sie erreichten, alles zu sehen, alles zu kennen, was es in der Welt gibt. Wenn sie schauten, sahen sie sogleich alles im Umkreis und ringsherum sahen sie die Kuppel des Himmels und das Innere der Erde. Alle fernverborgenen Dinge sahen sie, ohne sich zu bewegen. Sofort sahen sie die ganze Welt, und sahen diese von dort, wo sie standen.
Groß war ihre Weisheit. Ihr Auge reichte bis zu den Wäldern, den Felsen, den Lagunen, den Meeren, den Bergen und den Tälern. Wunderbare Menschen waren sie in Wahrheit (die vier)...
Und sogleich sahen jene alles, was es in der Welt gab. Und sie dankten darauf dem Schöpfer und Former: *»Wahrlich, wir danken euch, zweimal, dreimal. Erschaffen wurden wir, einen Mund hat man uns gegeben und ein Gesicht. Wir sprechen, denken, gehen. Vorzüglich erscheint uns alles, und wir kennen alles, sei es ferne oder nahe. Und was groß ist oder klein am Himmel oder auf Erden – wir sehen es. Ja, wir danken euch, daß ihr uns schufet, dir Schöpfer, dir Former: daß ihr uns das Dasein gegeben habt, Großmutter unser, Großvater unser!« So sagten sie, dankend für die Schöpfung und Formung. Bald kannten sie al-*

les. Und sie erforschten die vier Windrichtungen und die vier Himmelsrichtungen und das Antlitz der Erde.

(*Popol Vuh*, S. 103-104)

Endlich war es dem Schöpfer gelungen, ein Wesen zu erschaffen, welches sich vermehren konnte und ihn, den Schöpfer, zur gleichen Zeit anbetete. Doch so einfach war es nicht:

Aber der Schöpfer und der Former hörten das nicht gerne. »Es ist nicht gut, was unsere Geschöpfe, unsere Werke sagen. Alles wissen sie, das Große und das Kleine.« Also sprachen sie. Und sie hielten neuerlich Rat mit den Erzeugern. »Was wollen wir jetzt mit jenen tun?« *Daß sie nur das Nahe sehen, nur ein wenig vom Antlitz der Erde!* Deren Rede ist nicht gut. Sind sie nicht, wie sie sind, bloße Geschöpfe und Machwerke? *Sollen sie gleichfalls Götter sein? Und wenn sie nicht zeugen und sich nicht vermehren, wenn es dämmert, wenn die Sonne aufsteigt? Was, wenn sie sich nicht vermehren?*

(*Popol Vuh*, S. 104-105)

Dies stellt eine interessante Kehrtwendung der Schöpfer dar. Zuerst wollen sie intelligente Wesen, die sich vermehren und sie preisen, doch jetzt haben sie superintelligente Götter geschaffen, die sich nicht vermehren wollen. Da sie »alles wissen«, müssen wir davon ausgehen, daß diese Wesen verstehen, wie das Universum funktioniert. Und sie wissen, daß alle von ihnen gezeugten Kinder nicht ihre Kinder sein werden, sondern reinkarnierte Seelen. Mit diesem Wissen ausgestattet, gibt es für sie keinen Anreiz, sich fortzupflanzen, da sie sich nicht selbst reproduzieren, sondern andere.

Also berieten sich die Schöpfer wieder:

»Unterdrücken wir ein wenig ihre Wünsche, denn was wir sehen, ist nicht gut. Sollen sie am Ende uns gleich sein, die wir sie schufen, und die wir in weite Ferne sehen, alles wissen und alles sehen?« ... So sprachen sie, und sogleich veränderten sie die Art ihrer Werke und Geschöpfe. *Es warf das Herz des Himmels einen Schleier über die Augen. Und die trübten sich, wie wenn ein Hauch über den Spiegel geht. Ihre Augen trübten sich: sie konnten nur noch sehen, was nahe war, nur was klar war.*
So wurden zerstört die Weisheit und alle Kenntnisse der vier Menschen des Ursprungs und Anfangs.
So wurden geschaffen und geformt unsere Ahnen, unsere Väter. Vom Herzen des Himmels, vom Herzen der Erde.

(*Popol Vuh*, S. 105)

Gott, der Schöpfer, blies Dunst (den Solarwind) in das Gesicht der Männer (ihre Gene). Diese Strahlung verschleierte ihre Augen (verursachte genetische Mutationen – zwölf Persönlichkeitstypen) und reduzierte ihre Sicht (Intelligenz), so daß sie zum einen noch in der Lage waren, sich fortzupflanzen, wie wir es heute kennen, und zum anderen über die individuelle Wahl verfügten, ihren Schöpfer anzubeten. Jeder der zwölf Persönlichkeitstypen sieht die Welt anders – einige sehen weit (intelligent), andere nur nah (nicht so intelligent).

Und so vermehren wir uns bis heute, und einige entscheiden sich dafür, ihren Schöpfer zu preisen, und das Universum expandiert weiter, genau wie vorgesehen.

Im ersten Teil des Buches haben wir im Zusammenhang mit der Wanderung der Stämme und der »Verhüllung« der verschlüsselten Informationen in den Maya-Transformatoren auch vom Sterben der ersten Väter gesprochen. Hier folgt ein detaillierter Bericht ihres Abschiedes, der auch das Opfer beschreibt, das sie brachten, als sie Kinder zeugten und den Schöpfer priesen:

Wir aber wollen jetzt den Tod von denen erzählen, die Waldjaguar, Nachtjaguar, Nachtherr und Mondjaguar genannt wurden.
Als sie ihr Ende nahe fühlten, riefen sie ihre Söhne herbei. Sie waren nicht krank, sie seufzten nicht unter Schmerzen, sie lagen nicht erschöpft darnieder, als sie den Söhnen ihr Vermächtnis hinterließen.
Drei von ihnen hatten Söhne, nur der Mondjaguar hatte keine Söhne. *Sie waren die Opfernden.*
Traurig sangen die vier zusammen, ihr Herz weinte in dem Lied. Camacu hieß dieses Lied. Dann eröffneten sie ihren Söhnen: »O, ihr Söhne! Wir brechen zur Heimkehr auf. Guten Rat und weise Grundsätze werden wir euch hinterlassen.« Und zu jeder ihrer Frauen sagten sie Abschied nehmend: »Von unseren fernen Hügeln seid ihr mit uns gezogen, o ihr Gattinnen. Zu den Unsrigen kehren wir zurück. Schon erscheint Unser-Herr-der-Hirsch (Xipe Totec): am Himmel steht er. Heimkehren werden wir, unser Werk ist getan, unsere Tage haben sich erfüllt, gehen müssen wir. Haltet uns im Gedächtnis, vergeßt uns nicht. Suchet, wo ihr eure Hütten bauet, sucht euch eine Bergheimat. Aber dann werdet ihr noch einmal das Land unserer Herkunft sehen.«
Das waren ihre Abschiedsworte. Und dann hinterließ Waldjaguar ein Erinnerungszeichen.
»Das hier wird euch beistehen, wenn ihr mich anruft. Das hier ist das Zeichen des Bundes. Jetzt habe ich schweren Herzens zu ge-

hen.« So sprach er und hinterließ als Zeichen seiner Erdentage das Bündel, das seither Pisom K'ak'al genannt wird. *Niemand wußte, was es war. Eine Rolle aus vielen Tüchern war es. Aber es war unmöglich, es zu öffnen. Keine Naht war zu sehen. Niemand hatte gesehen, wie das eingewickelt wurde.*

Von ihren Frauen und Kindern wurden sie nicht bestattet, niemand sah ihren Weggang. Nur ihre Weisungen blieben und das Bündel. Das wurde heilig gehalten. Ein Zeichen der Väter war es. Und vor ihm verbrannten sie Weihrauch, ihrer Väter gedenkend.

Wohl aber starben die ersten vier, unsere ersten Ahnen und Väter. Ihre Söhne ließen sie bei ihrem Hingang auf dem Berge Hecavitz. Dort blieben die Söhne zurück.

Ihre Väter hielten sie in Ehren, *und groß war der Ruhm des Bündels.* Sie öffneten es nie, sondern verhüllt bargen sie es. *»Verhüllte Kraft« nannten sie ihren Besitz und »Geheimes Erbe der Väter«* nannten sie es. Denn es war das einzige Zeichen ihres Erdenwandels, das jene hinterlassen hatten.

(*Popol Vuh,* S.139-141)

1250 Jahre lang war das Popol Vuh vor Suchern und Forschern verborgen geblieben.

EPILOG

Die Botschaft der Maya

Die entschlüsselten Geschichten der Maya-Transformatoren legen Zeugnis davon ab, daß es sich bei dem Priesterkönig Pacal um einen der ersten Götter handelte, der übermenschliche intellektuelle Fähigkeiten besaß. Er war das Gehirn hinter dem Erbe der Maya. Als Quetzalcoatl lehrte er sein Volk die Mathematik der Astronomie, die Millionen von Jahren in die Zukunft und in die Vergangenheit reichte. Er erläuterte die Vollkommenheit der Schöpfung und damit auch den Sinn des Lebens.

Er machte sich die handwerklichen Fähigkeiten der einheimischen Indianer zunutze, die er im Dschungel Mittelamerikas zurückließ, zusammen mit der Botschaft von der Reinigung der Seele und der Realität eines ewigen Lebens.

Er brachte den Maya die Mythologie und schuf ein Pantheon von Göttern, dessen Bedeutung erst 1250 Jahre später klar wurde und das den Menschen des 20. Jahrhunderts durch eine atemberaubende Performance auf Steinreliefs, Gemälden, Schmuck und Architektur in einige der wichtigsten Zusammenhänge des Universums einweiht.

Diese Botschaft war nicht an Grabräuber oder Unwissende gerichtet, sondern galt jenen, die irgendwann in der Zukunft die Bedeutung des Sonneneinflusses auf unser

Leben verstehen würden. Nur durch die Verwendung eines komplexen und dramatischen Codiersystems konnten sie angesichts des zu erwartenden intellektuellen und spirituellen Verfalls der Menschheit hoffen, ernst genommen zu werden.

Es hätte nicht anders sein können. Nun, gegen Ende des gegenwärtigen Eisernen Zeitalters, 5000 Jahre nachdem Krishna das gleiche Wissen auf dem Schlachtfeld von Kurukshetra an Arjuna weitergegeben hatte, mußte dieses Wissen Verbreitung finden. Wie die Maya berichten uns auch die Veden von Schöpfungskreisläufen, die Millionen von Jahren in die Zukunft und in die Vergangenheit zurückreichen, in denen Zivilisationen aufstiegen und blühten, untergingen und zerfielen.

Es wäre allerdings etwas verfrüht, uns jetzt bereits zu beglückwünschen, nur weil wir das geheime Wissen Pacals decodiert haben. Während der Entschlüsselung der Maya-Transformatoren haben wir begonnen, die »Regeln« des Decodierens zu begreifen. Der Fortschritt von einer Ebene zur nächsthöheren konnte nur dann stattfinden, wenn alle Hinweise in einer bestimmten Geschichte vollständig identifiziert worden waren. Ein Fortschreiten ist nicht möglich, ohne die auf jeder Ebene auftretenden Defekte identifiziert, repariert und überwunden zu haben.

Eine weitere Botschaft der Transformatoren besteht darin, daß wir uns auf die gleiche Weise prüfen sollen. Der Weg zur Reinigung und zum Erfolg führt über die Erkenntnis unserer eigenen Mängel, unserer Schwächen und unseres Versagens. Sind sie einmal erkannt und überwunden, steht der Erlösung – wie in Buddhas Parabel von der Henne – nichts mehr im Weg.

Nun sind wir bereit für den nächsten Schritt. Zunächst haben wir die Grabplatte von Palenque entschlüsselt und begriffen, daß die Maya von der Existenz der fünf Schöpfungszeitalter innerhalb jedes kosmischen Zyklus wußten. Ihnen war klar, daß Phasen der Zerstörung durch geologische Katastrophen verursacht werden, weil die Erdachse sich infolge der sich verändernden solaren Magnetfelder verschiebt.

Die Maya beteten die Sonne an, weil sie wußten, daß sie der Auslöser für die Achsenverschiebung der Venus im Jahre 3113 v. Chr. war, die sie als Geburt der Venus bezeichneten und nach der sie ihren eigenen Kalender ausrichteten.

Sie wußten, daß die Sonne Unfruchtbarkeit beschert und so zum Aufstieg und Untergang der Zivilisationen beiträgt. Gleichzeitig ist sie verantwortlich für Mini-Eiszeiten, für Dürreperioden in den Äquatorregionen, aber auch für die globale Vergletscherung.

Sie benannten ihre Kinder nach einem wiederkehrenden »astrologischen Zyklus«, basierend auf ihrem heiligen Jahr, das, wie wir nun wissen, mit einem entsprechenden Zyklus magnetischer Aktivität auf der Sonne zusammenhängt.

In den verschlüsselten Szenen auf der Grabplatte von Palenque setzte Pacal die Götter der Maya wie Schauspieler ein, um den Sinn des Lebens auf Erden zu erklären. Er beschreibt, wie er seine eigene Seele reinigte, um zu Quetzalcoatl zu werden; wie die Seele eines Menschen gereinigt zu ihrem Schöpfer zurückkehrt oder aber für einen weiteren Versuch wieder auf der Erde landet, um sich durch Leiden zu reinigen. Er führt uns in die Unterwelt und zeigt uns, was wir von Herr und Herrin Tod zu erwarten haben, sowie von der Göttin der Herzen, die uns im Fegefeuer erwartet. Und er erklärt uns, daß die Schwerkraft und der magnetische Einfluß des Planeten Merkur für die magnetischen Schwankungen der Sonne verantwortlich sind.

Als wir das gleiche Entschlüsselungssystem auch auf die Mosaikmaske anwandten, sahen wir, daß Pacal nicht nur extrem intelligent, sondern auch sehr verschieden von anderen Menschen war. Er gab und nahm Leben. Er regierte über die vier Himmelsrichtungen, und als Quetzalcoatl, die gefiederte Schlange, regierte er den Geist und das Fleisch, wie Krishna, Buddha und Christus vor ihm. Und als handelte es sich bei ihnen um Brüder, ähnelt Pacals Erscheinung auf der Maske den Darstellungen von Christus oder einem friedlichen Buddha. Er verbeugt sich vor dem Publikum, das applaudiert – so wie die beiden Hirsche in der Geschichte von Camaxtle, dem Gott des Opfers, auf dem Wandgemälde von Bonampak. Betrachten Sie noch einmal den sich verbeugenden Pacal auf Farbtafel 35. Stellen Sie sie auf den Kopf, um das volle Gesicht des Fledermausgottes zu erkennen.

Jetzt sind wir bereit für eine weitere Reise. Wenn ich meine beiden Acetatfolien allmählich aus ihrer Position entferne, erscheinen zwei Türen. Diese Szene enthält die Anweisungen dafür, wie die Tür zu einer geheimen Kammer geöffnet werden kann, die bis heute verschlossen ist. Wir können nur vermuten, welche Wunder uns hinter dieser Tür erwarten.

Könnte es sich hier um die »Halle der Spiegel« handeln, von der die Mystiker seit Jahrhunderten gesprochen haben?

Zieht man die Obsession der Maya mit der Zeit in Betracht, könnte es sich bei der Kammer vielleicht auch um den Aufenthaltsort einer »Zeitmaschine« handeln. Könnte diese Maschine uns auf die nächste Stufe eines neuen Verständnisses heben und Reisen in andere Dimensionen ermöglichen?

Wird die Kammer die Antworten auf Naturgeheimnisse wie Schwerkraft und Antischwerkraft enthalten und uns darüber aufklären, wie die Alten imstande waren, solch gewaltige Monumente zu bauen und hundert Tonnen schwere Steinblöcke ohne die Hilfe des Rades zu bewegen?

Die ersten Götter kamen, um die Menschheit zu retten. Wir haben die Botschaften, die sie für uns hinterlassen haben, entschlüsselt und wissen jetzt, daß wir sie nicht länger ignorieren können. Doch der reiche Überfluß ihres Wissens erwartet uns noch immer. Dies ist lediglich der Anfang …

ANHANG

ANHANG I

Das Sonnensystem

1. Die Sonne

In meinem ersten Buch, *Astrogenetics,* habe ich dargestellt, daß die Sonne über zwei unterschiedliche Magnetfelder verfügt. Eines erstreckt sich vom Nordpol zum Südpol, ähnlich dem der Erde (siehe Abb. 62, dunkler gekennzeichnet), und das andere besteht aus vier magnetischen Blasen, die in regelmäßigen Abständen auf der Äquatorregion verteilt sind.

Wie die Erde dreht sich die Sonne um ihre eigene Achse, aber die Sonne benötigt 26 Tage, um eine Drehung um ihren Äquator zu vollenden. Für eine Umdrehung um die Polarregionen benötigt sie 37 Tage. Dies ist möglich, weil die Sonne aus extrem heißem Plasma, einer Art klebriger, gasähnlicher Substanz, besteht. Die Abweichung der Umdrehungszeiten zwischen den beiden Regionen der Sonne ist bekannt als »Differentialrotation der solaren Magnetfelder«.

Die magnetische Aktivität im Innern der Sonne führt zu einer Partikelemission auf der Sonnenoberfläche. Es handelt sich dabei um negative Teilchen aus negativ geladenen Regionen und positive aus positiv geladenen. Wie Wasser-

DIE SONNE
Enthält 99,86 % der gesamten Masse unseres Sonnensystems und besteht zum größten Teil aus Wasserstoff und Helium.

MERKUR
Ein kleiner, steiniger Planet ohne Atmosphäre und mit verkraterter Oberfläche. Eine Umdrehung dauert 58,57 Tage.

VENUS
Der hellste Planet aufgrund der starken Reflexion der weißen Wolken, die Schwefelsäure und Kohlendioxid enthalten und die gesamte Oberfläche des Planeten bedecken.

ERDE
Dreht sich mit schneller Geschwindigkeit innerhalb von 23 Stunden und 56 Minuten einmal um die eigene Achse. Ihr Mond dreht sich einmal im Monat, so daß immer die gleiche Seite des Mondes der Erde zugewandt ist.

MARS
Der Mars umkreist die Sonne einmal alle 687 Tage, in einer Entfernung von 225 Millionen Kilometern. Er hat zwei kleine Monde, von denen der dem Mars nähere den Planeten in weniger als einem Marstag umkreist.

JUPITER
Der größte Planet, mißt ein Zehntel des Sonnendurchmessers und besteht wie die Sonne vorwiegend aus Wasserstoff.

SATURN
Wie der Jupiter dreht sich der Planet ungefähr alle 10 Stunden und kreist alle 29,5 Jahre einmal um die Sonne. Titan, der größte der Saturnmonde, ist groß genug, um eine Atmosphäre halten zu können.

URANUS UND NEPTUN
Diese beiden Planeten ähneln sich stark. Neptun ist etwas schwerer und Uranus etwas größer. Neptun befindet sich in 4,5 Milliarden Kilometer Entfernung von der Sonne in einem Orbit, für dessen Vollendung er 165 Jahre benötigt. Mit einer Temperatur von -230 Grad Celsius ist er der kältere der beiden. Uranus befindet sich in 2,8 Milliarden Kilometer Entfernung von der Sonne und ist etwa 10 Grad wärmer. Beide Planeten verfügen über Atmosphären aus Methan und Wasserstoff, und jeder von ihnen hat fünf Satelliten. Die Achse des Uranus ist beinahe auf einer Ebene mit seinem Orbit.

PLUTO
Pluto bewegt sich einmal alle 248 Jahre auf einem sehr exzentrischen Orbit.

Abb. 61 Die Bewegung der Planeten, ausgenommen die Venus, verläuft entgegen dem Uhrzeigersinn.

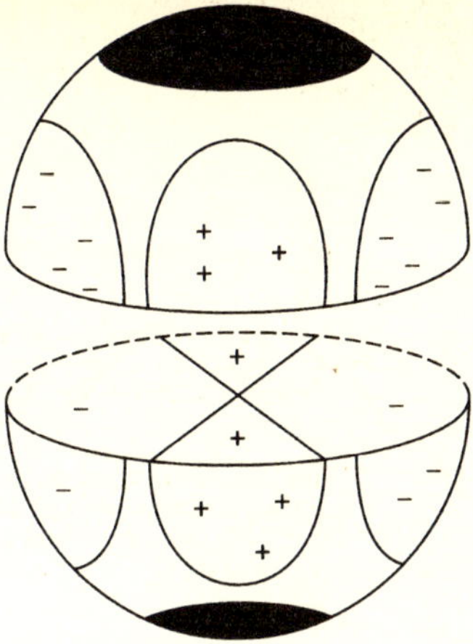

Abb. 62 Ansicht der Äquatorialregion der Sonne im Querschnitt mit vereinfachter Darstellung der Magnetfeldverteilung.

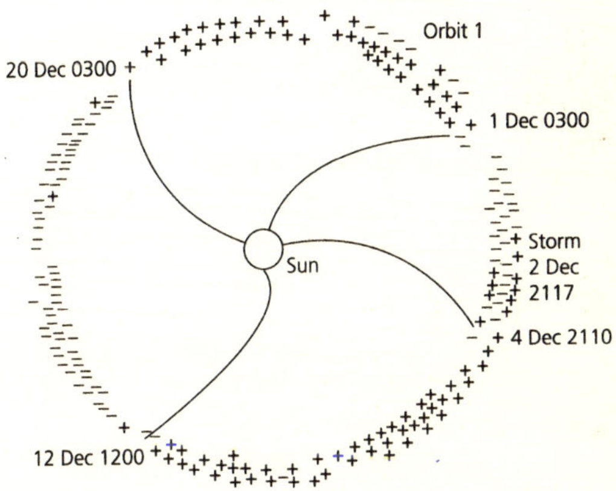

Abb. 63 Aufteilung und Struktur der Solarwinde (IMP - Interplanetary Spacecraft No. 1, 1963).

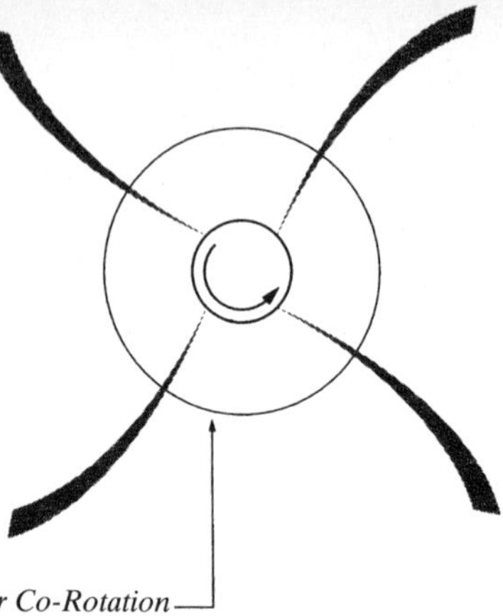

Abb. 64 Solarwind. Wenn sich die Sonne dreht, werden die Partikel, aus denen der Solarwind besteht, wie Wassertropfen von einem Rasensprenkler verteilt. Nahe an der Sonne (im Diagramm durch einen Kreis um die Sonne kenntlich gemacht) ist das Magnetfeld der Sonne jedoch stark genug, um die Partikel mit der Sonne rotieren zu lassen, so als wären sie fester Bestandteil der Sonne (Co-Rotation).

tropfen von einem Gartensprenkler werden sie in den Raum geschleudert. Dieser Strom von Partikeln wird als Solarwind bezeichnet.

Die Ursache für die unterschiedlichen Rotationsgeschwindigkeiten der Sonne

Würde die äquatoriale Region der Sonne mit der gleichen Geschwindigkeit rotieren wie die Polarregionen (siehe Abb. 65 links), so würde dies bedeuten, daß die Polarregionen und die Äquatorregion sich jeden Tag um 9,729729

Grad bewegen würden. Beide Regionen würden somit 37 Tage für eine Umdrehung benötigen.

In Wirklichkeit rotiert die Äquatorregion alle 26 Tage, was einer täglichen Bewegung von 13,846 Grad entspricht (Abb. 65 rechts). Der Unterschied zwischen den beiden Rotationszeiten beträgt 4,116 Grad pro Tag.

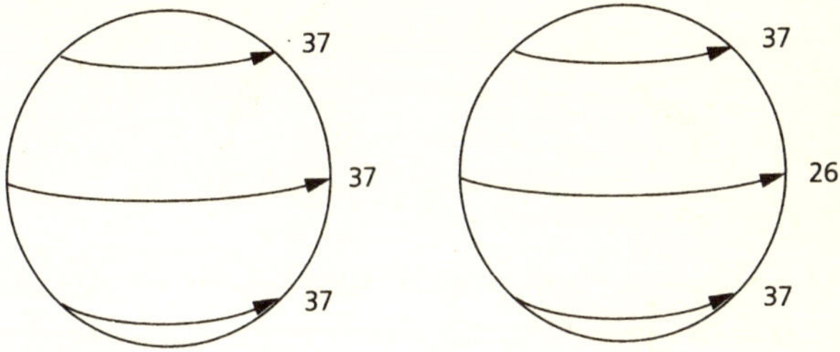

Abb. 65

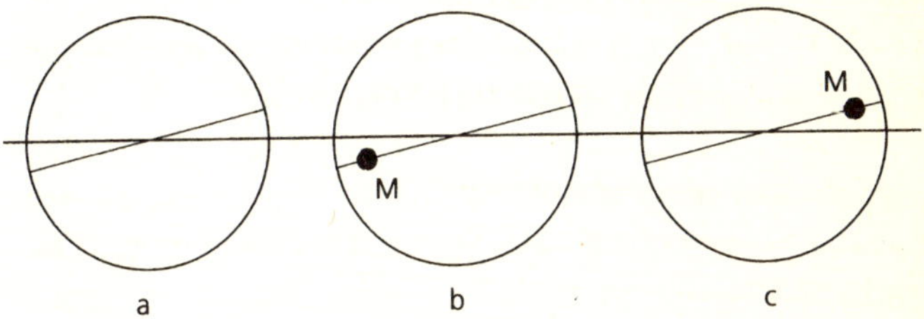

Abb. 66

Der Sonnenäquator befindet sich in einer Abweichung von 7 Grad zur Ekliptik (siehe Abb. 66 a). Die orbitale Neigung des Merkur liegt ebenfalls bei 7 Grad (Abb. 66 b). Die Flugbahn des Merkur koinzidiert also mit dem Sonnenäquator (Abb. 66 c).

Der Merkur umkreist den Sonnenäquator alle 87,969 Tage. Die Bewegung des Merkurs beträgt also 4,0923 Grad pro Tag (4,1). Daraus können wir schließen, daß die Schwerkraft und die magnetische Anziehungskraft des Merkurs, der 4,1 Grad am Tag zurücklegt, die Äquatorregion der Sonne um 4,1 Grad mitbeschleunigt, so daß sich die Äquatorialrotation der Sonne nunmehr auf 13,846 Grad anstatt auf 9,729 Grad beläuft. Daraus resultiert die 26tägige Rotationszeit der Äquatorregion der Sonne (siehe Anmerkung).

Anmerkung

Dabei taucht eine geringfügige Unstimmigkeit auf. Die wirkliche Differenz zwischen 13,84615385 und 9,729729 Grad beträgt 4,116424846 Grad und nicht 4,092350714 Grad wie die Bewegung des Merkurs.

Dies bedeutet, daß die zurückgelegte Gradzahl am Äquator der Sonne 4,116424846 beträgt und sie sich in dieser Region somit um 0,024074132 Grad schneller bewegt als der Merkur mit 4,092350714 Grad pro Tag. Hieraus könnte man folgern, daß der Merkur nicht für die Beschleunigung der Äquatorialregion der Sonne verantwortlich sein kann. Auf diese Unstimmigkeit werden wir in den folgenden Abschnitten eingehen.

Albert Einstein untersuchte ein ähnliches Problem, da das Perihel (der der Sonne am nächsten kommende Punkt auf der Umlaufbahn eines Planeten) des Merkurs sich nicht vollständig mit dem Newtonschen Gesetz der Schwerkraft erklären läßt, wie U. Leverrier bereits 1859 nachgewiesen hatte. Aufgrund des Einflusses der anderen Planeten im

Sonnensystem sollte der Orbit des Planeten sich langsam um die Sonne bewegen, und zwar so, daß sein Perihel sich jedes Jahrhundert um 5557 Gradsekunden verschiebt. Leverrier wies jedoch nach, daß das Perihel des Merkurs sich alle hundert Jahre um zusätzlich 43 Sekunden verschiebt, und nahm an, daß dies an einem bisher nicht entdeckten, der Sonne näher stehenden Planeten liegen könnte. Das Rätsel wurde erst durch das Erscheinen von Einsteins Relativitätstheorie gelöst.

Einstein wies nach, daß die zusätzliche Rotation des Merkurs durch eine Veränderung in der Masse der Elektronen zustande kommt. Da Merkur sich in einem elliptischen Orbit bewegt, variiert seine orbitale Geschwindigkeit und somit auch seine Masse, was eine Rotation des Orbits zur Folge hat. Einstein bewies, daß damit die zusätzlichen 43 Sekunden pro Jahrhundert erklärt werden konnten.

Dementsprechend postuliere ich, daß die orbitale Bewegung des Merkurs die Rotationsgeschwindigkeit der Äquatorregion der Sonne beschleunigt. Aber der Merkur dreht sich auch auf seiner eigenen Achse. Diese Achsenrotation kommt zum Einfluß der orbitalen Bewegung hinzu und ist für die fehlenden 0,02407 Grad pro Tag verantwortlich.

2. Die Wirkung der unterschiedlich rotierenden Magnetfelder

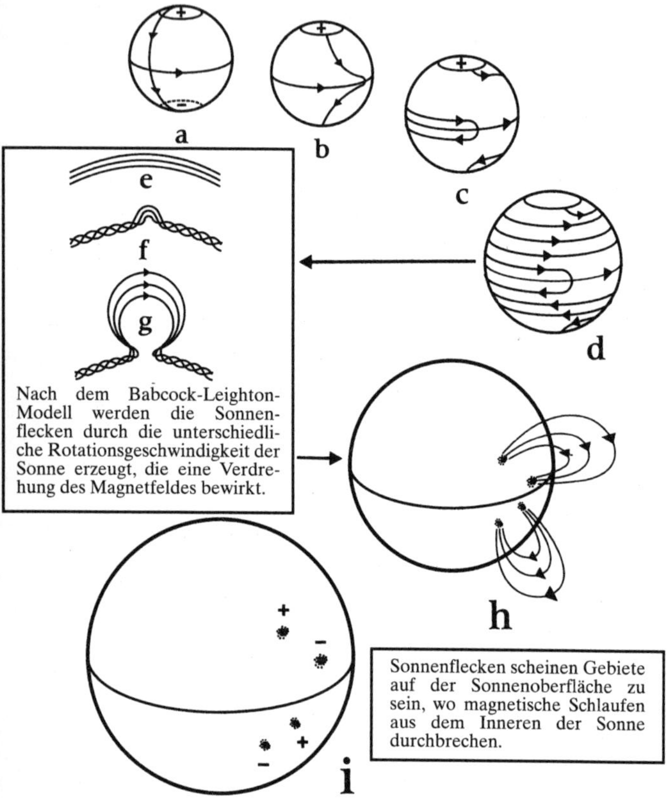

Abb. 67 Babcock-Leighton-Modell

Diesem Modell zufolge besteht der grundlegende Mechanismus, der für die Aktivität der Sonnenflecken verantwortlich ist, in einer durch die unterschiedlichen Rotationsgeschwindigkeiten der Sonne verursachten Veränderung des Magnetfeldes. Bei den Sonnenflecken scheint es sich um Flächen auf der Sonnenoberfläche zu handeln, an denen von innen magnetische Schlaufen durchbrechen.

Die Äquatorregion rotiert schneller als die Polarregion (Dipol). Das Polarfeld dreht sich langsam zu einem torroidalen Feld auf, welches entsprechend dem Längengrad in seiner Stärke variiert (siehe Abb. 67 a, b, c, d). Unter der Sonnenoberfläche kreuzen und verschlingen sich die Linien der Magnetfelder durch das in schneller Bewegung befindliche Gas, brechen durch die Photosphäre (Abb. 67 e, f, g) und bilden ein Sonnenfleckenpaar (Abb. 67 h, i).

Sonnenflecken erscheinen in Zyklen von durchschnittlich 11,49 Jahren. Diese Zyklen sind überlagert von 187jährigen Zyklen, die dafür sorgen, daß das Magnetfeld der Sonne sich nach 3553 Jahren oder 3740 Jahren (1366040 Tagen) umkehrt. Mit Hilfe der Venus gelang es den Maya, diese Periode zu bestimmen und zu verfolgen. 2340 Umdrehungen der Venus dauern 1366560 Tage. Diese magische Zahl der Maya war als »Geburt der Venus« bekannt.

3. Die Bedeutung der Pyramidenstufen

Die fünf Treppenabschnitte der Pyramide zum Tempel der Inschriften zählen von unten nach oben 9 Stufen, 19 Stufen, 19 Stufen, 13 Stufen und schließlich wieder 9 Stufen, die zur höchsten Ebene der Pyramide führen.

Die Neunen wurden als Faktoren der Matrix betrachtet. Die Gesamtsumme der Stufen, 69, wurde als Anagramm der 96 Mikrozyklen der Sonnenfleckenzyklen gewertet.

Was aber ist mit den Zahlen 19, 19 und 13? Weshalb waren es nicht 20, 18 und 13 oder andere Zahlen, die zusammen 69 ergeben?

Wenn wir uns der Pyramide nähern und die Stufen erklimmen, ahnen wir nichts vom Geheimnis der Pyramide. Wir wissen nur, daß die Maya Zyklen von 144000, 7200, 360, 20 und 1 Tag benutzten, um den Ablauf der Zeit zu markieren. Gezählt wurde vom Jahr 3113 v. Chr. an (Geburt der Venus). Wir wissen auch, daß diese Zyklen verwendet wurden, um Daten in Denkmäler zu meißeln und so der Nachwelt zu erhalten. Ebenso wissen wir, daß sie einen »Jahres«-Kalender verwendeten, der aus 260 Tagen bestand, und daß diese Zahl eine astrologische Bedeutung besaß. Wir wissen ebenfalls, daß sie die Zahl 9 verehrten.

Wenn wir die Zyklen aufschreiben:

144000	7200	360	20	1

und die Anzahl der Stufen auf den einzelnen Ebenen:

9	19	19	13	9

erhalten wir:

9 x 144000 + 19 x 7200 + 19 x 360 + 13 x 20 + 9 x 1 =
1439909 Tage.

Abb. 68

Die 5 Treppenabschnitte repräsentieren also eine Zahl von 1439909 Tagen. Dies sind 3999,747222 Zyklen zu 360 Tagen.

Untersuchen wir zunächst die Stellen hinter dem Komma:

0.747222 x 360 = 268,9999

Die wiederkehrende 9 hinter dem Komma ist eine Aufforderung, diese Zahl auf 269 aufzurunden, d.h. 260 und 9. Die Botschaft hier besteht darin, den Code des Zahlensystems zu knacken, 260 in die Reihenfolge der Zyklen einzufügen und eine Matrix mit 9 Ebenen zu erstellen. Genau dies haben wir getan und sind auf die Zahl der Geburt der Venus gekommen.

Kehren wir als nächstes zurück zu 3999,747222: Auch hier runden wir die Stellen hinter dem Komma auf und erhalten 4000. Dies bestätigt, daß die Maya das Dezimalsystem verstanden, es aber vorzogen, dieses nicht zu verwenden. 4000 x 360 ergibt 1440000, das Zehnfache der 144000tägigen Zyklusdauer, eine Tatsache, die ebenfalls auf das Verständnis eines Dezimalsystems hinweist.

Schlußfolgerung: Die Anzahl der Stufen an der Pyramide steht für ein Datum. Ist dieses einmal erfaßt, erschließt sich uns das Zahlensystem durch das Einfügen der Zahl 260 in die Abfolge der Zyklen und durch das Erstellen einer Matrix mit 9 Ebenen. Mit Hilfe dieser Matrix kommen wir auf die wichtige Zahl von 1366569 Tagen, die Dauer des Sonnenfleckenzyklus. Um die Erstellung der Matrix zu erleichtern, sind 11111, 22222, usw. in Form von Hinweisen in den Inschriften der Pyramide enthalten.

ANHANG II

Wie die Umkehrung der solaren Magnetfelder Katastrophen verursacht

1. Polverschiebungen und Polwanderungen

Alle 18139 Jahre kehrt sich das magnetische Feld der Sonne fünfmal um. Während das Feld von einer Richtung in die andere schwingt, dehnt es die Erdkruste an der Erdachse. Dies läßt sich anhand umgekehrter Magnetfelder im Oberflächengestein nachweisen. Fünfmal in 18139 Jahren unterliegt die Erde demnach destruktiven Einflüssen.

Im schlimmsten Fall kann es vorkommen, daß der gesamte Planet dabei aus der Bahn gerät und kataklysmische Zerstörungen eintreten. Dies würde allerdings nicht in Form magnetischer Aufzeichnungen im Oberflächengestein nachzuweisen sein.

Nach der Theorie von Charles Hapgood ist die Erdkruste beweglich genug, um zu wandern, was in der Vergangenheit zu einigen Verschiebungen und Veränderungen der Polpositionen geführt hat. Derartige Bewegungen werden durch eine besondere »schmierende« Gesteinsschicht in der Asthenosphäre, der Fließzone des oberen Erdmantels, möglich gemacht.

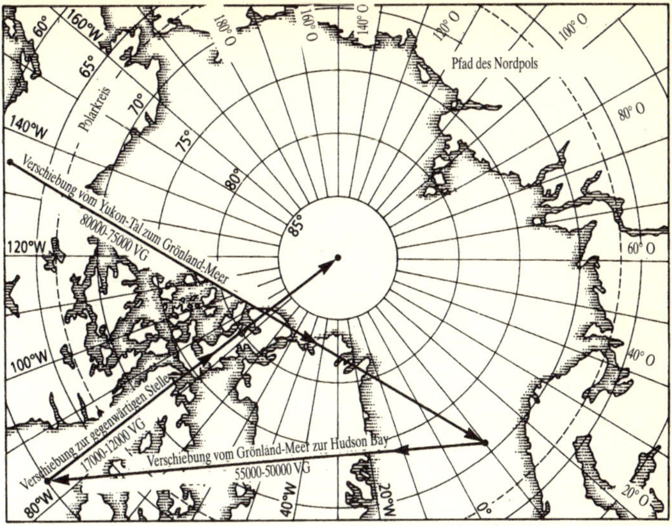

Abb. 69 Der Pfad des Nordpols, nach Charles Hapgood. VG steht für »vor der Gegenwart«.

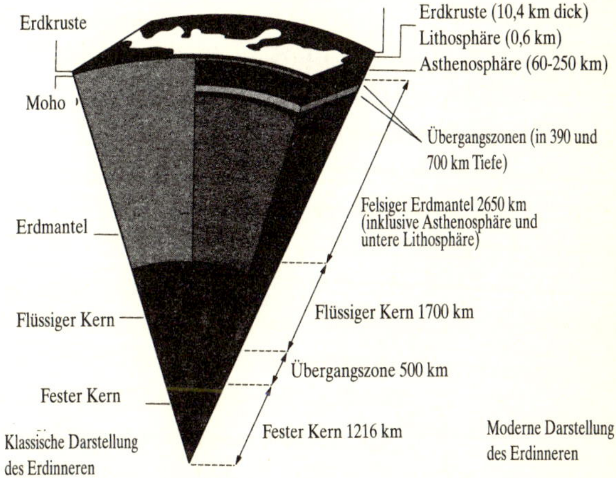

Abb. 70 Klassische Darstellung des Erdinnern.

2. Verstärkte Mutationen bei Neugeborenen

Wenn sich das Magnetfeld der Sonne verändert, verändert sich auch das Magnetfeld der Erde. Während dieser Zeit ist die Magnetosphäre geschwächt, jener Teil der die Erde umgebenden Atmosphäre, in dem die Elektronen und Ionen durch das Magnetfeld der Erde beeinflußt werden. Sie bildet normalerweise einen Schutzschild gegen ionisierende Strahlungen, die nun verstärkt auf die Erde treffen. Sie sind verantwortlich für genetische Mutationen bei Neugeborenen und führen zu einer höheren Säuglingssterblichkeit.

3. Mini-Eiszeiten und Dürreperioden

Ein Minimum in der Sonnenfleckenaktivität führt zu kühleren Temperaturen auf der Erde, die kleine Eiszeiten hervorrufen. Dadurch verdunstet weniger Wasser aus den Ozeanen, was zu Dürre führt. Gebiete mit ohnehin knappem Niederschlag, wie das der Maya, werden besonders durch den Ernteausfall betroffen.

Auf der folgenden Grafik ist die Aktivität der Sonne über die Jahrhunderte dargestellt. Die oberste Kurve repräsentiert den relativen Überfluß von Kohlenstoff 14 gegenüber Kohlenstoff 12 in den Baumringen einer Bristlecone-Kiefer. Proportionale Zunahmen an Kohlenstoff 14 werden durch ein Abfallen der Kurve dargestellt und deuten auf eine Verringerung der Solaraktivität hin. Die Kurve in dieser Darstellung ist begradigt worden, um langfristige Beobachtungen über mögliche Sonnenfleckenzyklen vornehmen zu können – die Grenzen aufeinanderfolgender

Maxima und Minima. Die anderen Kurven sind Schätzungen, die auf klimatischen Verhältnissen in der Vergangenheit beruhen, der durchschnittlichen Wintertemperatur in England, einem Winterhärte-Index für die Gegend Paris-London und dem Vor- und Zurückweichen der alpinen Gletscher.

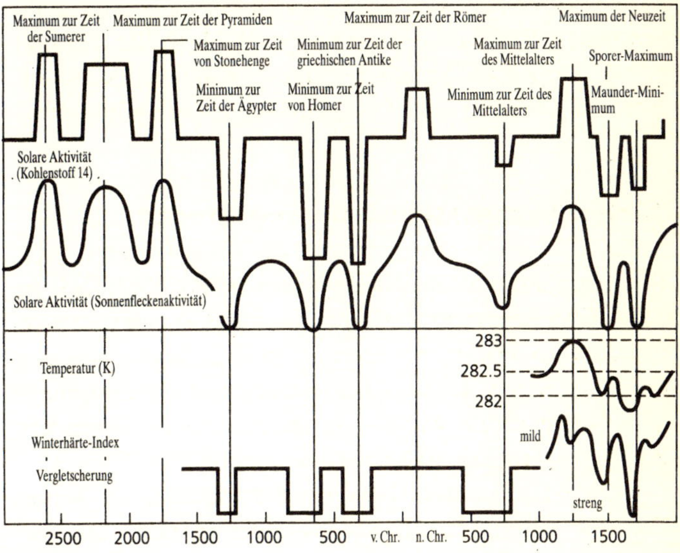

Abb. 71

Wie die Sonne die Persönlichkeit beeinflußt

Die Partikel, aus denen die Solarwinde bestehen, gelangen auf die Erde und verursachen magnetische Veränderungen der Atmosphäre. Diese magnetischen Veränderungen führen zu genetischen Mutationen zum Zeitpunkt der Empfängnis. Die Persönlichkeit eines Menschen wird so durch astronomische Einflüsse bestimmt, wie es die Sonnenzeichenastrologie postuliert. Diese Veränderungen korrelieren mit dem 260tägigen Sonnenzyklus.

Über den Biorhythmus wird das menschliche Verhalten von Geburt an von der Sonnenstrahlung beeinflußt. Das Jahr der Maya dauerte 260 Tage. Jedem Tag dieses Jahres wurde eine rituelle oder astrologische Bedeutung zugeschrieben. Jeder Tag brachte entweder Glück oder Unglück. Kinder wurden nach den Tagen benannt, an denen sie geboren wurden.

Die Konstellation bestimmter Planeten kann ebenfalls für Veränderungen der Persönlichkeit verantwortlich sein, zum Zeitpunkt der Zeugung wie auch nach der Geburt. Die Maya verfolgten den Lauf der Planeten, um astrologische Vorhersagen zu erstellen.

Determinanten der Persönlichkeit

Die astrogenetische Theorie

Geht davon aus, daß die Persönlichkeit eine Funktion genetischer Mutationen ist, ausgelöst durch den Einfluß modulierter Magnetfelder auf den Fötus (Ei/Zygote) bei der Empfängnis. Die Modulationen werden durch den Einfluß der Solarpartikel auf die Erdatmosphäre verursacht.

Aufgeladene Solarwindpartikel dringen in den Van-Allen-Gürtel ein und bewegen sich spiralförmig vom Nordpol zum Südpol.

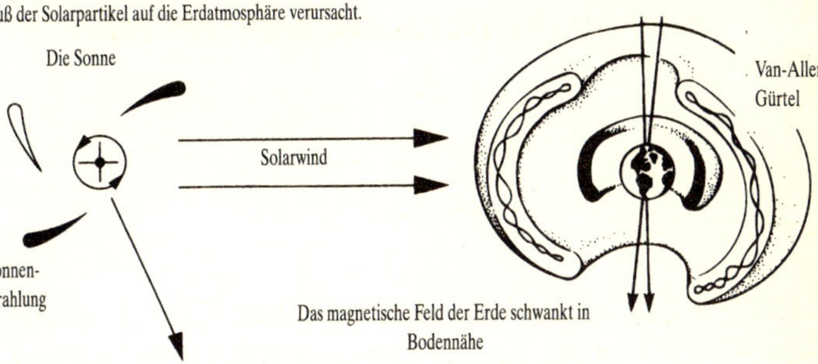

Das magnetische Feld der Erde schwankt in Bodennähe

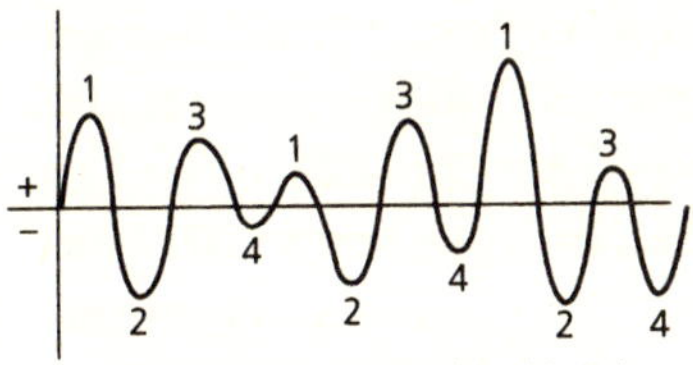

Monatliche Gesamtstrahlung (wie auf der Erde wahrgenommen)
Es gibt insgesamt vier aufeinanderfolgende Strahlentypen, die die Sonne verlassen.

Die Schwankungen im Magnetfeld beeinflussen die Produktion der DNA bei der Empfängnis und sind für genetische Mutationen verantwortlich.

Extrovertiert

Introvertiert

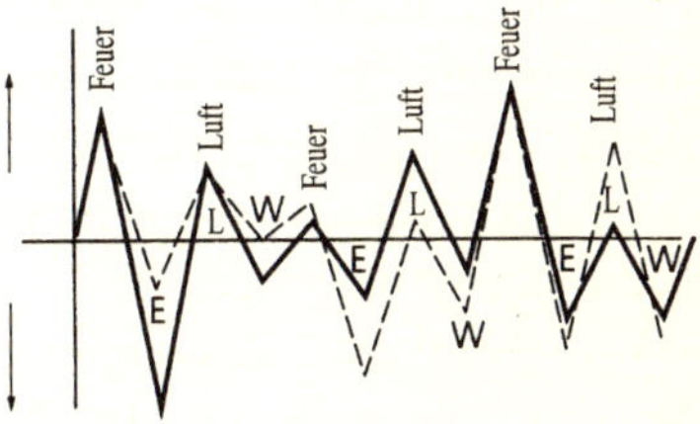

Sonnenzeichen und Tendenzen zu extrovertiertem/introvertiertem Verhalten: Genetische Mutationen führen zu Veränderungen der Persönlichkeit. Obige Darstellung beruht auf zwei Studien von Jeff Mayo am Institut für Psychiatrie unter Prof. Hans Eysenk. Basierend auf 1795 Testpersonen (durchgehende Linie) und 2324 Testpersonen (gestrichelte Linie) zeigte sich, daß die positiven Zeichen (Feuer und Luft) vorwiegend extrovertiert und die negativen Zeichen (Erde und Wasser) vorwiegend introvertiert sind.

Abb. 72 Determinanten der Persönlichkeit

ANHANG IV

Wie die Sonne die Fruchtbarkeit beeinflußt

Alle 28 Tage überschüttet die Sonne die Erde mit Partikeln. Diese beeinflussen das follikelstimulierende Hormon FSH, welches die Menstruation und die Fruchtbarkeit auf der Erde reguliert. Dem Sonnenfleckenzyklus folgen magnetische Störungen, und so lassen sich anhand der Sonnenfleckenaktivität der Aufstieg und der Niedergang von Zivilisationen verfolgen.

Die Maya beteten die Sonne als Fruchtbarkeitsgottheit an. Sie kannten die Ursache von Fruchtbarkeitszyklen. Sie wußten, daß ihre eigene Zivilisation untergehen würde, weil die Fruchtbarkeitshormone durch eine Störung der Sonneneinstrahlung geschädigt würden.

Die Solarhormontheorie

Geht davon aus, daß der menschliche Organismus nach der Empfängnis durch magnetische Modulationen bioreguliert wird, die von Sonnenpartikeln ausgehen. Veränderungen im Melatoninhaushalt beeinflussen den Biorhythmus. Veränderungen im Östrogen- und Progesteronhaushalt wirken sich auf die Fruchtbarkeit aus.

Aufgeladene Solarwindpartikel dringen in den Van-Allen-Gürtel ein und bewegen sich spiralförmig vom Nordpol zum Südpol.

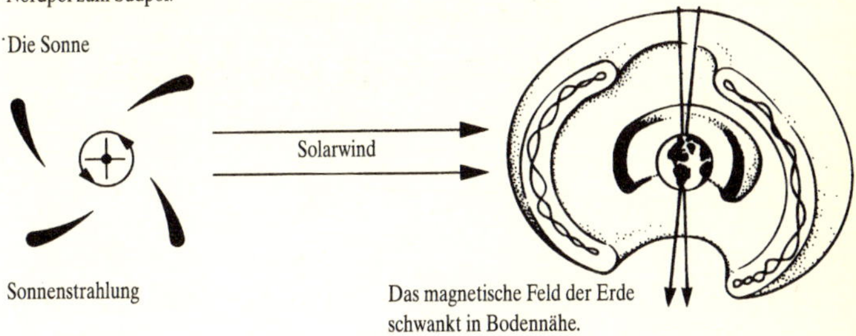

Diese Verwandlung von "magnetisch" zu "chemisch" wird als "elektrochemische Transduktion" bezeichnet.

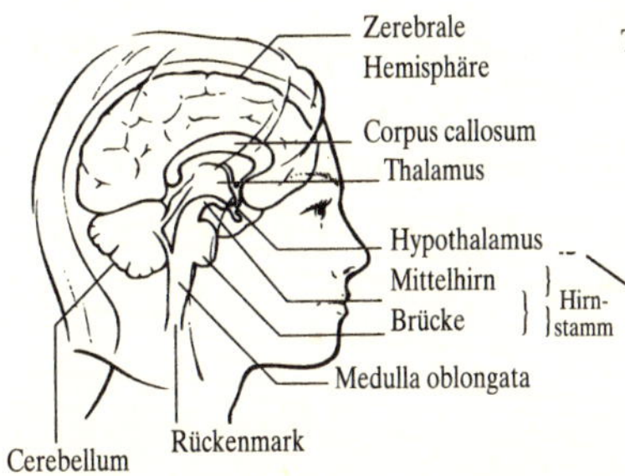

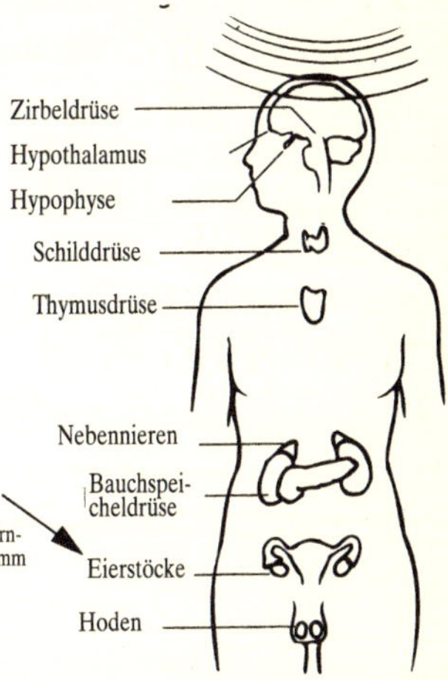

Die Zirbeldrüse verwandelt Magnetfelder in das Hormon Melatonin, das einen wichtigen Einfluß auf den Biorhythmus des Menschen hat. Die Hypophyse und der Hypothalamus beeinflussen die Produktion und Freigabe der Fruchtbarkeitshormone Östrogen und Progesteron. Diese Verwandlung von magnetisch zu chemisch habe ich als "elektrochemische Transduktion" bezeichnet (Astrogenetics 1988).

Abb. 73 Die Solarhormontheorie © MMC 1989

Einige verbreitete Fragen zum Zusammenhang von Fruchtbarkeit und Sonne

F: Wenn die Sonne alle Frauen gleichzeitig bestrahlt, weshalb menstruieren sie dann nicht zur gleichen Zeit?
A: Der oberste Kreis in Abb. 74 repräsentiert den 28tägigen Sonnenzyklus und wird hier als Dach eines Jahrmarktkarussells dargestellt.

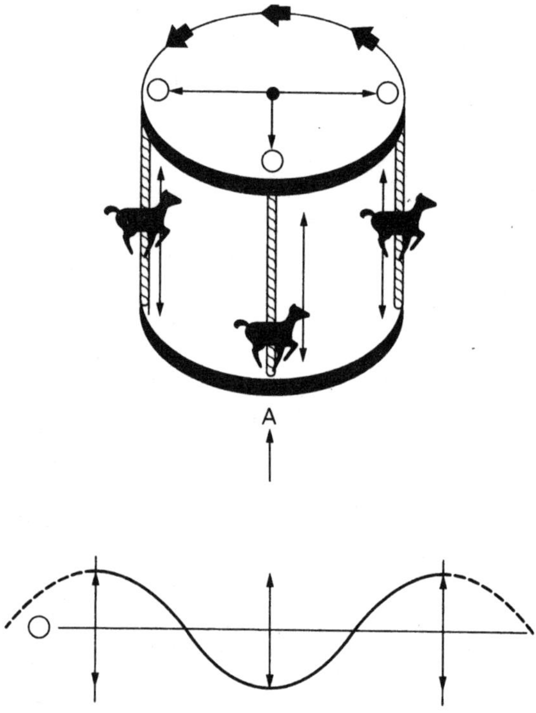

Abb. 74 Ein Jahrmarktkarussell verdeutlicht das Prinzip der »asynchronen Synchronizität«.

Stellen Sie sich vor, daß bei jeder Umdrehung des Karussells Pferd und Reiter einmal nach oben steigen und dann wieder nach unten. Jeder Passagier besteigt das Fahrzeug am Punkt »A«. Nachdem ein Passagier zugestiegen ist, bewegt sich das Karussell ein wenig. Der erste Passagier wird vom Boden in die Höhe gehoben. Jetzt kann der zweite Passagier zusteigen, weil das zweite Pferd jetzt in einer niedrigen Höhe positioniert ist. Wieder bewegt sich das Karussell ein wenig vorwärts. Das dritte Pferd senkt sich und ein dritter Passagier steigt zu, bis alle Passagiere zugestiegen sind. Dann beginnt die Fahrt.

Mit jeder Umdrehung des Karussells (im Fall der Sonne alle 28 Tage) heben und senken sich die Passagiere einmal, jeder synchron mit der Strahlung der Sonne. Trotzdem hebt und senkt sich jeder zu einem anderen Zeitpunkt, da jeder zu einem anderen Zeitpunkt zugestiegen ist. In bezug zum nächsten ist jeder Passagier »asynchron«.

Der Grund dafür, daß nicht alle Frauen zur gleichen Zeit menstruieren, besteht darin, daß jede Frau zu einem anderen Zeitpunkt empfangen wurde (die Erde betreten hat). Deshalb haben sie unterschiedliche Biorhythmen und unterschiedliche endokrine Aktivitäten. Doch alle endokrinen Systeme reagieren auf den 28tägigen Zyklus der Sonne.

F: Weshalb beträgt der weibliche Zyklus nicht exakt 28 Tage?
A1: Es handelt sich um einen Durchschnittswert. Wenn der Sonnenpol die Äquatorregion der Sonne stört, variieren die Zyklen zwischen 24 und 32 Tagen (28 Tage plus/minus 4 Tage).
A2: Alles, was sich auf den Biorhythmus oder den Stoff-

wechsel auswirkt, kann die Dauer des Menstruationszyklus beeinflussen. Dabei kann es sich um Kaffee, Tabak oder künstliche Hormone handeln, ebenso um andere Einflüsse, die mit den biorhythmischen Signalen der Sonne interferieren, wie Starkstromkabel oder andere elektromagnetische Störfaktoren.

Folgender Bericht aus dem New Scientist vom Juni 1989 illustriert die Beeinflußbarkeit des weiblichen Biorhythmus:

Stefania Follini, eine italienische Innenarchitektin, kehrte letzte Woche nach vier Monaten aus einer Höhle in New Mexico ans Tageslicht zurück. Italienische Wissenschaftler beobachteten, wie sie auf die Isolation in der Höhle reagierte, um die Ergebnisse auf die Weltraumfahrt anzuwenden. Ihre Wachzeiten betrugen 35 Stunden und wurden von bis zu zehnstündigen Schlafphasen unterbrochen. Sie verlor 17 Pfund, und ihr Menstruationszyklus setzte aus. Fellini hatte das Gefühl, daß sie zwei Monate unter Tage zugebracht hatte und nicht vier.

Dieser Fall hat weitreichende Implikationen. Wenn das menschliche Fortpflanzungssystem unter der Erde aussetzt, dann gilt dies vielleicht auch für andere Arten und ebenso für Infektionen und Viren. Dies ist keine reine Mutmaßung. Zwischen dem Grippevirus und den Sonnenflecken ist bereits ein Zusammenhang nachgewiesen worden:

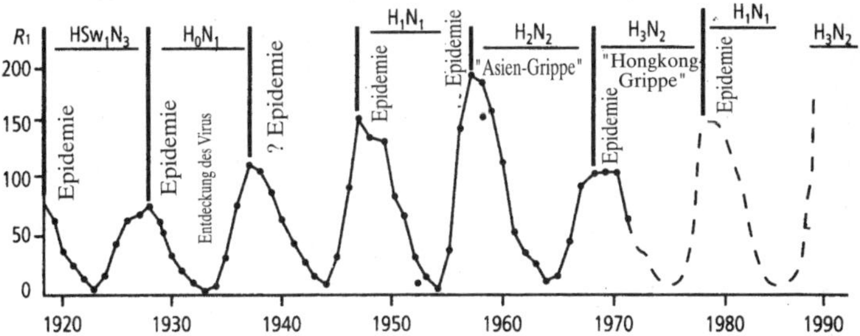

Relativer jährlicher Durchschnitt der Sonnenfleckenaktivität im Vergleich zu Daten von Grippeepidemien. Die Aufzeichnungen bis 1971 sind von Hope Simpson; die gestrichelte Linie zeigt die Situation von 1971-1989.

Abb. 75 Es besteht ein bemerkenswerter Zusammenhang zwischen den Höhepunkten des 11,5-jährigen Zyklus der Sonnenflecken und starken Grippeepidemien, die auf genetische Veränderungen des Virus zurückzuführen sind (Nature Magazine, 1978, R. E. Hope Simpson).

Aber das ist noch nicht alles. Eine Untersuchung, die am 3. Juli 1991 publiziert wurde, weist einen Zusammenhang zwischen Schizophrenie und Sonnenfleckenaktivität nach. Professor Robin Murray vom London Institute of Psychiatry sagt, daß es seinen Untersuchungen zufolge im Frühjahr 1958, nach dem starken Sonnenfleckenmaximum im Sommer 1957, einen »achtundachtzigprozentigen Zuwachs von Neugeborenen gab, die später Schizophrenie entwickelten. Die Korrelation ist über die gesamte untersuchte Periode von 1939 an nachweisbar ...«

Maxima der Sonnenflecken	*Daten von Epidemien*
1761	*1761-62*
1767	*1767*
1778	*1775-76*
	1781-82
1787	*1788-89*
1804	*1800-02*
1830	*1830-33*
1837	*1836-37*
1848	*1847-48*
	1850-51
1860	*1857-58*
1870	*1873-75*
1893	*1889-90*

Abb. 76

Offensichtlich ist die Sonnenfleckenaktivität für das Auftauchen der Schizophrenie verantwortlich. Es handelt sich dabei um eine bisher wenig verstandene Krankheit, die hormonellen Ursprungs ist und eine Geistesstörung nach sich zieht. Die magnetischen Eruptionen der Sonne wirken sich nachteilig auf die hirnsteuernden Hormone aus und sorgen für ein hormonelles Ungleichgewicht.

Die von Hope Simpson und Robin Murray vorgelegten Beweise zeigen eindeutig, daß Schizophrenie durch Sonnenaktivität ausgelöst wird. Wird der Patient aus dem Einflußbereich der Strahlung entfernt, kann somit eine Besserung der Symptome erreicht werden.

A3: Frauen geben natürlicherweise Hormone über ihren Körper ab. Sind diese Hormonausscheidungen stärker als die gerade herrschende Strahlung der Sonne, menstruieren Frauen in nächster Umgebung zur gleichen Zeit, solange die Interferenz andauert.

1. Wie die Sonne den Biorhythmus beeinflußt

Wir haben gesehen, daß die unterschiedlichen Arten der Sonnenstrahlung zu vier unterschiedlichen Typen astrologischer Persönlichkeiten führen. Nach ihrer Geburt werden Kinder positiv auf jene Strahlungsmuster reagieren, die zum Zeitpunkt ihrer Schöpfung dominant waren, und negativ auf andere Strahlungsmuster. An Tagen günstiger Strahlung werden sie wacher und aufnahmebereiter sein und an Tagen schlechter Strahlung träge und anfälliger für Unfälle, weil die Sonnenstrahlung die Leistungsfähigkeit des Gehirns beeinflußt.

1967 unternahm die Biologin Janet Harker eine Reihe von Versuchen mit Küchenschaben, um festzustellen, welcher Teil ihres Gehirns für ihr Schlafverhalten verantwortlich ist und dafür sorgt, daß die Schaben um Mitternacht erwachen und um sechs Uhr morgens einschlafen. Mit Hilfe eines Elektronenmikroskopes gelang es ihr, jenen Teil des Schabengehirns auszumachen, der für das Zeitgefühl des Tieres verantwortlich ist. Nachdem sie diesen Teil des Hirns entfernt hatte, verloren die Küchenschaben die zeitliche Orientierung und blieben wach, bis sie starben. Um sicherzugehen, daß sie wirklich die »Uhr« der Küchenschabe gefunden hatte, tauschte sie den entsprechenden Teil zwischen einer australischen und einer britischen Küchenschabe aus. Beide übernahmen den Rhythmus der jeweils anderen Schabe: Die britische Küchenschabe schlief um Mitternacht ein und wachte um sechs Uhr morgens auf und bewies damit, daß die innere Uhr auch nach der Transplantation weitertickte.

In einem 1987 unter dem Titel »Zellmembranen, elektromagnetische Felder und interzelluläre Kommunikation« publizierten wissenschaftlichen Artikel bestätigte Dr. Ross Aidey vom Loma Linda Hospital in Kalifornien, daß modulierende Magnetfelder sich entscheidend auf die Produktion von Melatonin in den Zirbeldrüsen von Ratten, Meerschweinchen und Tauben auswirkten. Das Hormon steuert ebenfalls das körpereigene Zeitempfinden und die Biorhythmen:

> Ungefähr 20 Prozent der Zirbeldrüsenzellen bei Tauben, Meerschweinchen und Ratten reagieren auf Veränderungen in der Intensität und Richtung des Magnetfeldes der Erde (Semm, 1983). Eine Umkehrung der horizontalen Komponente des irdischen Magnetfeldes unter Versuchsbedingungen führte zu einem signifikanten Abfall der Synthese und Ausschüttung des Peptidhormons Melatonin, das stark auf den 24-Stunden-Rhythmus einwirkt und das Enzymwachstum reduziert (Walker et al., 1983).

Der Ausdruck »modulierende Magnetfelder« bezieht sich auf zwei getrennte Felder, von denen eines konstant ist, wie es bei der Erde der Fall ist, plus einem anderen, das wechselt und damit dem Magnetfeld der Sonne entspricht. Das bedeutet, daß neurale Aktivität, Melatoninproduktion und

Biorhythmen nicht nur durch die Solarstrahlung beeinflußt werden, sondern auch durch das Magnetfeld der Erde und die Position der Versuchsperson auf der Erde entsprechend den Längen- und Breitengraden. Entfernen wir uns von unserem Geburtsort, entdeckt das endokrine System des Körpers magnetische Veränderungen und reagiert mit einer Ausschüttung von Hormonen.

Der Organismus fühlt sich immer dort am wohlsten, wo er empfangen wurde, und weniger wohl, wenn man ihn weite Strecken davon entfernt. »Heimweh« stellt also eine reale biochemische Antwort auf wechselnde Magnetfelder dar. Ebenso handelt es sich beim »Jet lag« um eine biochemische Reaktion der Zirbeldrüse auf Magnetfeldveränderungen. Dieser Mechanismus ermöglicht es auch Brieftauben, den Weg nach Hause zu finden. Sie kreisen zweimal in der Luft, um herauszufinden, welche Position sich am besten anfühlt, und dann fliegen sie in diese Richtung davon. Im Zickzack-Kurs suchen sie sich den für sie angenehmsten Verlauf des Heimwegs aus, dabei immer dem Magnetfeld folgend. (Tauben verfügen offensichtlich über eine »lösch- und programmierbare Erinnerung«. Hält man sie lange genug an einem bestimmten Ort, wird die Erinnerung an das alte Magnetfeld gelöscht und das neue gespeichert. Von da an wird die Taube zu ihrem neuen Zuhause zurückkehren.)

2. Wie die Sonne Krebs verursacht

Janet Harker machte noch weitere Experimente mit den Küchenschaben. Sie implantierte einigen von ihnen zwei innere Uhren, eine australische und eine britische. Jedes Mal

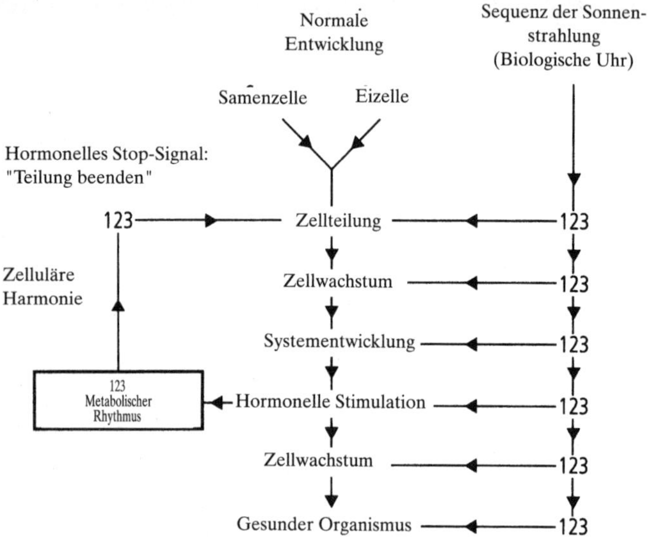

Abb. 77

verstarb die Küchenschabe im Verlauf des Experimentes an Krebs, was darauf schließen läßt, daß eine Verbindung zwischen Krebs und der Desynchronisierung der inneren Uhr besteht. Die Uhr befindet sich in der Sonne, und mittels magnetischer Modulationen reguliert die Sonne die Ausschüttung von Hormonen, welche sich auf die Stoffwechselrate des Körpers auswirken. Anhand des folgenden Diagrammes (siehe Abb. 77) können wir uns diesen Ablauf verdeutlichen:

Von der Sonne erreichen uns vier unterschiedliche Strahlungsarten: 234, 134, 124 und 123. Stellen Sie sich vor, ein Organismus wird durch den Typ 123 gesteuert. Der Strah-

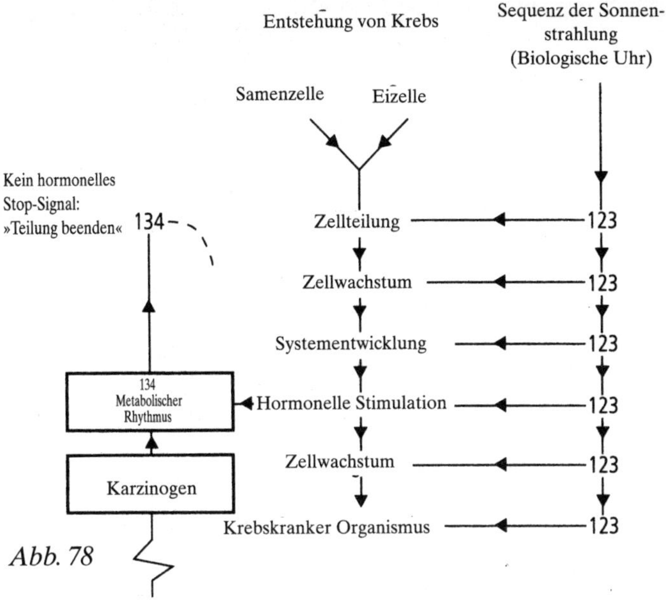

Abb. 78

lungstyp 123 erzeugt eine entsprechende magnetische Modulation, die auf die Zirbeldrüse wirkt. Die Zirbeldrüse und andere Drüsen setzen Hormone frei, die beim gesunden Organismus für eine Teilung der Zellen sorgen. Die Zellen teilen sich und wachsen. Körpereigene Systeme entwickeln sich, und der Körper wächst. Der metabolische Rhythmus übernimmt die Periodizität 123. Das gesunde System schickt ein »Stop«-Signal an die Körperzellen. Die Zellen hören auf, sich zu teilen. Der Organismus ist gesund.

Abb. 78 verdeutlicht den Ablauf einer ungesunden Situation. Wieder wird das Signal von der Sonne durch das Gehirn empfangen, und wieder werden Hormone freigesetzt. Zellen teilen sich und Systeme entwickeln sich. Der metabolische Rhythmus gleicht sich an und versucht sein Stop-Signal zu senden, nachdem ausreichend Zellen produziert worden sind. Doch der Metabolismus wird durch ein externes Karzinogen, zum Beispiel Kaffee oder Tabak, gestört (das Hormonsystem kann auch durch künstliche Hormone wie Östrogen oder Progesteron gestört werden). Die beiden komparativen Uhren können nun nicht mehr übereinstimmen. Eine geht nach dem 123-Signal der Sonne, die andere, künstlich stimulierte geht zum Beispiel nach dem 134-Typus. Das Stop-Signal wird nicht gesandt, um die Zellen von einer weiteren Teilung abzuhalten. Wieder und wieder findet die Teilung statt. Das Resultat ist Krebs. Zwei Uhren in einem Körper verursachen – wie bei Harkers Küchenschaben – Chaos.

Die Desynchronisierung der inneren Uhr kann auch durch die Blockierung des solaren Magnetsignals erfolgen. So sorgen zum Beispiel Starkstromkabel dafür, daß wichtige biorhythmische Signale von der Sonne nicht empfangen werden können, wodurch eine Beendigung der Zellteilung verhindert wird. Das Ergebnis ist auch hier Krebs.

Es wird daher nicht weiter überraschen, daß die moderne Chemotherapie nur in 25% aller Fälle wirksam ist. Würde die Behandlung auf die Biorhythmen und den korrekten Typus der Sonnenstrahlung – 123, 124, 134 oder 234 – abgestimmt, läge die Erfolgsquote möglicherweise bei 100 Prozent.

3. Körper und Seele

Viele Forscher sind der Ansicht, daß die Erde vor ungefähr 4 Milliarden Jahren aus einer geschmolzenen Masse von Staub und Solargenen entstand. Im Lauf von Jahrtausenden kühlte sich der Planet allmählich ab; die schwereren Elemente wie Eisen und Nickel sanken zum Kern der Erde.

Eine dünne Kruste bildete sich an der Erdoberfläche. Wolken aus Methan, Ammoniak und Wasserdampf bildeten die Atmosphäre, die sich ebenfalls abkühlte, kondensierte und so zu einer Beschleunigung der Abkühlung beitrug. Diese Gase wurden von ultravioletten Sonnenstrahlen bombardiert und dabei zu Wasserstoff, Kohlenstoff und Stickstoff zerlegt. Das leichteste Gas, Wasserstoff, entschwand größtenteils. Zurück blieben Stickstoff und Kohlendioxid.

Das Leben begann mit einzelligen Algen, gefolgt von Pflanzen, die Kohlendioxid in Sauerstoff verwandelten und die Grundlage für die Entwicklung von Quallen, Schwämmen, Seeanemonen, Trilobiten und primitiven Mollusken bildeten. Vor ungefähr 440 Millionen Jahren folgten ihnen die Panzerfische.

Vulkanische Aktivität und Erdbeben hoben Berge vom Meeresgrund an, und Seetiere krochen ans Land zu den dort bereits vorhandenen Riesenlibellen. Aus den Amphibien entwickelten sich Reptilien, und vor 250 bis 80 Millionen Jahren erlebten die Saurier ihre Blütezeit.

Der Biologe Charles Darwin war der erste, der die Evolution als einen Prozeß der natürlichen Selektion beschrieb. Demnach überleben die genetisch Anpassungsfähigsten auf Kosten der weniger Anpassungsfähigen. Später stellte sich heraus, daß die genetische Variabilität durch Rekombination der Erbfaktoren sowie durch Mutationen eine wichtige Rolle im Selektionsprozeß spielt. Mutationen werden unter anderem durch ionisierende Strahlung, Röntgenstrahlen und Gammastrahlen verursacht, die entweder vom Menschen erzeugt sind oder von der Sonne stammen.

Dringen Strahlen durch Materie, schwingen sich die dadurch berührten Atome auf die entsprechende Strahlungsfrequenz ein. Die Elektronen eines Atoms können dadurch derartig gestört werden, daß sie aus ihrem normalerweise stabilen Orbit geworfen werden und ein ionisiertes Atom zurücklassen. Derartige Atome sind als hochgradig chemisch reaktiv bekannt. Sie verursachen eine erhöhte Enzymtätigkeit, die in der Lage ist, Teile der DNA abzutrennen und genetische Mutationen zu verursachen.

Ebenso sind Magnetfelder dafür bekannt, daß sie Zellmutationen beim Menschen verursachen, sogenannte Fibroblasten, indem sie die DNA-Synthese im Gewebe beeinflussen.

Von Ausbrüchen auf der Sonnenoberfläche stammende ionisierende und magnetische Strahlungen haben Einfluß auf sich entwickelnde Gattungen und sind für »Mutationssprünge« in der Artenentwicklung verantwortlich.

Darwin stellte die Theorie auf, daß die Giraffe vom Pferd abstammt und eine bessere Überlebenschance hatte, weil sie aufgrund ihrer Halslänge mehr Blattwerk erreichen konnte als ihre kurzhalsigen Vettern. Deshalb sollen die langhalsigen Giraffen bessere Fortpflanzungsbedingungen gehabt und schließlich als Tierart dominiert haben.

Offen bleibt allerdings die Frage, weshalb keine Zwischenformen von Tieren mit mittellangem Hals gefunden wurden. Dies deutet auf einen Mutationssprung hin. Diese Erklärung könnte auch auf die fehlenden Glieder in unserer Abstammungslinie von der Familie der Affen zutreffen und die Existenz der unterschiedlichen Menschenrassen erklären, die aus unterschiedlichen Familien stammen und durch unterschiedliche Mengen ionisierender Strahlung mutierten. Dies erklärt auch, weshalb es die Affen immer noch gibt: Sie wurden nicht ionisiert. Ein Punkt, den Darwin geflissentlich übersah.

Der Grund für die Überlegenheit des Menschen in der Geschichte der Schöpfung besteht in seiner intellektuellen Komplexität, seinem Gehirn, das den Körper, seine Organe und Systeme mit Hilfe von elektrischen Signalen kontrolliert.

Die intellektuelle Aktivität einer einzelligen Alge oder Amöbe ist auf die chemische Aktivität innerhalb der Zelle limitiert und dementsprechend unbedeutend. Je mehr ein Organismus an Komplexität gewinnt, desto größer wird sein Bedarf an elektrischer Aktivität und an Steuerungsmechanismen; gleichzeitig wächst die Verarbeitungskapazität des Gehirns proportional mit der Komplexität des Organismus.

An einem bestimmten Punkt in der Evolution muß die elektrische Spannung im menschlichen Gehirn so weit angestiegen sein, daß sie die des immanenten Magnetfeldes auf der Erde ebenso übertraf wie die durch die Solarwinde verursachte elektrische Aktivität auf der Erde. Allem Anschein nach verfügte diese zunächst schwache, aber ständig wachsende Spannung bald über die Fähigkeit, eine gleichwertige elektrische Spannung mit entgegengesetzter Ladung von außerhalb der Erdatmosphäre anzuziehen.

Wenn es sich bei Gott um elektromagnetische Energie handelt, dann entwickelte der Mensch mit zunehmender Spannung innerhalb seines biologischen Gehirns die Fähigkeit, einen Teil dieser Energie an sich zu reißen, der groß genug war, um die Spannungsdifferenz zwischen dem materiellen Körper und dem extraterrestrischen elektromagnetischen Energiefeld zu neutralisieren. Zu diesem Zeitpunkt in der Geschichte der Evolution bekam der Mensch eine »Seele«, ein Stückchen göttlicher Energie.

Dies erklärt möglicherweise auch, weshalb angenommen wird, daß weniger entwickelte Geschöpfe als der Mensch keine Seele besitzen.

ANHANG V

Wie die Sonnenstrahlung den Untergang der Maya verursachte

Die Maya verschwanden 1366040 Tage nach dem Beginn ihres Kalenders. Das Magnetfeld der Sonne kehrte sich im Jahr 3113 v. Chr. und nochmals im Jahr 627 n. Chr. um, was

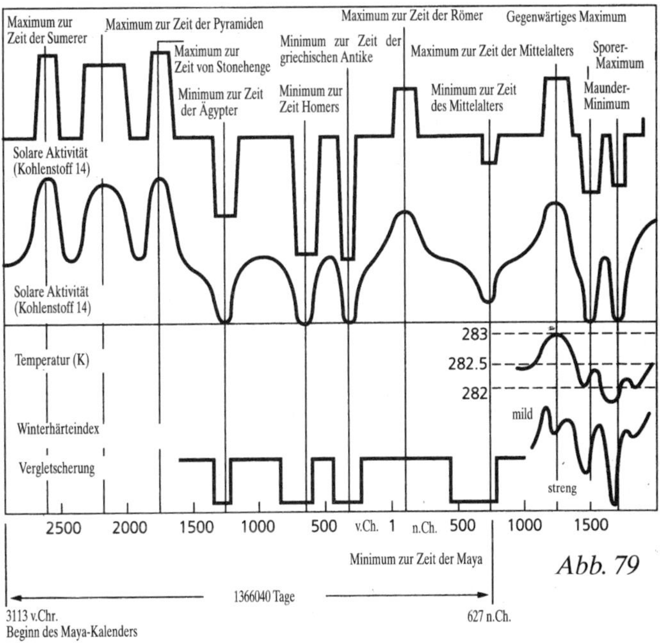

Abb. 79

beide Male zu einer erhöhten Strahlungsdosis führte. Diese verursachte genetische Veränderungen bei Neugeborenen und eine erhöhte Säuglingssterblichkeit. Gleichzeitig stellte sich ein Sonnenfleckenminimum ein, was zu Unfruchtbarkeit und reduzierten Geburtenraten führte. Eine Mini-Eiszeit führte zu Dürre und Mißernten im Land der Maya. Im Jahr 750 n. Chr. waren die Maya bereits diesem Zyklus zum Opfer gefallen (siehe Abb. 79).

ANHANG VI

Weshalb die Maya die Zeit in Zyklen maßen

Das wissenschaftliche Verständnis der Maya zeigt sich in ihrer Verwendung eines Zahlensystems zur Zeitmessung. Zahlen können zur Übermittlung von Botschaften benutzt werden.

Ist der Zahlencode einmal entschlüsselt, verdeutlicht die Verwendung des 260tägigen astrologischen Kreislaufes, daß die Maya Kenntnis von der Dynamik der Sonnenrotation hatten und davon, daß die Strahlung der Sonne sich auf das menschliche Verhalten und Schicksal auf der Erde auswirkt.

Der 1366560tägige Zyklus der Zerstörung war als »Geburt der Venus« bekannt (Venus wurde benutzt, um die Anzahl der Tage festzustellen). Venus ist außerdem der einzige Planet, der »auf dem Kopf steht« – er dreht sich rückwärts, was nahelegt, daß er sich auf seiner Achse geneigt hat, möglicherweise vor 1366560 Tagen (vor 627 n. Chr.). Dieses Ereignis wurde möglicherweise als die »Geburt oder Wiedergeburt der Venus« betrachtet.

Perioden verstrichener Zeit wurden zur Messung von Zeitabständen verwendet: Zyklen von 144000, 7200, 360, 20 Tagen sowie 1 Tag.

Nach der Entschlüsselung des Zahlencodes geben diese Zeitabstände einen Hinweis auf den Zerstörungszyklus von 1366560 Tagen.

Eine weitere Untersuchung der Zahlen zeigt, daß das System nach 1366560 Tagen zusammenbricht. Um weiterzählen zu können, muß das System angepaßt werden. Diese Adaption verrät die Anwendung eines Dezimalsystems (siehe *Die Prophezeihungen der Maya).*

ANHANG VII

Der Goldene Schnitt

Viele Experimente beschäftigen sich mit der Vorliebe des Menschen für bestimmte Formen und Proportionen. Ein Maß wird allen anderen vorgezogen, es ist das Verhältnis des Goldenen Schnitts, Φ. Φ wird nicht nur als ästhetisch ansprechend empfunden, es ist außerdem kompatibel mit der menschlichen Physiologie, die ebenso in enger Verbindung mit Φ steht wie alle anderen Lebewesen und Pflanzen. Abb. 80 zeigt eine rechteckige Form. Das Verhältnis der längeren Seite zur kürzeren entspricht Φ und ist 1,6180339.

Abb. 80

Diese Zahl besitzt einige faszinierende Eigenschaften, die im Westen zum ersten Mal um das Jahr 300 v. Chr. von Euklid festgestellt wurden. Künstler haben sich immer um das Verhältnis Φ in ihren Gemälden bemüht; vor allem wenn es um das Festlegen von Horizonten ging, war die Proportion von 1,62 : 1 gefragt. Sie wird auch als »goldene Teilung« oder »stetige Teilung« bezeichnet.

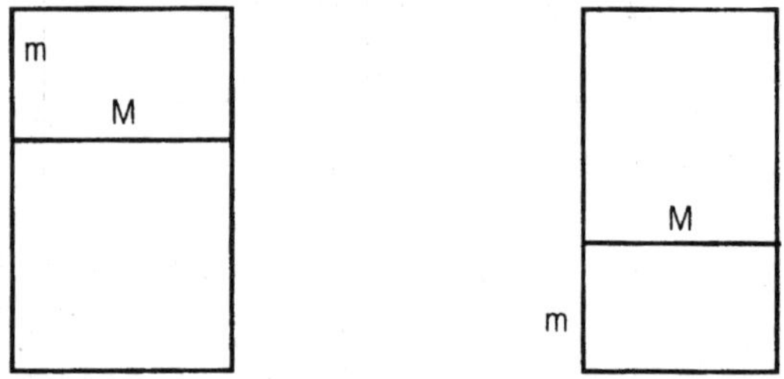

Abb. 81

In den beiden Rechtecken oben beträgt das Verhältnis zwischen den beiden Seiten 1,618 : 1. Die beiden Rechtecke weisen eine ganze Menge von Besonderheiten auf. Wenn man an der längeren Seite des Rechtecks ein Quadrat anfügt, ergibt das Quadrat zusammen mit dem Rechteck ein neues, größeres Rechteck von derselben Proportion. Das Verhältnis zwischen der langen Seite M und der kurzen Seite m ist das gleiche wie das Verhältnis zwischen der langen und der kurzen Seite des größeren Rechtecks. Hierbei handelt es sich um eine mathematische Proportion.

Bei Φ gibt es auch arithmetische Proportionen. Wenn Sie die Zahl 1 durch Φ teilen, erhalten Sie 0,618. Wenn Sie Φ mit sich selbst malnehmen, ist das Ergebnis 2,618. Vergleichen Sie diese beiden Zahlen mit Φ, und Ihnen wird eine merkwürdige Verbindung zwischen den Zahlen auffallen.

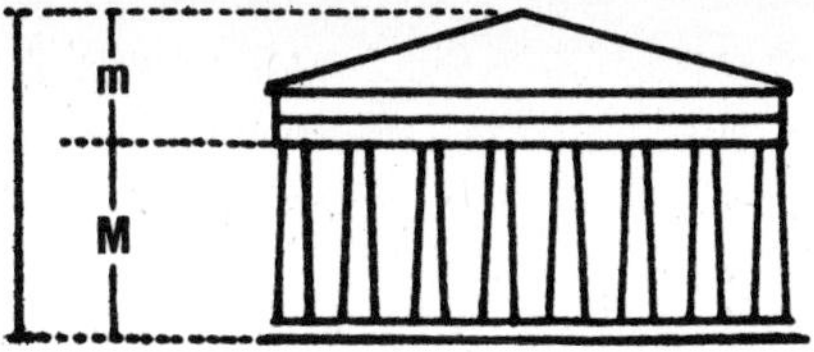

Abb. 82 Der Goldene Schnitt taucht auch in der griechischen Architektur häufig auf.

Im dreizehnten Jahrhundert entdeckte der Mathematiker Fibonacci eine aufschlußreiche und verblüffende Zahlenreihe in Verbindung mit Φ, die auch in der Natur häufig auftaucht: 1, 1, 2, 3, 5, 8, 13, 21, 34, 55, 89, 144, 233, 377, 610, 987, 1597, 2584, 4181. Die Serie beginnt mit der Zahl 1, danach wird die folgende Zahl aus der Addition der beiden vorhergehenden gewonnen. Werden die Paare miteinander dividiert, ist das Ergebnis immer Φ:

5/3	= 1,6	610/377	= 1,618037
8/5	= 1,6	987/610	= 1,6180327
13/8	= 1,625	1597/987	= 1,6180344
21/13	= 1,61538	2584/1597	= 1,6180338
34/21	= 1,61904	4181/2584	= 1,618034056
55/34	= 1,6176		
89/55	= 1,6181		
144/89	= 1,617977		
233/144	= 1,61805		
377/233	= 1,61802		

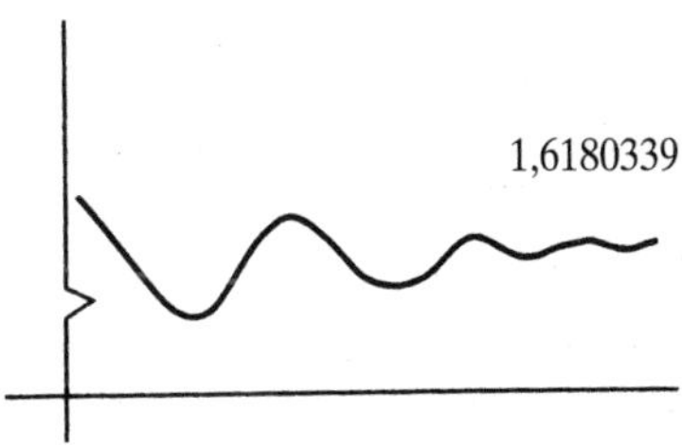

Abb. 83

Dabei sehen wir, daß sich das Ergebnis der Division immer mehr dem Wert 1,6180339 annähert.

Abb. 84a

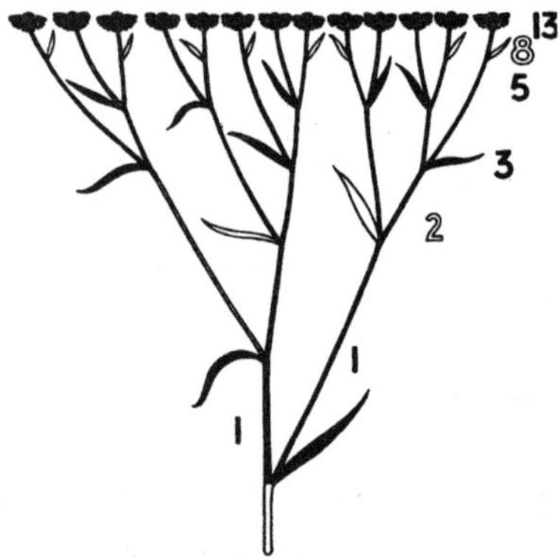

Abb. 84b

Die Fibonacci-Serie, eine Funktion von Φ, taucht überall in der Natur auf (siehe Abb. 84 a und b).

In Abb. 85 wurde das Quadrat a zu dem kleinen schwarzen Rechteck im Zentrum hinzugefügt, wie in Abb. 81. Gemeinsam bilden sie ein größeres Rechteck, das ebenfalls dem Goldenen Schnitt entspricht. Fügt man jetzt ein weiteres Quadrat, b, an der längeren Seite des Rechtecks hinzu, erhält man wieder ein Rechteck mit dem Goldenen Schnitt. Das gleiche können sie mit den Quadraten c, d, e, und f machen (usw.). Die Ecken aller Rechtecke ergeben, miteinander verbunden, eine Spirale, wie sie häufig in der Natur auftaucht, zum Beispiel beim Kiefernzapfen und der Dahlie.

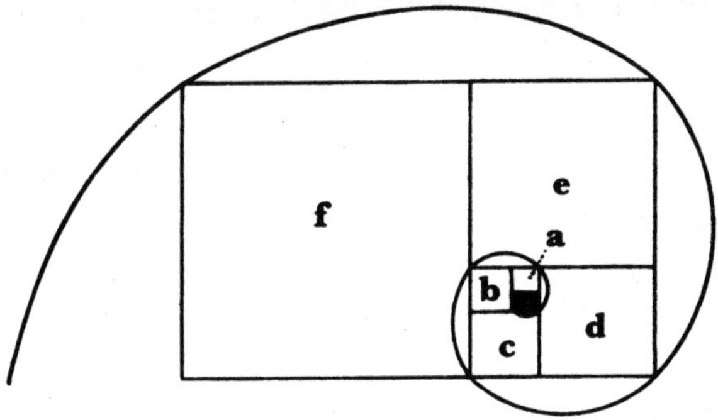

Abb. 85

Die Spiralenform in der Natur entspricht gewöhnlich den Fibonacci-Zahlen. Auch bei den Proportionen des menschlichen Körpers spielen sie eine große Rolle. In der Natur finden sich zahlreiche solcher Relationen. Gewöhnlich können sie nur intuitiv wahrgenommen werden. In den beiden folgenden Darstellungen (siehe Abb. 88 und 89) sehen Sie jedoch einige dieser Relationen mathematisch ausgedrückt.

Abb. 86 Kiefernzapfen.

Abb. 87 Dahlie.

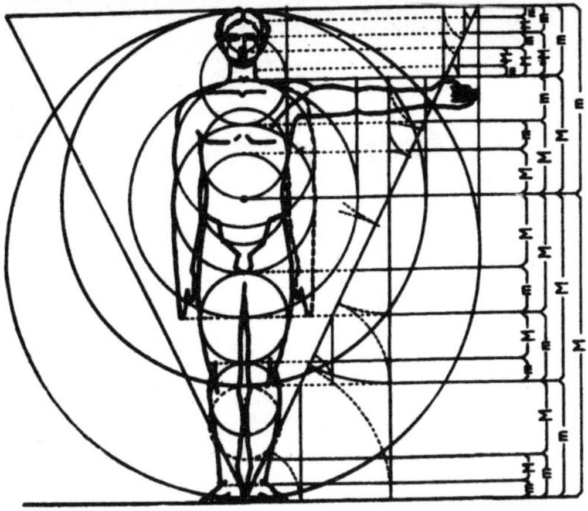

Abb. 88 Die Proportion Φ kommt auch im menschlichen Körper und in vielen anderen Beispielen in der Natur vor. Auf dieser Abbildung entsprechen alle mit Mm markierten Größen dem Goldenen Schnitt.

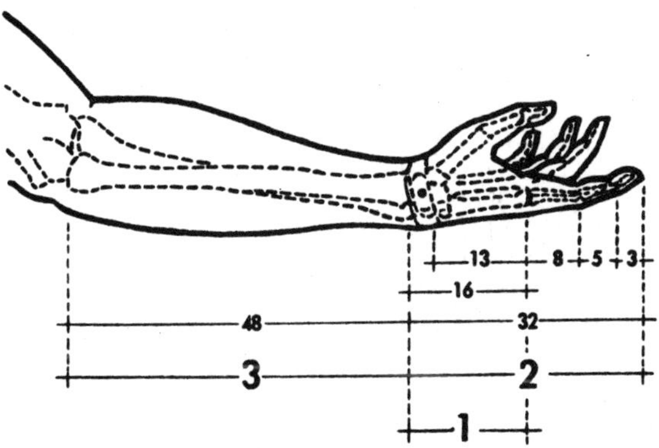

Abb. 89

ANHANG VIII

Die Maya-Transformator-Bücher

Bislang habe ich drei Bücher publiziert, in denen die Transformatortechnik zur Entschlüsselung eingesetzt wird. Jedes von ihnen ist handgefertigt und enthält zahlreiche Seiten aus Plastik, mit deren Hilfe die entschlüsselten Geschichten sichtbar gemacht werden können. Eine Kopie jedes Buches steht in der British Library in London sowie in fünf weiteren Büchereien in Großbritannien. Hier finden Sie die notwendigen Informationen, wenn Sie diese Bücher einsehen möchten.

British Library (Museum). The British Library, Reading Room, Great Russell Street, London, WC1B 3DG

The Amazing Lid of Palenque, Vol 1,
Signatur CUP.410.C.126
ISBN 09513195 1 5

The Amazing Lid of Palenque, Vol 2,
Signatur CUP.410.C.126
ISBN 0 95113195 6 6

The Mosaic Mask of Palenque, Signatur YC.1995.B.2906
ISBN 0 9513195 7 4

The Mural of Bonampak, Signatur YC.1995.B. 6750
ISBN 0 9513195 31

Die Bücher können auch per Post bei folgender Adresse bestellt werden:

Brooks Hill Perry & Co,
Coombe Farm,
Coombe
Nr Saltash
Cornwall PL12 4ET
Tel. 0044-1752-843394
Fax 0044-1752-840945

Preise:

Amazing Lid of Palenque Vol. 1	400 Pfund
Amazing Lid of Palenque Vol. 2	225 Pfund
Mosaic Mask of Palenque	45 Pfund
Mural of Bonampak	165 Pfund

Glossar

Aditi	Brahmanische Göttin, Frau von Brahma
Agni	Aus dem Lotos geborener, arischer Feuergott, der Sohn von Dyaus und Prithivi, Gott des südöstlichen Quadranten
Ahuilteotl	Gemahl von Tlazolteotl
Ahuinime	Geliebte von Ahuilteotl, Prostituierte
Ananta	Die kosmische Riesenschlange der Unendlichkeit
Arjuna	Königssohn und Krieger im Mahabharata, einem altindischen Epos
Astrogenetik	Astronomische und biologische Mechanismen, die für Persönlichkeitsausprägung, Biorhythmen und Fruchtbarkeit auf der Erde verantwortlich sind
Astrologie	Der Einfluß astronomischer Gegebenheiten auf das Leben
Azteken	Nahuatal-Rasse mittelamerikanischer Indianer, ca. 1300-1520 n. Chr.
Bhagavadgita	Episches Hindugedicht im Mahabharata
Brahma, Vishnu, Shiva	Oberste Gottheiten im Hinduismus
Buddha	»Der Erleuchtete«. Begründer des Buddhismus, erhielt seinen Namen nach dem Bodhi-Baum, unter dem er seine Erleuchtung erfuhr
Camaxtle	Gott der Jagd, der mit einem kraftspendenden, doppelköpfigen Hirsch in Verbindung gebracht wird (Maya)
Chalchiuitlicue	Göttin des Wassers (Maya)
Christus	»Der Gesalbte«. Name Jesu nach seiner Taufe durch Johannes den Täufer

Cincalco (Maya)	Heimstatt des Maises, eines der fünf Paradiese
Coatlicue	Göttin der Erde. Mutter der Götter
Cocijo	Regengott (zapotekisch)
Coyoloxiuhqui	Mondgöttin, Helles Glöckchen, Fruchtbarkeitsgöttin (Maya)
Drei Welten	Hindu-Konzept von der Existenz einer Seelenwelt, einer Götterwelt und einer physischen Welt
Dyaus & Prithivi	Indisches Götterpaar
Ehecatl	Gott des Windes (Maya)
Garuda	Kosmischer Vogel, der das Universum mit einem Flügelschlag durchqueren kann
Gautama	Buddhas Name als Erwachsener vor seiner Erleuchtung
Huitzilopochtli	Gott des Südens und des Menschenopfers, Sonnengott (aztekischer Kriegsgott)
Indra	Der König der Götter. Gott des Wetters und des östlichen Himmels
Itzpapalotltotec	Herr der Schmetterlinge, der Opfer und der Reinigung
Itzpapalotl-totechuatl	Herrin der Schmetterlinge und der Opfer
Jesus	Predigender Messias, der den christlichen Glauben begründet hat
Kapilavasta	Geburtsort von Buddha in Indien
Karma	Kosmisches Gesetz von Ursache und Wirkung
Kataklysmen-Theorie	Theorie, die zeigt, wie Magnetfeldumkehrungen der Sonne zu Polverschiebungen, Unfruchtbarkeitszyklen, Mutationen bei Neugeborenen und Mini-Eiszeiten führen
Konfuzius	Chinesischer Begründer des Konfuzianismus
Krishna	Ein Halbgott der Veden, der als Inkarnation Vishnus betrachtet wird

Lao-tse	Chinesischer Philosoph, Begründer des Taoismus
Mahabharata	Hindu-Epos
Maya	Mittelamerikanische Indianerrasse, 250-950 n. Chr., deren Population ab 750 n. Chr. stark abnahm. Guatemala, Mexiko, Belize (Yucatán)
	Sanskrit für Illusion
	Name der Mutter Buddhas
Mictlan	Totenreich. Die Unterwelt
Mictlantechutli	Gott des Todes
Mictlan-techutliuatl	Göttin des Todes
Mitra & Varuna	Götter der Nacht und des Tages, Kinder von Aditi (brahmanisch)
Mixteken	Mittelamerikanische Indianer, 750-1500 n. Chr., Monte Alban, Mitla
Oaxaca	Mexikanische Kolonialstadt in der Nähe der Ausgrabungsstätte von Monte Alban
Olmeken	Mittelamerikanischer Indianerstamm, ca. 1500-500 v. Chr. La Venta, San Lorenzo, Tres Zapotes
Ometeotl	Das ursprüngliche göttliche Paar (aztekisch)
Omeyocan	Heimstatt von Ometeotl. Eines der fünf Paradiese
Pacal	Priesterkönig der Maya in Palenque, 703-743 n. Chr., Inkarnation von Quetzalcoatl
Palenque	Mayastadt in Chiapas, Mexiko
Pangaea	Verbundene prähistorische Landmasse
Popol Vuh	Das heilige Buch der Maya (Buch des Rates)
Puranas	Bücher der Brahmanen
Quetzalcoatl	Aztekengott, die gefiederte Schlange, der Gute Gott, Gott des Westens, einer der vier Tezcatlipocas

Quilatzli	Der Grüne Reiher, dic Zauberin (aztekische Göttin)
Sankaya	Buddhas Name als Kind
Sanskrit	Alte indische Sprache
Satarupa	Tochter des indischen Gottes Brahma
Savitri	Indische Sonnengöttin, Brahmas Gemahlin
Shintoismus	Japanische Religion. Mischung aus Buddhismus und Taoismus
Siddharta	Beiname Buddhas
Soma	Gott des Schlafes, Haluzinogen (brahmanisch)
Sonnenflecken-zyklen	Zyklen magnetischer Aktivität auf der Sonnenoberfläche. Der 11,5jährige Zyklus zeigt sich in Flecken auf der Oberfläche der Sonne
Surya	Sonnengott (indisch)
Teotihuacan	Stadt in der Ebene von Mexiko. Blütezeit 500-800 n. Chr.
Tezcatlipocas	Gottheiten der vier Himmelsrichtungen. Werden als Emanationen von Quetzalcoatl (Westen) betrachtet. Daneben Yaotl (Norden), Huitzilopochtli (Süden) und Xiuhtechutli (Osten)
Tlachueyal	Erscheinungsform von Yaotl. Riese, der in der Unterwelt lebt
Tlahuiz-pantechutli	Gott des Eises, Venus am Morgen (aztekisch)
Tlaloc	Gott des Windes (aztekisch)
Tlalocan	Heimstatt des Tlaloc, eines der fünf Paradiese
Tlazolteotl	Göttin des Schmutzes. Göttin der Herzen.
Tomoanchan	Heimstatt unserer Vorfahren, eines der fünf Paradiese
Tonatiuh	Sonnengott (Maya/Azteken)
Tonatiuhcan	Heimstatt des Tonatiuh, eines der fünf Paradiese, Bestimmungsort der Toten

Upanishaden	Teil des Mahabharata. Befaßt sich mit der Unteilbarkeit des Seins
Ushas	Göttin der Dämmerung (brahmanisch)
Vedanta Sutra	Zusammenfassung der arischen Veden
Veden	Frühe brahmanische Bücher der Arier, 1700 bis 700 v. Chr.
Vier Zeitalter	Hinduistisches Zeitkonzept: Goldenes, Silbernes, Kupfernes und Eisernes Zeitalter. Zusammenfluß = Zeitalter der Zerstörung. 5000jähriger Zyklus
Vishnu	Eine der hinduistischen Hauptgottheiten, der immer wieder zur Rettung der Menschheit auf die Erde kommt
Xipe Totec	Feuergott (aztekisch), Gott des Ostens und des Opfers
Xiuhtechutli	Feuergott (Maya), Gott des Ostens und des Opfers, einer der vier Tezcatlipocas, wird mit Xipe Totec identifiziert
Xolotol	Venus am Abend. Blinder Hund
Zapoteken	Stamm mittelamerikanischer Indianer, 600 v. Chr. – 750 n. Chr., Monte Alban

Danksagung

Mein aufrichtiger Dank geht an Lord Rothermere, Sir David English, Jonathan Holborow und Paul Dacre sowie an die Belegschaft von Associated Newspapers, ohne deren Interesse und Unterstützung das Erbe der Maya vielleicht niemals das Licht des Tages wiedererblickt hätte; an meine Frau Ann für ihre unermüdliche Unterstützung und Ermutigung; an Carolyn Cox dafür, daß sie das Originalmanuskript abtippte; an Kevin Burns für seine Hilfe bei den Graphiken und Reproduktionen, und schließlich an Sarah Hannigan für ihre Arbeit als Lektorin.

Bildnachweis

Abbildungen und Illustrationen:

Maurice Cotterell: 1a, 1b, 1c, 3, 4, 5, 6, 7, 9, 10, 11, 12, 14, 15, 16, 17, 18, 19, 23, 24, 25, 27, 28, 29, 32a, 32b, 33, 34, 35, 36, 37, 38, 40, 44, 45, 49, 53, 54, 57, 58, 59, 60,61, 62, 65, 66, 68, 69, 70, 72, 73, 74, 77, 78, 80, 83

Abb. 2 Novorisk Agency (London); Abb. 8 nach Gerald Eveno (Reader´s Digest, France) *The World´s Last Mysteries;* Abb 13, 55, 56: Betanny G. T., *The World´s Religions* (Ward Lock & Co, London 1890); Abb. 26 nach Augustin Villagra (1952); Abb. 30, *Mythology: An Illustrated Encyclopaedia* (W. H. Smith); Abb. 31 Werner Forman Archive (London); Abb. 36, 37, 39 nach Heraclio Ramirez *(Maya Designs of Mexico,* Panorama Editorial S.A.); Abb. 43, 46, 47, 48 James Churchward (1931); Abb. 51, 52 Bhaktivedanta Book Trust (London); Abb. 63, 64, 67, 71, (79) Mitchell Beazley, *The Atlas of the Solar System;* Abb. 75, 76 R.E. Hope Simpson *(Nature Magazine* 275.86, 1978); Abb. 81, 82, 84, 85, 86, 87, 88, 89 Kurt Roland, *The Shapes We Need*, GINN & Co (mit freundlicher Genehmigung von Paul & Julian Roland)

Farbtafeln

Maurice Cotterell: 1, 2, 4, 5, 8, 9,10, 11, 12, 13, 14, 15, 16, 17, 18, 19, 20, 21, 22, 23, 24, 25 (nach Vautier de Nanxe, Marshall Editions, The Atlas of Mysterious Places) 26, 27, 28, 29, 30, 31, 32, 33, 34, 35, 36, 37, 38, 39, 40, 41, 42, 43, 44, 45, 46, 47, 48

Farbtafel 6: British Museum; Farbtafeln 7, 50: Werner Forman Archive, London; Farbtafel 49: Bhaktivedanta Book Trust, London.

Zitate

Popol Vuh. Aus dem Quiché übertragen von Wolfgang Cordan. Sonderausgabe, Diederichs Verlag, München 1998

Die Bibel. Einheitsübersetzung, Herder Verlag, Freiburg 1998

Bibliographie

Adamson, D.: *The Ruins of Time.* G. Allen & Unwin, 1975

Baudez, C.-F.; Picasso, S.: *Lost Cities of the Maya.* Thames & Hudson, 1992 *(dt.: Versunkene Städte der Maya.* Ravensburger Buchverlag, Ravensburg 1994)

Benson-Gyles, A.; Sayer, C.: *Of Gods and Men.* BBC Books, 1980

Bernal, Dr. I.: *Official Guide Oaxaca Valley.* INAH, 1985

Bettany, G.T.: *The World's Religions.* Ward Lock & Co, 1890

Bhaktivedanta Swami Prabhupada, A.C.: *Bhagavad Geeta.* Bhaktivedanta Book Trust, 1978

Bhaktivedanta Swami Prabhupada, A.C.: *Scrimad Bhagavàtam.* Bhaktivedanta Book Trust, 1985

Burland, C.A.: *Peoples of the Sun.* Weidenfeld & Nicholson, London 1976 (*dt.: Völker der Sonne.* Lübbe, Bergisch Gladbach 1977)

Calleja, R.; Signoret, H.S.; Ahumada A.T.: *Official Guide Palenque.* INAH, 1990

Cavendish, R.: *An Illustrated Encyclopaedia of Mythology.* W H Smith, 1984

Cotterell, M.M.: *Astrogenetics.* Brooks Hill Robinson & Co, 1988

Cotterell, M.M.: *The Amazing Lid of Palenque.* Vol. I, Brooks Hill Perry & Co, 1994

Cotterell, M.M.: *The Amazing Lid of Palenque.* Vol. 2, Brooks Hill Perry & Co, 1994

Cotterell, M.M.: *The Mosaic Mask of Palenque.* Brooks Hill Perry & Co, 1995

Fernandez, A.: *Pre-hispanic Gods of Mexico.* Panorama, 1987

Fullard, H. (Hrsg.): *Universal Atlas.* Philips, 1976

Gendrop, P.A.: *Guide to Architecture in Ancient Mexico.* Editorial Minutaie Mexicana, 1991

Gilbert, A.; Cotterell, M.M.: *The Mayan Prophecies.* Element, 1995 *(dt.: Die Prophezeiungen der Maya.* Econ, Düsseldorf 1998)

Goetz, D.; Morley, S.G.: *Popol Vuh.* (nach Recinos), William Hodge & Co, 1947

Hadingham, E.: *Early Man and the Cosmos.* William Heinemann, 1983

Hapgood, C.: *Earth's Shifting Crust.* Philadelphia/Chilton, 1958

Hitching, F.: *The World Atlas of Mysteries.* William Collins & Son, 1978

Horizon, *Summer 1964.* American Heritage Publishing, 1964

Ivanoff, P.: *Monuments of Civilisation.* Cassell, 1978 *(Monumente großer Kulturen:* Maya. Ebeling, Wiesbaden 1978)

Jordan, M.: *Encyclopaedia of Gods.* Kyle Cathie Ltd, 1992

Milton, J.; Orsi, R.A.; Harrison, N.: *The Feathered Serpent and the Cross.* Cassell, London 1980

Moore, Hunt, Nicolson, Cattermole: *The Atlas of the Solar System.* Mitchell Beazley, 1985

Nicolson, I.: *Black Holes and the Universe.* David & Charles, 1980

Peterson, R.: *Everyone is Right.* De Vorss & Co, 1986

Readers Digest: *The World's Last Mysteries.* 1977

Roland, K.: *The Shapes we Need.* Ginn & Co, 1965

Sten, M.: *Codices of Mexico.* Panorama, 1987

Tomkins, P.: *Mysteries of the Mexican Pyramids.* Harper & Row, 1976

Velikovsky, I.: *Earth in Upheaval.* Doubleday & Co, 1955

Velikovsky, I.: *Ages in Chaos.* Sidgwick & Jackson, 1953 (dt.: *Zeitalter im Chaos.* Europa-Verlag, Zürich 1962)

Velikovsky, I.: *Worlds in Collision.* Book Club Associates, 1973 (dt.: *Welten im Zusammenstoß.* Ullstein, Berlin 1994)

Westwood, J. (Hrsg.): *The Atlas of Mysterious Places.* BCA, 1987 (dt.: *Sagen, Mythen, Menschheitsrätsel. Ein Atlas der heiligen Orte, geheimnisvollen Kultstätten und versunkenen Kulturen.* Frederking & Thaler, München 1996)

White, J.: *Pole Shift.* ARE Press, 1993

Wilson, C. (Hrsg): *The Book of Time.* Westbridge Books, 1980

Register